D1724796

Inhalt

Am Horizont Burgund, oder: Wieso nicht die Rudolfinger? Zur Einführung

Jan Rüdiger und Jessika Nowak

Die Möbelpacker konnten kommen. An der Steinentorstrasse 18 in der Basler Innerstadt war 1959 soeben das sechsstöckige Büro- und Wohnhaus fertig geworden, das nach zwei Renovierungen 1991 und 2014 immer noch steht. Unter den Erstbezügern war ein Verein, der ebenso neu war wie das Gebäude: das Centre européen d'études burgondo-médianes, offiziell gegründet am 5. März 1959. Die Gründungsgeschichte des Vereins mit seinen nun annähernd fünfzig geladenen Mitgliedern war um ein Vielfaches länger als die Baugeschichte des neuen Sitzes seiner Geschäftsstelle. Den belgischen und schweizerischen konservativen Aristokraten, die im Nachkriegs-Westeuropa die Geschichte der verschiedenen «Burgunds» als Folie für die europäische Einigung zu lancieren bestrebt waren, war es nicht leichtgefallen, eine «kritische Masse» von Burgund-Forschern verschiedener Fächer zu diesem Gründungsakt zu sammeln. Die Einrichtung und Neubesetzung von Lehrstühlen für burgundische Geschichte in Dijon und in Löwen gab der Initiative des belgischen Zeitungsverlegers François Drion du Chapois (1899–1986) und des Freiburger Historikers Graf Gonzague de Reynold (1880–1970) den nötigen Auftrieb; dass die beiden sich für Basel als Sitz des Zentrums entschieden, hatte mit der dortigen Universität zu tun – wenn Edgar Bonjour, Werner Kaegi, Walter von Wartburg und einige andere Basler Ordinarien die Einladung zur Mitarbeit annähmen, dann, so Reynold an Drion du Chapois, «étant donnée la renommée universitaire de Bâle et des compétences de ces Messieurs, c'est la victoire décisive!» Es half auch, dass der Präsident des Zentrums, Baron Marcel van Zeeland, zu diesem Zeitpunkt der Bank für internationalen Zahlungsausgleich vorsass. Mächtige Fürsprecher in Finanz- und Regierungskreisen waren den Initiatoren willkommen, die ein föderales «Burgund» zwischen Nordsee und Mittelmeer als Gegengewicht zu den «antieuropäischen» Monolithen Frankreich und Deutschland für unabdingbar hielten, um die erste Jahrhunderthälfte nicht in die Wiederholung gehen zu lassen: «L'Europe n'est pas à créer. Elle existe. Il faut la regrouper.» Die Idee der *Europe médiane* sahen sie vorgeprägt durch Flusssysteme und Handelsverbindungen und vorverwirklicht im transjuranisch-rhodanischen frühmittelalterlichen Königtum Burgund und vor allem im Valois-Burgund des 14./ 15. Jahrhunderts samt seinem habsburgischen Erbe. Das Nachkriegseuropa der Sechs habe nur dann eine Chance, wenn es sich dieser Medianität besinne und bediene.[1]

Unter den zahlreichen Raumvisionen, die sich mit dem Burgundbegriff verbinden,[2] gehört die des Centre européen d'études burgondo-médianes – aus dem 1983 nach einem Kurswechsel hin zu einem wissenschaftlich-universitären Kurs das bis heute für die Forschung zum spätmittelalterlichen Valois-Herzogtum zentrale Centre européen d'études bourguignonnes mit Sitz in Neuenburg hervorgegangen ist[3] – zu den herausfordernderen, nicht zuletzt aufgrund ihrer anfangs angestrebten und teilweise verwirklichten Nähe zu politisch-ökonomischen Funktionseliten. Dass es dann ganz anders kam (und doch auch wieder nicht – denn die Rede von «la dorsale Bruxelles–Turin» prägt ja durchaus seit Jahrzehnten den Europadiskurs), ist auch wiederum «typisch burgundisch», denn zum Reden über Burgund gehört ja immer das Reden über die verpassten Chancen, das Was-wäre-wenn: Wenn die Franken 534 nicht so stark gewesen wären; wenn König Rudolf III. 1032 einen plausiblen Sohneserben gehabt hätte; wenn Karl der Kühne 1477 vor Nancy mehr Glück gehabt hätte oder seine Tochter Maria 1482 nicht vom Pferd gestürzt wäre … Wer über Kontingenz in der vormodernen Geschichte nachsinnen möchte, findet im Burgundischen reiches Material. Und es ist kein Wunder,

---

1   Zur Geschichte dieses Zentrums vgl. Alain Chardonnens, Une alternative à l'Europe technocratique: le centre européen d'études burgondo-médianes, Brüssel, Neuenburg 2005, darin zur Zentrumsgründung und der Geschäftsstelle in Basel S. 62–69 und 94; zur Europaidee François Drion du Chapois, La vocation européenne des Belges, Brüssel 1958, hier S. 73.

2   Vgl. überblicksartig Laetitia Boehm, Geschichte Burgunds. Politik – Staatsbildungen – Kultur, Stuttgart ²1979, bes. Kap. 1 und 2. Der wohl namhafteste Beitrag zur Debatte um das spezifisch Burgundische ist Johan Huizingas Essay «Burgund – eine Krise des germanisch-romanischen Verhältnisses» [Tübingen 1932], um nicht von dessen Hauptwerk «Herbst des Mittelalters» zu reden. Eine amüsante Variation über das Thema der *Nouvelle Lotharingie* als Utopie/Dystopie Europas lieferte jüngst Daniel Valot in der Titelerzählung von «Quand s'élève l'Helvétie et autres contes» [Paris 2016].

3   Zum Centre européen d'études bourguignonnes siehe https://ceeb.hypotheses.org/ [14.7.2018].

dass dieses Land der verpassten Chancen immer wieder zu kontrafaktischen Träumen eingeladen hat. Wobei man sich auch vor Augen führen sollte, wie «offen» das Trümmerfeld Europa um 1950 gewirkt haben muss, wie viel weniger implausibel die Idee von einer burgundisch-medianen Nachkriegsordnung damals gewesen ist als schon ein oder zwei Jahrzehnte später. Und eine wiederum andere Frage ist es, wie plausibel die verschiedenen «Burgund»-Entwürfe vielleicht in Zukunft wirken werden. 2016 sind im Zuge der französischen Regionalreform Herzogtum und Freigrafschaft Burgund, man könnte sagen zum ersten Mal seit Ludwig XI., administrativ «wiedervereinigt» worden, und die neue Region Bourgogne-Franche-Comté hat 2017 ihr neues Wappen und Logo aus der Heraldik der Valois-Herzöge komponiert. Auch für eine Geschichtsregion, die heute zum «halbvergessenen Europa» gehört,[4] ist die Geschichte vielleicht noch nicht zu Ende.

«Burgund» ist also ein vieldeutiger, äusserst facettenreicher Begriff. Das Reden über «Burgund» wird dadurch nicht leichter, dass das heutige «Burgund»/«la Bourgogne» westlich von Rhône und Saône als französische Landschaft und Urlaubsziel so gut bekannt ist. Jedenfalls bedürfen die verschiedenen historischen Formationen, die seit der Spätantike als «Burgund»/«la Burgondie» bezeichnet worden sind, jeweils stets der Erläuterung: die Burgunder des 5./6. Jahrhunderts und ihr Königreich um den Genfersee; die Wormser Burgunder aus dem Nibelungenlied; Burgund als Teil der sogenannten Reichstrias in der Salier- und Stauferzeit; die Pfalzgrafschaft und die Freigrafschaft Burgund und schliesslich – und vor allem – das grosse Strahlkraft entfaltende Burgund der «grands ducs du Ponant», das die «burgundischen Niederlande» mit umfasste und an das man in der Deutschschweiz aufgrund der «Burgunderkriege» Karls des Kühnen wohl zuerst denkt, wenn im mittelalterlichen Kontext von «Burgund» die Rede ist.[5]

---

4   So lautet der englische (Unter-)Titel von Norman Davies, Vanished Kingdoms. The History of the Half Forgotten Europe, London 2011. Der Theiss-Verlag hingegen wollte für die deutsche Ausgabe keine halben Sachen: Verschwundene Reiche. Die Geschichte des vergessenen Europa, Darmstadt 2013, darin Kap. 3: Burgund: Fünf, sechs oder sieben Königreiche (um 411–1795), S. 101–172.

5   Vgl. überblicksartig Hermann Kamp, Burgund. Geschichte und Kultur, München 2007 (Beck'sche Reihe 2414).

Im Schatten dieser Burgunds steht jenes Königtum Burgund, das 888 begann, als sich im Zuge der Pulverisierung der Karolingerherrschaft der Lokalaristokrat Rudolf in Saint-Maurice d'Agaune zum König ausrief. Es endete anderthalb Jahrhunderte später, nach vier Generationen, mit dem Tod des ohne Nachkommen verstorbenen Urenkels Rudolfs I., durch Absorption ins salische Königtum. Von eben diesem rudolfingischen Königtum ausgehend, soll in diesem Heft der Geschichtsraum Burgund zwischen Rhein und Rhônetal diskutiert werden.[6] Zwei Beobachtungen sind dabei erkenntnisleitend:

– Das rudolfingische Königtum Burgund entstand zeitgleich und vergleichbar mit einer ganzen Reihe früh- und hochmittelalterlicher Königtümer – ist aber in bemerkenswerter Weise unbekannt und von der modernen Geschichtskultur seit dem 19. Jahrhundert «ungenutzt» geblieben. Kein Nationalstaat reklamiert es als eigene Vorgeschichte; auch regional beziehen sich «invented traditions» wenig und dispers auf die Rudolfinger. Das hat damit zu tun, dass der rudolfingische Raum modern auf Frankreich und die Schweiz verteilt ist – erklärt aber die Nicht-Ingebrauchnahme nicht, sondern macht die Frage nach den ungenutzten Potentialen historischen Erinnerns in Südost-Frankreich und in der Westschweiz nur umso interessanter.

– In der Mediävistik – besonders der deutschen, auf die «herkömmliche» Kaisergeschichte fixierten – spielen die Rudolfinger traditionell die Rolle «schwacher» Könige – oft im Kontrast zu den zeitgleichen «starken» Ottonen und Saliern, die sie schliesslich herrscherlich auch beerben sollten. Zeitgenössische, aus dem Reich stammende Chroniken stützen scheinbar dieses Bild: Man denke nur an Thietmars von Merseburg vielzitierte Passage, der zufolge es keinen dem Rudolfinger vergleichbaren König gebe, denn dieser

---

[6]   Die Idee zu diesem Band ging zum einen aus einem an den 4. Schweizerischen Geschichtstagen (Lausanne, 9. Juni 2016) abgehaltenen trinationalen Panel hervor, das die Herausgeber gemeinsam unter dem Titel «‹Un pouvoir précaire›? La royauté rodolphienne (888–1032)» angeboten haben, zum anderen aus einem im Dezember 2012 an der Albert-Ludwigs-Universität Freiburg veranstalteten Deutsch-französischen Forschungsatelier «Junge Mediävistik», das das Königreich Burgund zum Thema hatte und mit Hilfe einer Spende von Herrn Dr. F. J. Vogel finanziert werden konnte.

habe nur den Titel und die Krone und vergebe Bistümer an diejenigen, die von den Grossen gewünscht würden. Der König – so fährt Thietmar fort – habe zum eigenen Gebrauch nur wenig und lebe vom Unterhalt der Kirche. Die Bischöfe und andere könne er seinerseits indes nicht beschirmen. Thietmars Bilanz fällt dementsprechend vernichtend aus: Ein solcher König herrsche nur über die Burgunder, damit die Bösewichte umso ungestörter wüten könnten und kein anderer König eine *nova lex* schaffe, um die eingewurzelten *consuetudines* zu brechen.[7] Diese negative Skizzierung Rudolfs III., des vierten und letzten Herrschers aus dem Hause der Rudolfinger, transportiert, bedient und bestätigt eine der mächtigsten modernen Meinungen über das Mittelalter: dass es eine Zeit der Könige gewesen sei und dass gute Könige stark sein müss(t)en.

Zwei Negativa also – eine Region ohne «richtige» Könige und ohne die scheinbar eindeutige Identität, welche moderne Inanspruchnahme als «eigene» Geschichte den mittelalterlichen Königtümern von Norwegen bis Serbien, Polen bis Portugal zu verleihen vermag. Die mit diesem Heft zu eröffnende Forschungsrichtung will diese Negativa ins Positive wenden und, sie an Burgund erprobend und von Burgund ausgehend, fragen, wie mittelalterliche *polities* jenseits konzeptueller Überhöhung des Königs besser zu verstehen sein könnten.

In diesem Heft, das dem mittelalterlichen Königtum (also nicht seiner modernen Rezeption) gewidmet ist, wird eine Art «état de la question» angestrebt. In den letzten Jahren zeichnet sich ein verstärktes wissenschaftliches Interesse an den verschiedensten Aspekten der hochmittelalterlichen Geschichte Burgunds ab: 2008 hat François Demotz die erste grosse Monographie seit

---

[7]   Die Chronik des Bischofs Thietmar von Merseburg und ihre Korveier Überarbeitung [Thietmari Merseburgensis episcopi chronicon], ed. Georg Heinrich Pertz, Berlin 1935 (MGH SS rer. Germ. N. S. 9), lib. VII, S. 434.

hundert Jahren,[8] seit der detaillierten Abhandlung von René Poupardin,[9] vorgelegt. Auch sind seit der Jahrtausendwende mehrere einschlägige französischsprachige, um das Königreich Burgund kreisende Sammelbände publiziert worden.[10] Doch hat dieser Neubeginn bislang kaum die allgemeine Mediävistik beeinflusst, schon gar nicht die deutschsprachige. Hier soll das zweisprachige *Itinera*-Heft ansetzen: räumlich maximalistisch, wie im Titel anklingt – um nicht im Wege der Vorannahme Wichtiges auszuschliessen, namentlich das untere Rhônetal sowie die Basler Gegend.

So ergaben sich für die Zusammenstellung des Bandes verschiedene Perspektiven, die zugleich, mal einander verstärkend oder doch zumindest ergänzend, mal einander auch herausfordernd, zum Tragen kamen: Einerseits liessen wir uns von der Räumlichkeit leiten, wollten Burgund also in seinen changierenden geographischen Ausprägungen erfassen, wobei wir freilich bewusst darauf verzichteten, den Fokus auf das in den letzten Jahren ohnehin

---

8   François Demotz, La Bourgogne, dernier des royaumes carolingiens (855–1056). Roi, pouvoirs et élites autour du Léman, Lausanne 2008 (Mémoires et documents publiés par la Société d'histoire de la Suisse romande IV/9).

9   René Poupardin, Le royaume de Bourgogne (888–1038). Étude sur les origines du royaume d'Arles, Paris 1907 [ND Genf 1974] (Bibliothèque de l'École des hautes études 4. Sciences historiques et philologiques 163).

10   Insbesondere vier Sammelbände seien an dieser Stelle erwähnt: Pierrette Paravy (Hg.), Des Burgondes au royaume de Bourgogne (V^e–Xe siècle). Espace politique et civilisation [Journées d'étude des 26–27 octobre 2001], Grenoble 2002; Christian Guilleré, Jean-Michel Poisson [u. a.] (Hg.), Le royaume de Bourgogne autour de l'an mil [Actes du colloque de Lyon, 15–16 mai 2003], Chambéry 2008, S. 247–276, und – ein wenig weiter gefasst – Michèle Gaillard, Michel Margue [u. a.] (Hg.), De la mer du Nord à la Méditerranée. Francia Media, une région au cœur de l'Europe (c. 840–c. 1050) [Actes du colloque de Metz, Luxembourg, Trêves, 8–11 février 2006], Luxemburg 2011 (Publications du CLUDEM 25). Jüngst erschienen ist zudem Anne Wagner, Nicole Brocard (Hg.), Les royaumes de Bourgogne jusqu'en 1032. L'image du royaume de Bourgogne à travers la culture et la religion [Actes du colloque, Besançon, 2–4 octobre 2014], Turnhout 2018 (Culture et société médiévales 30).– Verwiesen sei auch auf das von Jens Schneider und Jessika Nowak herausgegebene, sich über zwei Ausgaben (21/2; 22/2) des Bulletin du centre d'études médiévales d'Auxerre (BUCEMA) erstreckende Themenheft mit dem Titel «La Bourgogne au premier Moyen Âge (VIe–Xe s.): approches spatiales et institutionnelles» (https://journals.openedition.org/cem/14840 [14. 7. 2018]).

intensiv behandelte Saint-Maurice d'Agaune zu legen, das schon infolge des 1.500-jährigen Jubiläums sehr viel Aufmerksamkeit geniesst.[11] Andererseits war es von grosser Bedeutung, die aktuelle Forschung zum Königreich Burgund zu bündeln, also die Forscherinnen und Forscher zusammenzubringen, die jüngst zum Königreich Burgund – und dies massgeblich – publiziert haben oder dies in Kürze werden, die also die eigentlichen Träger des neu ausgemachten Interesses an der burgundischen Königsherrschaft sind. Und von diesem Ansatz her ergeben sich dann auch geradezu zwangsläufig das thematische wie auch das methodologische Arrangement der Beiträge, denn es bilden sich auf diese Weise in dem vorliegenden Band zum einen gezielt die Themen ab, die im Augenblick die wissenschaftliche Beschäftigung mit dem früh- und hochmittelalterlichen Burgund und seiner Königsherrschaft dominieren: die Rolle der Kirche, kirchlicher Würdenträger, kirchlicher Strukturen, dann auch die Frage der politisch-sozialen Verfasstheit des Gebildes, der Adel und seine Relationen zu sich selbst und zur Königsherrschaft. Zum anderen wechseln Makro- und Mikrostudien, Detailrekonstruktionen und Entwürfe grosser Linien, akribische Bestandsaufnahmen und mutige Thesenbildungen einander ab, gerade so, wie es einerseits die Themen gebieten und wie es andererseits aus der jeweiligen wissenschaftlichen Sozialisation der französischen, italienischen, schweizerischen und deutschen Beiträger folgt. Auf diese Weise entstand ein Vexierbild des burgundischen Königreichs und der es umkreisenden Forschung, das je nach der gewählten Blickrichtung unterschiedliche, möglicherweise auch nicht durchgängig kongruente Inhalte offenbart, gerade so, wie unser Gegenstand selbst.

Den Auftakt bildet eine Studie von François Demotz (Lyon), des Verfassers der bereits eingangs erwähnten monumentalen Monographie[12] sowie eines kurzen, luziden Überblicksbandes mit dem Titel *L'an 888, le royaume de*

---

11   Siehe etwa Nicole Brocard, Françoise Vannotti [u. a.] (Hg.), Autour de Saint Maurice. Politique, société et construction identitaire [Actes du colloque de Besançon et Saint-Maurice, 28 septembre–2 octobre 2009], Saint-Maurice 2012 (Fondation des Archives historiques de l'Abbaye de Saint-Maurice 1); L'Abbaye de Saint-Maurice d'Agaune 515–2015, Bd. 1: Bernard Andenmatten, Laurent Ripart (Hg.), Histoire et archéologie, Gollion 2015; Françoise Vannotti (Hg.), Honneur à Saint-Maurice! 1500 ans de culte. Lieux et supports de la liturgie [Actes du colloque, Paris, 2–4 avril 2015] [im Druck].

12   Demotz, La Bourgogne, op. cit.

Bourgogne. Une puissance européenne au bord du Léman.[13] François Demotz, aus dessen Feder zahlreiche weitere Studien stammen, in denen das Königreich Burgund aus verschiedensten Perspektiven beleuchtet wird,[14] lenkt den Blick auf die eingangs erwähnte Besonderheit des 888 begründeten Königreichs Burgund, das sich den üblichen Gesetzmässigkeiten insofern entzog, als es – im Gegensatz zum ost- oder westfränkischen Reich – ein «neu geschaffenes» *regnum* war, das nicht unmittelbar auf königliche karolingische Traditionen rekurrieren konnte. Zugleich aber stand dieses junge Königreich in engem und beständigem Austausch mit den benachbarten, bereits «etablierte(re)n» *regna* und bildete gewissermassen einen «Knotenpunkt» bzw. eine Art «europäisches Drehkreuz». Ein adäquater Herrschaftsstil, der ostfränkische Traditionen adaptierte, lokale Bedürfnisse berücksichtigte und den – nicht zuletzt infolge der von den ersten Rudolfingerkönigen unternommenen, nicht sonderlich erfolgreichen Expansionsversuche – sehr heterogen erscheinenden Eliten Rechnung trug, musste daher erst gefunden werden. Die territorialen Verschiebungen und wechselnden Konstellationen erforderten dann eine fortwährende Anpassung und Modifizierung der königlichen Herrschaftsform, und gerade unter Rudolf III. galt es, einen neuen Herrschaftsstil zu etablieren, zog dessen Söhnelosigkeit doch eine erhebliche Schwächung nach sich und hiess es doch für ihn, sich gegen die immer weiter erstarkenden Eliten zu behaupten.

Nach dieser eindrucksvollen Illustration des zwischen Tradition und Innovation oszillierenden Burgunds sowie der an dieser «europäischen Dreh-

---

13   Ders., L'an 888, le royaume de Bourgogne. Une puissance européenne au bord du Léman, Lausanne 2012 (Collection Le savoir suisse. Grandes dates 83).

14   Siehe etwa ders., Aux origines des Humbertiens. Les Rodolphiens et le royaume de Bourgogne, in: Le Millénaire de la Savoie 1003–2003 [Actes du colloque de Ripaille publiés par l'Académie Chablaisienne], Thonon-les-Bains 2005 (Documents d'histoire savoyarde 2), S. 26–43; ders., De l'alliance politique à l'affinité spirituelle. L'amitié personnelle entre clunisiens et rois de Bourgogne, in: Dominique Iogna-Prat, Florian Mazel [u. a.] (Hg.), Cluny, les moines et la société au premier âge féodale [Actes du colloque international, Romainmôtier, 24–26 juin/Cluny, 9–11 septembre 2010], Rennes 2013 (Collection Art & Société), S. 249–260; ders., Saint Maurice et les Rodolphiens. Du lien identitaire à la sainteté symbolique, in: Brocard, Vannotti [u. a.] (Hg.), Autour de Saint Maurice, op. cit., S. 147–160; ders., La Transjurane de l'an Mil. La transition post-carolingienne, in: Guilleré, Poisson [u. a.] (Hg.), Le Royaume de Bourgogne, op. cit., S. 27–59.

scheibe» aufeinandertreffenden und zum Teil und in unterschiedlich starkem Umfang adaptierten, modifizierten und amalgamierten Herrschaftsmodelle richtet Jean-Claude Rebetez (Pruntrut), ein ausgewiesener Experte der Basler Geschichte,[15] den Fokus auf die bislang wenig beleuchteten und nur schwer zu greifenden Beziehungen zwischen der Diözese Basel und der Kirchenprovinz Besançon, wobei er weiter ausholt und den Bogen von deren eventuell bereits im 7. Jahrhundert, wahrscheinlicher aber erst Ende des 8. oder zu Beginn des 9. Jahrhunderts zu verortenden Anfängen bis ins 11. Jahrhundert schlägt.

Gerade zu Beginn des rudolfingischen Königtums spielte der Erzbischof von Besançon eine zentrale Rolle, fungierte Dietrich doch immerhin zumindest kurzzeitig als Erzkanzler Rudolfs I., bevor dann Walter, der Bischof von Sitten, 895 als Erzkanzler an seine Stelle trat und wir Dietrich anscheinend auf Seiten von Arnulfs Sohn und Rudolfs I. Kontrahenten, Zwentibold, wiederfinden, der ihm 894 die *villa Pauliaci* restituierte. Dem Profil und der Stellung Dietrichs sowie der Frage, ob letzterer Befund wirklich zwangsläufig für eine Abkehr Dietrichs von Rudolf I. sprechen muss, gilt denn auch das Augenmerk von Andrea Hauff (Gießen), die 2012 in der Nachfolge Herbert Zielinskis[16] bei den *Regesta Imperii* mit der Erstellung der Regesten zum Königreich Burgund betraut wurde und dementsprechend eine Kennerin der

---

15 Exemplarisch seien nur eine Herausgeberschaft sowie zwei jüngere Studien genannt: Jean-Claude Rebetez (Hg.), La donation de 999 et l'histoire médiévale de l'ancien Évêché de Bâle, Pruntrut 2002; ders., Évêché et diocèse de Bâle. Nature et évolution des pouvoirs épiscopaux et canoniaux au Moyen Âge, in: Nouveaux cahiers. Institut jurassien des sciences 5 (2012), S. 68–92; ders., La formation des territoires du diocèse et de la principauté épiscopale de Bâle du haut Moyen Âge au XIIe siècle, in: Sebastian Brather, Jürgen Dendorfer (Hg.), Grenzen, Räume und Identitäten. Der Oberrhein und seine Nachbarregionen von der Antike bis zum Hochmittelalter, Ostfildern 2017 (Archäologie und Geschichte 22), S. 359–381.

16 Herbert Zielinski, J. F. Böhmer, Regesta Imperii I: Die Regesten des Kaiserreichs unter den Karolingern 751–918 (926), Bd. 3: Die Regesten des Regnum Italiae und der burgundischen Regna, Teil 4: Die burgundischen Regna (855–1032), Fasz. 1: Niederburgund bis zur Vereinigung mit Hochburgund (855–940er Jahre), Köln [u. a.] 2013.

Materie ist, von der man sich für die Zukunft viele Studien zu diesem Themenfeld wünscht.[17]

Durch eine einschlägige Monographie bereits ausgewiesen ist Nicolas Carrier (Lyon), der eine andere Betrachtungsebene wählt und dessen Interesse den Unfreien gilt. Ausgehend von seinen Studien über die Leibeigenschaft in der Alpenregion des späten Mittelalters,[18] dehnte er den Betrachtungszeitraum mit Blick auf das Königreich Burgund aus und nahm in seiner 2012 erschienenen Monographie mit dem Titel *Les Usages de la servitude. Seigneurs et paysans dans le royaume de Bourgogne*[19] die Zeit vom 6. bis zum 15. Jahrhundert in den Blick. Diese hochinteressante Monographie ist auch Grundlage dieses Beitrags, in dem die Entwicklung der Unfreiheit im Königreich Burgund vom 8. bis zum 12. Jahrhundert nachgezeichnet wird.

Der in diesem Heft beschrittene Weg führt weiter in den Süden, in die Provence, in der sich zunächst Pierre Vey (Paris), der im Juni 2018 seine diesem Gegenstand gewidmete Dissertation erfolgreich verteidigt hat, der Frage annimmt, wie es Arlulf glückte, sich gegen Ende des 10. Jahrhunderts des *comitatus Massiliensis* zu bemächtigen. Äusserst geschickt vermochte es der ambitionierte Arlulf, die vor Ort bestehenden Herrschaftsverhältnisse zu nutzen und den König von Burgund, zu dessen Herrschaftsgebiet die Provence nach der Verschmelzung Hoch- und Niederburgunds formal zählte, sowie den Grafen der Provence, der sich dem Zugriff der Rudolfinger seinerseits immer stärker zu entziehen wusste, gegeneinander auszuspielen, um auf diese Weise die eigenen Ziele zu verwirklichen und sich und den Seinen die Herrschaft über Marseille und dessen Umgebung zu sichern.

---

17   Jüngst erschien von Andrea Hauff, The Kingdom of Upper Burgundy and the East Frankish Kingdom at the Beginning of the 10th Century, in: History Compass 15/8 (2017), S. 1–12; dies., Carolingian Traditions and New Beginnings. The Coronation of Rudolph I of Upper Burgundy, in: Bulletin du centre d'études médiévales d'Auxerre 22/1 (2018), S. 1–13.

18   Siehe etwa Nicolas Carrier, Les origines d'un ‹nouveau servage› en Savoie d'après les enquêtes princières du XIIIe siècle, in: ders. (Hg.), Nouveaux servages et sociétés en Europe (XIIIe–XXe siècle) [Actes du colloque de Besançon, 4–6 octobre 2007], Caen 2010 (Bibliothèque d'histoire rurale 11), S. 67–94.

19   Ders., Les Usages de la servitude. Seigneurs et paysans dans le royaume de Bourgogne (VIe–XVe siècle), Paris 2012 (Cultures et civilisations médiévales 59).

Den Herrschaftsstrukturen und Machtverhältnissen in der zunehmend königsferneren Provence des 10. und 11. Jahrhunderts, in die der Weg der Rudolfinger nur ein einziges Mal, im Jahre 967, führte, widmet sich auch Florian Mazel (Rennes), der grosse Spezialist der provenzalischen Geschichte, von dem bereits zahlreiche Studien zu diesem Raum vorliegen.[20] Die allmähliche, auch mit der physischen Absenz der Rudolfinger einhergehende Distanzierung vom burgundischen Königtum, die sich ebenfalls in einer neuen Urkundentradition spiegelte, in der die rudolfingischen Könige als *reges Alamannorum* bezeichnet wurden, äusserte sich auch darin, dass sich auch die Bischöfe – mit Ausnahme des Erzbischofs von Arles – sehr rasch dem königlichen Zugriff entziehen konnten. Der Einfluss der einzigen gräflichen Familie, die sich überdies 972 bei der Vertreibung der Sarazenen erfolgreich profiliert hatte, wuchs indes in dem sich nun von dem Komplex Lyon-Vienne verstärkt lösenden Raum, der 1059 erstmals als *comitatus Provincie* begegnet. Ein «regionales Fürstentum» bildete sich heraus, dessen Merkmale Mazel skizziert. Besondere Aufmerksamkeit schenkt Mazel auch der Rolle der Kirche innerhalb des (grund)herrschaftlichen Gefüges. Er beschreibt, wie es den Familien, die ein Bistum kontrollierten, gelang, erheblichen Einfluss zu erringen. Die Grafen indes konnten aus ihren Reihen keinen Bischof stellen. Auch blieb ihr Zugriff auf die kirchlichen *honores* und die klösterlichen Gemeinschaften schwach.

Kaiserin Adelheid, auf der wiederum das Augenmerk von Guido Castelnuovo (Avignon) ruht und die für Rudolf III. eine ganz zentrale Rolle spielte, schenkte dem provenzalischen – wie überhaupt dem gesamten niederbur-

---

20 Exemplarisch seien, neben zwei einschlägigen Monographien [Florian Mazel, La noblesse et l'Église en Provence, fin X^e–début XIVe siècle. L'exemple des familles d'Agoult-Simiane, de Baux et de Marseille, Paris 2002 (Comité des Travaux Historiques et Scientifiques. Histoire 4); ders., L'évêque et le territoire. L'invention médiévale de l'espace, Paris 2016 (L'univers historique)], nur einige wenige der zahlreichen relevanten Aufsätze angeführt: Florian Mazel, Les comtes, les grands et l'Église en Provence autour de l'an mil, in: Guilleré, Poisson [u. a.] (Hg.), Le Royaume de Bourgogne, op. cit., S. 175–206; ders., La Provence entre deux horizons (843–1032). Réflexion sur un processus de régionalisation, in: Gaillard, Margue [u. a.] (Hg.), De la mer du Nord, op. cit., S. 457–489; ders., Lieu sacré, aire de paix et seigneurie autour de l'abbaye de Saint-Gilles (fin IXe–début XIIIe siècle), in: Julien Théry (Hg.), Lieux sacrés et espace ecclésial (IXe–XVe siècle), Toulouse 2011 (Cahiers de Fanjeaux 46), S. 229–276.

gundischen Raum – wenig Beachtung. Guido Castelnuovo, der sich mit der Tante des letzten rudolfingischen Königs bereits in einer früheren, in italienischer Sprache erschienenen Studie befasst hat,[21] beleuchtet die Reise, die die etwa siebzigjährige Kaiserin im Jahre 999 nach Burgund unternahm und von der uns Odilo von Cluny zu berichten weiss, dass sie die *mater regnorum* nach Payerne, Saint-Maurice d'Agaune, Genf, Lausanne und schliesslich nach Orbe führte. Die Gründe für diese Reise und die Bedeutung dieser keineswegs zufällig gewählten Stationen, an denen die Kaiserin und Tante Rudolfs III. verweilte, stehen demzufolge im Zentrum dieses Beitrags.

Dem Alpenraum gilt auch das Interesse von Laurent Ripart (Chambéry), der bereits zahlreiche Studien zu dieser Region vorgelegt hat[22] und nun, zum Abschluss des Bandes, den Blick auf die Transformationsprozesse, auf den raschen, sich im Königreich Burgund zwischen dem ausklingenden 10. Jahrhundert und der ersten Hälfte des 11. Jahrhunderts vollziehenden Wandel und auf das Ende des rudolfingischen Königreichs lenkt. Waren gegen Ende des 10. Jahrhunderts zumindest noch die Zentralräume fest in rudolfingischer Hand, so schwand binnen kürzester Zeit die Macht der rudolfingischen Könige rapide, was nicht zuletzt auch vor dem Hintergrund der erstarkenden, ihren Fokus ebenfalls auf Burgund richtenden ottonischen und salischen Herrscher zu sehen ist. Die Bistümer entglitten zunehmend der Einflusssphäre der rudolfingischen Könige, die Macht bedeutender Familien wuchs, und neue Herrschaften bildeten sich heraus, deren Gewicht bald

---

21   Guido Castelnuovo, Un regno, un viaggio, una principessa. L'imperatrice Adelaide e il regno di Borgogna (931–999), in: Roberto Delle Donne, Andrea Zorzi (Hg.), Le storie e la memoria. In onore di Arnold Esch, Florenz 2002 (Reti Medievali 1), S. 215–234.

22   Auch hier seien, neben der Dissertation [Laurent Ripart, Le comté de Savoie, genèse d'une principauté dynastique (fin XIᵉ–milieu XIVᵉ siècles), thèse, Nice 1999], nur einige wenige der zahlreichen belangvollen Studien genannt. Siehe [u. a.] ders., Saint Maurice et la tradition régalienne bourguignonne (443–1032), in: Paravy (Hg.), Des Burgondes, op. cit., S. 211–250; ders., Du royaume aux principautés. Savoie-Dauphiné, Xᵉ–XIᵉ siècles, in: Guilleré, Poisson [u. a.] (Hg.), Le Royaume de Bourgogne, op. cit., S. 247–276; ders., Le royaume rodolphien de Bourgogne (fin IXᵉ–début XIᵉ siècle), in: Gaillard, Margue [u. a.] (Hg.), De la mer du Nord, op. cit., S. 429–452; ders., Le premier âge féodal dans des terres de tradition royale. L'exemple du pays de la Bourgogne rhodanienne et lémanique, in: Iogna-Prat, Mazel [u. a.] (Hg.), Cluny, les moines, op. cit., S. 229–249.

so stark wurde, dass die Herrschaft der Salier, an die das Reich nach dem Tode des ohne männliche Nachfahren verstorbenen Rudolf III. schliesslich fiel, gleichfalls nur noch als eine sehr lose Vorherrschaft gesehen werden kann, die nicht mehr über Hochburgund hinausreichte.

Heinrich [I.], Sohn des Konrad, 1038 in Solothurn zum ersten burgundischen König dieses Namens gewählt und akklamiert, König der Ostfranken (dort der dritte seines Namens) sowie römischer Kaiser – so könnte man den Salier auch beschreiben. Vielleicht sollte man es sogar tun, denn ein Perspektivenwechsel, auch ein imaginierter, tut ja oft gut, und die Welt des 11. Jahrhunderts sieht von Lausanne her vielleicht etwas anders aus als von Speyer. Insofern hat die deutschlandzentrierte Reichsgeschichte das Königtum Burgund vielleicht oft etwas zu selbstverständlich nur *sub specie* seines schlussendlichen «Übergangs ans Reich» und der Herausbildung der berühmten «Reichstrias» im Blick gehabt, ist die Geschichte der Rudolfinger implizit als eine der allmählichen und nachgerade zwangsläufigen Annäherung, Anlehnung, Anverwandlung erzählt worden. Das färbt die Interpretation: Prozesse erscheinen weniger konflikthaft, vor allem aber ihr Resultat weniger zufällig als Ereignisse. Aber «musste» das rudolfingische Burgund im Reich aufgehen? Man braucht ja nicht einmal die Kinderlosigkeit Rudolfs III. zu beschwören oder die Nachfolgefrage auf ein Zweierrennen zwischen den Saliern und Odo von Blois zu begrenzen; es genügt, sich zu fragen, warum eigentlich ein so geeigneter Kandidat wie Rudolfs Halbbruder Burchard II., Erzbischof von Lyon, beziehungsweise dessen allfällige Nachkommen nicht zum Zug kamen. Welche Vorstellungen von Idoneität und Illegitimität sind hier wirksam gewesen; hat es vielleicht Auseinandersetzungen darum gegeben? Und, was das angeht: Wie hat sich eigentlich entschieden, dass Rudolf III. «kinderlos» war? Sein «Konkubinen-» oder «Stiefsohn» Hugo war Bischof an der Krönungs- und Grabeskirche Lausanne; gab es keine anderen? Wenn doch, warum kamen sie nicht in Frage – anderswo im christlichen Westeuropa wurde man als Konkubinensohn um 1030 durchaus noch König –; oder kamen sie gar in Frage und gerade darum nicht in die Chronik? Angesichts des Mangels an erzählenden Quellen aus der jurassisch-rhodanischen Zone ist es immerhin erlaubt zu überlegen, ob die Situation nicht doch offener war, als Thietmar einräumen mag. Warum also haben die Rudolfinger nicht weitergeherrscht?

Retabliert man das rudolfingische Burgund als Geschichtsraum und historisches Phänomen *proprio iure*, das heisst als Gegenstand, den es um seiner selbst willen zu studieren lohnt — was kann dieses keineswegs unbedeutende und sehr faszinierende Reich mit seinen oft nicht dem klassischen Muster entsprechenden Königen und seinen besonders gelagerten Herrschaftsstrukturen dann seinerseits der Europageschichte des Mittelalters sagen? Zunächst einmal genau dies: In dem eingangs erwähnten affektierten Staunen Thietmars von Merseburg über den letzten Rudolfinger kommt ja nicht nur zeitgenössische Parteilichkeit zum Ausdruck. «Soviel ich gehört habe, gibt es keinen ihm ähnlichen Herrscher», hebt der sächsische Bischof an; «weichlich und weiblich» (*mollis et effeminatus*) sei Rudolf III., nur den Namen und die Krone (*nomen tantum et coronam*) habe er vom Königsein, den Rest überlasse er den Grossen. Aus diesem *locus classicus* speist sich seit jeher unser Bild vom Gegensatz zwischen den Rudolfingern einerseits, den Sachsen und Saliern andererseits. Das Bild vermag nicht mehr uneingeschränkt zu überzeugen, seitdem das Wort von der «konsensualen Herrschaft» courant geworden ist;[23] vielleicht wollen wir in dem durch Thietmar gegenderten Unterschied zwischen dem effeminierten Rudolfinger und seinen Bezwingern heute eher eine Frage des Stils sehen — was keinesfalls heisst, den Unterschied zu verharmlosen, wohl aber, ihn auf einer anderen Ebene dessen zu verorten, was wir die politische Kultur des 11. Jahrhunderts nennen mögen. Ist das aber einmal getan, schliesst sich sogleich die Frage an, welcher Stil für das westeuropäische 11. Jahrhundert eigentlich der typische ist und ob die Idee des «klassischen Musters», von dem die Rudolfinger scheinbar abweichen, nicht seinerseits eine Frage der Optik ist. Warum sollen also nicht die Rudolfinger der Normalfall sein? Und das umso mehr, als der schon von den Zeitgenossen konstruierte Gegensatz es ja geradezu nahelegt, einmal nachzufragen, wie gross denn jenseits der Stilfrage eigentlich der Unterschied zwischen Rudolfingern und Liudolfingern gewesen ist. Und dann mag man die Kapetinger hinzunehmen und darüber nachsinnen, was Königsein im Europa der ersten Jahrtausendwende eigentlich bedeutete. Vielleicht führt der «Königsweg» zur politischen Kultur des tribalen Westran-

23   Vgl. Bernd Schneidmüller, Konsensuale Herrschaft. Ein Essay über Formen und Konzepte politischer Ordnung im Mittelalter, in: Paul-Joachim Heinig [u. a.] (Hg.), Reich, Regionen und Europa in Mittelalter und Neuzeit. Festschrift für Peter Moraw, Berlin 2000, S. 53–87.

des Eurasiens gerade über die, denen man ansieht, dass Königsein zunächst einmal «nur Name und Krone» ist.

Eigentlich – und dieses «eigentlich» führt uns zum Ausgangspunkt zurück – sollte so eine Perspektive gerade in der Schweiz naheliegen. Zum einen kann man hierzulande einigen Abstand halten zu den Herzensangelegenheiten der deutschen und französischen Nationalgeschichte, die es den dortigen Forschern oft so schwer machen, den Blickwinkel einmal zu wechseln. Zum anderen liegen Lausanne und Genf, Orbe und Saint-Maurice d'Agaune nun einmal in der Schweiz; «eigentlich» ist das Königtum Burgund die Schweizer Frühmittelaltergeschichte, oder jedenfalls ein gewichtiger Teil davon und vielleicht der glanzvollste. Warum spielt Burgund dennoch im Schweizer Geschichtsbewusstsein eine so farblose Rolle? Da ist natürlich die fatale Namensgleichheit mit dem «Burgund» von Grandson und Murten, die dazu führt, dass gerade die, denen die eidgenössische Geschichte lieb und teuer ist, «die Burgunder» stets als «die anderen» (um nicht zu sagen: «die Bösen») kennen. Welchem Berner oder Waadtländer würde es spontan einleuchten, wenn man ihm sagte, er sei historisch gesehen Burgunder/*bourguignon*? Und da ist die Spezifik der eidgenössischen Geschichte, die – völlig unbeschadet aller Diskussionen um «1291», Tell und Winkelried – als beinahe einzige in Europa nicht nur nicht-monarchisch ist, sondern einen guten Teil ihres narrativen Reizes aus der Gegnerschaft zu einigen ziemlich namhaften Monarchien bezieht. Auf Könige als Bezugspersonen kann man hierzulande gut verzichten, auch wenn sie noch so wenig für Landvogt Gessler verantwortlich sind. Ausserdem beginnt die «richtige» Schweizergeschichte ja auch erst ein Vierteljahrtausend nach den Rudolfingern; und schliesslich ist der grösste Teil der modernen Schweiz nie burgundisch gewesen. Das *regnum Transiuranum* wäre demnach eine Art Westschweizer Regional-Vorgeschichte.

Aber: Stimmt das überhaupt? Vielleicht wird man sich darauf einigen können, dass Burgund nur ein kleines und meist nicht sehr markantes Kapitel der Schweizergeschichte ist.[24] Doch ist es deshalb vergessen – oder auch

---

[24]   Zwei Schlaglichter: In der aktuellen Geschichte der Schweiz (hg. v. Georg Kreis, Basel 2014) mit sechshundert Textseiten nimmt das rudolfingische Burgund ihrer vier ein (S. 95–98). In Ronald Gohl, Flavien Gousset, Die 100 wichtigsten Ausflugsziele. Schwei-

nur, wie Norman Davies meint, «halb vergessen»? Denn dass das rudolfingische Burgund nur ein Teil-Mittelalter der Schweiz sei, kann ja kein Einwand sein. Vielmehr lädt die Frage ein, darüber nachzudenken, wie unterschiedlich die Schweizermittelalter (im Plural) eigentlich sind. Gerade für die einst burgundische Westschweiz – hier einmal nicht verstanden als Euphemismus für «Welschschweiz», sondern unter Einbezug von unterer Aare und Basel – ist die eidgenössische Geschichte ja ihrerseits nicht oder kaum Teil des «eigenen» Mittelalters; insofern ist Burgund geradezu ein alternatives Regionalmittelalter. Und wenn man die kartographischen Darstellungen der Ergebnisse mancher aktuellen Referenden wie eine Folie über eine Karte des Rudolfingerreichs legt, so drängt sich Freunden subkutaner *longues durées* der Gedanke an «burgundische» Gemeinsamkeiten beim Stimmvolk zwischen Basel und Genf, über die Sprachgrenze hinweg also, fast ein wenig sehr auf. Und es ist ja auch nicht so, dass das rudolfingische Burgund nicht auch explizit zur Schweizer Gebrauchsgeschichte beigetragen hätte, zur Aneignung genutzt worden wäre. Hier eine Basler Stimme aus dem Jahr 1942:

> Es ist ein seltsamer Umstand, dass wichtige Ereignisse sich immer wieder an denselben Stellen abspielen, Altverbundenes sich immer wieder zusammenzuschließen sucht. […] Wir spüren, wie trotz allen Eroberungen, die sie zuweilen sogar auf lange Zeit verschwinden lassen, alte Zustände eine tiefe, innere Begründung zu haben scheinen, die noch wenig erforscht und weder durch Sprache und Rasse, noch durch bestimmte historische Ereignisse ohne weiteres erklärbar ist. So beginnt auch seit über vierhundert Jahren wie vor dem Jahre 1000 am Rheinknie, dort wo schon in römischen Zeiten die Maxima Sequanorum anfing, ein besonderes Land; nur heißt es nicht mehr Burgund, sondern: die Schweiz.[25]

Ganz gleich, wie man zu dieser Sorte Geschichtsphilosophie stehen mag: die Geschichte Burgunds ist – auch – Schweizergeschichte, so wie sie – auch – Europageschichte ist. In diesem Sinn wollen wir abschliessend noch einmal an die Aktivisten des Centre européen d'études burgondo-médianes erinnern, denen es 1959 so wichtig war, ihr Sekretariat gerade in Basel zu etablie-

---

zer Geschichte erleben, Olten 2016, führt keiner der vorgeschlagenen Ausflüge an eine rudolfingische Stätte.

25   Hans Reinhardt, Kaiser Heinrich II. und das Basler Bistum, Basel 1942 (120. Neujahrsblatt hg. v. der Gesellschaft für das Gute und Gemeinnützige), S. 31.

ren. Dabei müssen allerdings die Basler Kollegen einen solchen Mangel an Enthusiasmus an den Tag gelegt haben, dass Gonzague de Reynold pikiert an den Direktor der BIZ schrieb: «Les Bâlois n'aiment guère les initiatives qu'ils n'ont pas prises eux-mêmes, même si on les leur présente sur un plat d'argent, en les priant de garder le plat.»[26]

Nun, bei vorliegendem Heft geht die Initiative von Basel aus, und auch wenn es, um im Bild zu bleiben, nur ein Pappteller ist, hoffen wir, dass es dazu beiträgt, die Forschung zum rudolfingischen Burgund nicht nur an dessen äusserstem Nordrand zu etablieren, sondern auch anderwärts ein wenig anzuregen.

Jan Rüdiger, Prof. Dr., Universität Basel, Departement Geschichte, Hirschgässlein 21, CH – 4051 Basel, jan.ruediger@unibas.ch

Jessika Nowak, Dr., Universität Basel, Departement Geschichte, Hirschgässlein 21, CH – 4051 Basel, jessika.nowak@unibas.ch

---

26   Chardonnens, Une alternative, op. cit., S. 65 f.

Burgund – zwischen Tradition und Innovation

Diversität der Modelle und der Eliten an einer europäischen Drehscheibe[1]

François Demotz

Im Jahre 888 bildete das Königreich Burgund eine neue Formation im karolingischen Reich – die einzige neue, denn das westfränkische Reich, das ostfränkische Reich, Italien und die Provence hatten bereits eigene karolingische Könige gehabt. Dennoch erwies sich die rudolfingische Dynastie als die langlebigste; sie war die einzige, die ohne Unterbrechung von 888 bis zum Beginn des 11. Jahrhunderts Bestand hatte. Entsprechend hatte sie eine Herrschaftsschicht zu konstituieren, eine Regierungsweise zu finden und eine Identität auszubilden – Prozesse, die vielfach und komplex miteinander verwoben waren. Über eineinhalb Jahrhunderte lang musste sie gleichfalls ihre politischen Strukturen stetig anpassen, während die Dynastie selbst mit ihrer zunächst adligen und später königlichen Identität fortbestand.

Aufgrund seiner Neuheit und seiner Langlebigkeit stellt das Königreich dementsprechend eine ganz besondere Formation dar, eine Art chronologische Drehscheibe, die umso interessanter und komplexer ist, als es sich zugleich auch um eine geographische Drehscheibe handelte, die verschiedene Adelsgruppen sowie Königreiche mit unterschiedlichen Traditionen und verschiedenen Strukturen zueinander in Kontakt setzte.

Dank meiner französischen Ausbildung bin ich gut darauf vorbereitet worden, mich dem Königreich Burgund von der Warte der politischen Strukturen her und auf Grundlage einer im Wesentlichen urkundengestützten Quellenbasis anzunähern, das heisst: ausgehend von einer etablierten Herrschaft,

---

1   Die Studie, die auf einen am 8. Dezember 2012 im Rahmen des Deutsch-französischen Forschungsateliers «Junge Mediävistik I» an der Albert-Ludwigs-Universität (Freiburg i. Br.) gehaltenen Vortrag zurückgeht und deren originaler Titel «Un pouvoir entre tradition et carrefour européen: diversité des modèles et des aristocraties» lautet, wurde im Rahmen einer an der Albert-Ludwigs-Universität angebotenen Übung gemeinschaftlich von den Kursteilnehmern ins Deutsche übertragen. Grosser Dank gilt Ulrich Denzer, Christian Feichtinger, Julien Grub, Ann-Kathrin Hoffmann, Christoph Koller, Jana Roser, Marie-Thérèse Schauwecker, Friederike Schulz, Hannah Speck und Simone Wagner.

einer Herrschaft «staatlicher Natur» könnte man sogar sagen. Doch sind die Quellen nicht sonderlich zahlreich, und die Literaturlage war, als ich meine Recherchen aufnahm, mehr als bescheiden. Zudem war das, was diese erahnen liessen, für die damals vorherrschenden geschichtswissenschaftlichen Strömungen kaum zufriedenstellend.[2]

Die Studientage, die uns erfreulicherweise zusammenbringen, beleuchten den Weg, den wir bereits zurückgelegt haben, und das gleich in mehrfacher Hinsicht: Die Archäologie hat neue Pfade gebahnt und etliche bereits akzeptierte Ansichten zu widerlegen vermocht.[3] Das Königreich Burgund hat in der Tat nicht nur von den Pionierleistungen der deutschen Historiker,[4] sondern auch von einem Wiederaufleben der französischen Studien[5] profitiert, für das heute auch wir hier stehen. Aber auch insbesondere die Entwicklung des universitären Austausche(n)s innerhalb von Europa gereichte dem Königreich Burgund zum Nutzen: Die Komplementarität der französischen, deutschen, schweizerischen wie italienischen Zugänge erweist sich

---

2   Sowohl hinsichtlich ihrer Art als auch ihres Inhalts entspricht die Materialgrundlage zum Königreich Burgund nicht den in der französischen Forschung in der zweiten Hälfte des 20. Jahrhunderts vorherrschenden Modellen des *siècle de fer*, der *mutation féodale* und des Feudalismus.

3   Die im Kanton Genf durchgeführten Ausgrabungen haben nicht nur die Abwesenheit von durch die Sarazenen verursachten Schäden offenbart, sondern auch die demographische und religiöse Vitalität gezeigt, welche die Ufer des Genfer Sees in der zweiten Hälfte des 10. Jahrhunderts kennzeichnete; vgl. beispielsweise Genava 46 (1988).

4   Am Anfang steht die Edition der Urkunden der burgundischen Könige: Die Urkunden der burgundischen Rudolfinger [Regum Burgundiae e stirpe Rudolfina Diplomata et Acta] [MGH DD Burg.], bearb. v. Theodor Schieffer unter Mitw. v. Hans Eberhard Mayer, München 1977.– Sehr viel verdanken die französische Mediävistik und die Studien zum Königreich Burgund aber ebenfalls den Arbeiten von Gerd Tellenbach, Eduard Hlawitschka, Karl Ferdinand Werner, Carlrichard Brühl und Thomas Zotz, um nur einige Namen zu nennen.

5   Der erste Sammelband, der nach René Poupardins Werk (Le royaume de Bourgogne [888–1032]. Études sur les origines du royaume d'Arles, Paris 1907 [ND Genf 1974] [Bibliothèque de l'École des hautes études 4. Sciences historiques et philologiques 163]) erschien, stammt aus dem Jahre 2008: Christian Guilleré, Jean-Michel Poisson [u. a.] (Hg.), Le royaume de Bourgogne autour de l'an Mil [Actes du colloque de Lyon, 15–16 mai 2003], Chambéry 2008.

hier als sehr zweckdienlich, um ein Königreich zu greifen, das mit dem karolingischen Reich einsetzte und sein Ende fand, als sich der Investiturstreit abzeichnete, bzw. ein Königreich, das mit dem karolingischen Frankenreich begann und zu den Zeiten eines kapetingischen und feudalen Frankreich endete.

Der Titel, unter dem meine Dissertation erschienen ist, *La Bourgogne, dernier des royaumes carolingiens,* wollte auf diesen langsamen Übergang anspielen, der die Herrschaftsformen wie die führenden Schichten gleichermassen betraf.[6] Und ich habe mich entschieden, diesen Gegenstand nun auch hier und heute zu behandeln; dies scheint umso angebrachter, als meine weiteren Forschungen mich dazu geführt haben, den auf Hochburgund und dessen politische Seiten gerichteten Fokus auszuweiten, um die westlichen Regionen des Königreichs sowie die Bindungen, welche die «religiösen Netzwerke» offenbaren, besser in den Blick nehmen zu können. So haben die Kolloquien und Publikationen über Cluny, Saint-Maurice und Lyon[7] dazu beigetragen, manche meiner vorherigen Positionen zu modifizieren.

Es soll nun darum gehen, die von den Rudolfingern hinsichtlich der Herrschaftsweise getroffenen Entscheidungen herauszuarbeiten, indem man diese mit den Adelskulturen in Beziehung setzt, jenen der Herrscher selbst, aber auch jenen der Regionen, in denen sie Könige wurden; jenen der Räu-

---

6   La Bourgogne, dernier des royaumes carolingiens (855–1032). Roi, pouvoirs et élites autour du Léman, Lausanne 2008 (Mémoires et documents publiés par la Société d'histoire de la Suisse romande IV/9).– Zu einer kürzeren und aktualisierten Fassung siehe François Demotz, L'an 888, le royaume de Bourgogne. Une puissance européenne au bord du Léman, Lausanne 2012 (Collection Le savoir suisse. Grandes dates 83).

7   François Demotz, De l'alliance politique à l'affinité spirituelle. L'amitié personnelle entre clunisiens et rois de Bourgogne, in: Dominique Iogna-Prat, Michel Lauwers [u. a.] (Hg.), Cluny. Les moines et la société au premier âge féodal [Actes des colloques internationaux de Romainmôtier (24–26 juin 2010) et de Cluny (9–11 septembre 2010)], Rennes 2013 (Collection Art & Société), S. 249–259; ders., Saint Maurice et les Rodolphiens. Du lien identitaire à la sainteté symbolique, in: Nicole Brocard, Françoise Vannotti [u. a.] (Hg.), Autour de Saint Maurice. Politique, société et construction identitaire [Actes du colloque de Besançon et Saint-Maurice, 28 septembre–2 octobre 2009], Saint-Maurice 2012 (Fondation des Archives historiques de l'Abbaye de Saint-Maurice 1), S. 219–234.

me, mit denen sie in enger Verbindung standen, und jenen der Eliten, welche die «Migrationen» der Adligen unter die Herrschaft der Rudolfinger führten.

Die Situation stellte sich für die ersten beiden Rudolfingerherrscher ganz anders als für ihre Nachfolger dar, mussten erstere doch zunächst eine Monarchie errichten und erfolgreich expandieren, damit letztere als anerkannte Könige über ein recht beständiges Gebiet und einen relativ festen Personenkreis herrschen konnten. Diese beiden Phasen werden wir nun nacheinander in den Blick nehmen.

I. Die Herrschaft der ersten beiden Rudolfinger. Das In-Einklang-Bringen eines zweifachen adligen Erbes

Wenn es auch bereits durch seine schiere Existenz eine Neuerung darstellte, so bestanden doch in der Anfangszeit des rudolfingischen Königreichs grosse Bemühungen, die Kontinuität der Herrscher zu betonen. Ihre Herrschaft stand deutlich in der Tradition der Karolinger, ganz besonders in jener der ostfränkischen Karolinger.

1. Eine Monarchie in der Tradition der ostfränkischen Karolinger

Einer der Gründe für die stiefmütterliche Behandlung der burgundischen Geschichte und für ihre Verkennung – nicht nur seitens der breiteren Öffentlichkeit, sondern auch seitens der Historiker selbst – liegt in dem Fehlen von Prunk und Pomp sowie in dem Ausbleiben von Diskursen, die üblicherweise um eine grosse Monarchie kreisen.

Eine gemässigte Monarchie

Das *palatium* war auf ein Minimum beschränkt. Nur der Pfalzgraf lässt sich dauerhaft mit seinen gesamten Kompetenzen fassen, dem Vorsitz von öffentlichen Gerichten sowie der Befugnis, im gesamten Königreich die Autorität des Königs und dessen Entscheidungen zu repräsentieren. Hingegen wurde die Kanzlei, auch wenn sie regelmässig bezeugt ist, rasch recht bescheiden; dies gilt umso mehr, als sie mit anderen Kanzleien, wie derjenigen der Abtei Saint-Maurice d'Agaune und der bischöflichen von Lausanne, konkurrieren musste. Doch unabhängig davon, ob nun ein Priester wie Aimo als Kaplan fungierte, oder davon, ob diese Rolle Saint-Maurice d'Agaune zufiel, lässt sich zumindest konstatieren, dass die Kapelle nicht häufiger erwähnt wurde als andere Ämter am karolingischen Hof.

Obwohl der königliche *vicus* Orbe den Karolingern als Treffpunkt diente, verfügt man über keine genauen Informationen über die königlichen Pfalzen um das Jahr 900. Kein dementsprechender Bau wurde erwähnt oder zutage gefördert. Dennoch werden vielleicht zukünftige Ausgrabungen den Sitz des Herrschers bei seinen Aufenthalten in Saint-Maurice d'Agaune offenbaren. Die Rudolfinger scheinen den aus der Antike stammenden Unterschied von zwei Arten königlicher Orte beibehalten zu haben. Die *civitas*, insbesondere Lausanne, diente als *sedes regni*, das heisst als Ort, an dem sich die Macht manifestierte. Hiervon zeugen die Urkunden, die in Lausanne unter Rudolf I. ausgestellt wurden. Hier fand auch die erste bezeugte Versammlung statt. 927 tagte der König hier *cum episcopis comitatibus et vassis dominicis*, einem Markgrafen, dem Pfalzgrafen, drei Grafen, einem Erzbischof und vier Bischöfen. Der König residierte üblicherweise in einer *villa* oder im Sitz des Abtes, und von hier aus wurde die Macht ausgeübt.

Diese ausdrückliche Schlichtheit der burgundischen Monarchie ist nicht an einen Mangel an Mitteln gekoppelt, wie man lange Zeit angenommen hat. Der Herrscher verfügte über zahlreiche Krongüter, die stets in den besten Ländereien gelegen waren; dies gilt umso mehr, als er Kirchengüter vergab, ja diese sogar in Anspruch und Beschlag nahm. Die Fiskalität war, jenseits aller Debatten über ihre Dauerhaftigkeit, auf lange Sicht installiert.[8] Der König bezog auch Einkünfte aus den königlichen Abteien und den Salinen sowie Zölle von einer der Hauptachsen, der wichtigsten Pilger- und Handelsroute nach Italien.

Kennzeichnend für die Wahlmöglichkeit und unabhängig von allen materiellen Eventualitäten ist die Weigerung, die kaiserliche Dynastie zu imitieren.

---

8   Nach karolingischem Brauch erhielt der Herrscher den Tribut (direkte Steuern), Bussgelder sowie Abgaben für Marktrechte, Rechte für die Beherbergung von Menschen und Unterbringung von Tieren … – Französische Historiker, wie Elisabeth Magnou-Nortier und vor allem Jean Durilat, haben versucht, das Fortbestehen von Finanzmechanismen und der öffentlichen Fiskalität seit der Spätantike aufzuzeigen, und diese Arbeiten haben zu zahlreichen Debatten geführt.

Es lässt sich keine signifikante Verwendung karolingischer Namen in der neuen Königsfamilie feststellen. «Ludwig» fand dort durch die Bindung zu den Bosoniden als Name mütterlicherseits Eingang, ohne jedoch weitergegeben zu werden; «Karl» war vollständig absent, wohingegen dieser Name von den Bosoniden beibehalten wurde. Das gleiche gilt für den Namen «Judith», der für eine Verbindung zu den Kaisern stand; hingegen verwies «Adelheid» auf die adlige Verwandtschaft und wurde regelmässig aufgegriffen. Das Phänomen lässt sich nicht nur beobachten, solange es noch karolingische Herrscher gab, sondern auch über diesen Zeitpunkt hinaus. Zudem interessierten sich die Rudolfinger weder für den Kaisertitel noch für Rom: Hierin unterscheiden sich die zwei aufeinanderfolgenden Könige von Italien, Rudolf II. und Hugo von Arles, deutlich voneinander. Darüber hinaus trugen die Rudolfinger keine Sorge dafür, eine Chronik erstellen zu lassen: Saint-Maurice d'Agaune war weder Fulda noch Fleury. Die königliche Kanzlei erlebte selbst, wie ihr Glanz beständig abnahm, war diese doch zunächst dem Erzbischof Dietrich von Besançon anvertraut worden, dann dem einfacheren Walter von Sitten und schliesslich einem ganz simplen Notar. Diese Entwicklung steht symbolisch für die Züge, welche die Anfangsjahre der rudolfingischen Monarchie prägten.

Die schwache Stellung der geistlichen Eliten

Der König von Burgund griff strikt in die Auswahl der Bischöfe ein, unabhängig davon, ob die Kirche das Privileg der freien Wahl *clero et populo* wie in Lausanne erhalten hatte oder nicht. Während die lokalen Geistlichen sich mit den niederen Funktionen zu begnügen hatten, platzierte der König auf den Bischofsstühlen Fremde, so etwa in Genf. In Lausanne, wo sich die Situation durch die Spaltung des lokalen Klerus komplizierter gestaltete, vermochte Rudolf I., einen lokalen Kandidaten durchzusetzen, der in enger Verbindung zu ausserhalb der Region lebenden Eliten stand.[9] Zudem wurden die Bischöfe nicht nur von der Kanzlei, sondern auch von den königlichen Entscheidungen ferngehalten.

---

9   Im Jahre 892 intervenierte der König, liess die Wahl des Erzdiakons Ragemfred für ungültig erklären und ersetzte diesen durch einen Mann namens Boso.

Kein Abt zählte mehr. Der König selbst war Laienabt von Saint-Maurice und ohne Zweifel von Romainmôtier sowie von Saint-Pierre-du-Mont-Joux.[10] Seine Kontrolle wurde durch die Tatsache erleichtert, dass es sich um Fiskalgüter und Kanonikerstifte handelte.[11] Die einzigen Äbte sassen an den Rändern des Königreichs und sie spielten keine politische Rolle, auch wenn die Rudolfinger Beziehungen zu ihnen aufrechterhielten: Rudolf I. intervenierte, um angesehene Geistliche nach Moutier-Grandval zu schicken, ein Eigenkloster einer elsässischen Grafenfamilie. Er betrieb eine umsichtige Politik im Westen des Jura, hielt die Abteien in Ehren, die von Lyon abhingen, und unterstützte Berno, den Abt von Gigny, dem er Baume(-les-Messieurs) übertrug.

Hingegen stützte sich der König auf die Laien wie auch auf eine traditionelle administrative, aber lockere Organisation. Die Ausübung der Macht ruhte im Wesentlichen auf den Schultern einer kleinen Anzahl von Grafen. Diese wurden zunächst aus dem Kreis der Familien ausgewählt, die sich jüngst dort niedergelassen hatten (zur gleichen Zeit wie der König oder ein wenig später in dessen Kielwasser), woraus die Zugehörigkeit zu einem sehr exklusiven Milieu resultierte. Diesem Milieu oblagen sicherlich der Einzug der indirekten Steuern, die Verwaltung der Fiskalgüter, die Organisation der Gerichtssitzungen und allgemein alle Fragen, welche das *bannum domini regis* betrafen. Jedoch gab es nicht überall einen Grafen;[12] die subalternen Akteure waren umso weniger bekannt, als sie nicht sonderlich zahlreich gewesen zu sein scheinen. Man kannte weder einen *vicecomes*, noch einen *viguier/vicarius*, noch einen *centenarius*, sondern einzig einen Jägermeister und einen Zolleintreiber … Das am häufigsten auftretende Wort ist *missus*, das alle Repräsentanten des Königs oder des Grafen bei einer bestimmten Mission bezeichnet. Dieser allgemeine Terminus weist eine gewisse Polyva-

---

10   Rudolf I. übertrug Romainmôtier seiner Schwester Adelheid, die sich (Laien-)Äbtissin nannte.

11   In Saint-Maurice zählte man damals einen Propst und etwa zwanzig Kanoniker; Romainmôtier hingegen scheint mehr oder weniger verlassen gewesen zu sein. Talloires und Baulmes (zwischen Orbe und Yverdon) waren gleichfalls Krongüter.

12   Die Rudolfinger richteten zwar den *comitatus Equestricus* im Westen des Genfer Sees (wieder) ein, aber es gab nie einen Grafen im Wallis.

lenz auf, da etwa ein *venator* entsandt wurde, um ein vom König angeordnetes Gottesurteil durchzuführen.

Der König selbst erwähnte in seinen Urkunden weder den Rat noch die Fürsprache irgendeiner Person und er herrschte umgeben von einer recht kleinen Anzahl von Laien – ein Brauch, den er vom ostfränkischen Zweig der Karolinger übernommen hatte, die diesen seit Ludwig dem Deutschen pflegten.[13]

Die Erklärung des ostfränkischen Einflusses

Es scheint angebracht, den juristisch geprägten Blickwinkel auszublenden, der lange Zeit die deutschen Forscher in den Bann gezogen hat. Der ostfränkische Einfluss ist in keinerlei Hinsicht an ein sehr unwahrscheinliches Vasallentum des burgundischen Königs geknüpft.[14] Sollte der ostfränkische Herrscher versucht haben, Burgund in sein Reich einzugliedern oder aus diesem Gebiet eine «Satelliten-Herrschaft» zu machen, Burgund also in jedem Fall in ein Abhängigkeitsverhältnis zu bringen (wie es die Historiker sehen, die sich von den ostfränkischen Quellen oder der Angliederung von 1032 beeinflussen lassen), so gestaltete sich die Realität doch etwas anders und weitaus weniger gleichförmig – und dies gilt sogar für die Herrschaft Ottos des Grossen. Der König von Burgund war in schwierigen Phasen unbestritten in der Position eines Unterkönigs, aber die restliche Zeit über begnügte er sich damit, die Oberhoheit, das heisst die moralische Vorrangstellung des Kaisers, anzuerkennen. Die Beziehungen zwischen dem Reich und Burgund und deren Entwicklung hingen fundamental von der inneren Situation innerhalb eines jeden der beiden Gebilde ab.

Auch das adlige austrasische Erbe darf man nicht ausser Acht lassen. Diese Verbindung lässt sich nur schwer einschätzen, aber das Herrschaftsmodell entsprach dem der Herkunftsgebiete der Welfen, und zu diesen hielten die Rudolfinger stets ihre Beziehungen aufrecht. Es entsprach auch dem des Königreichs Karls des Dicken, des Karolingers, den Markgraf Rudolf

---

13   Geneviève Bührer-Thierry, Evêques et pouvoir dans le royaume de Germanie. Les églises de Bavière et de Souabe 876–973, Paris 1997.

14   Ausgenommen vielleicht Basel, nach dessen Übertragung an den burgundischen König im Jahre 926.

unerschütterlich in den zehn Jahren unterstützt hatte, die dem eigenen Aufstieg zum Königtum unmittelbar vorausgegangen waren.

Denn Rudolf I. stellte seine neue Herrschaft in die Tradition Karls des Dicken, wie Giuseppe Sergi gezeigt hat.[15] Sobald Karl der Dicke gestorben war, liess Rudolf sich selbst zum König wählen. Wenn er auch nicht das einzige Mitglied aus den hohen Adelskreisen ist, das den Sprung wagte, so ist er doch eines der ersten. In Ermangelung karolingischen Geblüts setzte Rudolf, wie die Mehrheit der anderen neuen Herrscher, auf seine Legitimität als Herr eines Teilreiches, um zunächst die Kontinuität der Herrschaftsausübung zu verkörpern. Stets ein Getreuer der einander nachfolgenden Karolinger – insbesondere Karls des Dicken, für den er bereits über einen Teil des *regnum* als Graf, Laienabt und Markgraf geherrscht hatte –, wandelte er, in Ermangelung eines Herrn, seinen Markgrafentitel nun in den eines Königs um. Deshalb wählte er auch Saint-Maurice d'Agaune, den geheiligten und königlichen Ort, den die Kaiser ihm anvertraut hatten. Die Rudolfinger kamen zum Königtum wie andere Grosse zu ihren Fürstentümern.[16]

Manche seiner Zeitgenossen warfen ihm diese Vorgehensweise auch vor. So etwa der Chronist, der berichtete, dass Rudolf seine Getreuen in Agaune zusammengerufen, sich selbst gekrönt und angeordnet habe, dass man ihn König nennen solle.[17] Arnulf selbst scheint Hochburgund als einen Teil des Königreichs betrachtet zu haben, das dem ostfränkischen König zustand. Tatsächlich führte die Kontinuität zwischen dem Reichsteil und dem Königreich, die so viel deutlicher als die fortwährende Feindseligkeit Arnulfs und, in einem geringeren Ausmass, die Ludwigs von der Provence – oder vielmehr die seiner Mutter – war, zu einer gewissen geographischen Identität

---

15   Giuseppe Sergi, Genesi di un regno effimero. La Borgogna di Rodolfo I, in: Bolletino storico-bibliografico subalpino 87 (1989), S. 5–44; ders., Istituzioni politiche e società nel regno di Borgogna, in: Il secolo di ferro. Mito et realtà del secolo X [19–25 aprile 1990], Spoleto 1991 (Settimane di studio del Centro Italiano di studi sull'Alto Medioevo 38), Bd. 1, S. 205–240.

16   Zu den grossen «Grafen-Äbten», wie hier in Saint-Maurice d'Agaune oder zum Beispiel in Saint-Julien de Brioude und Sainte-Colombe de Sens, siehe u. a. die Arbeiten von Karl Ferdinand Werner, Olivier Guillot und Jean-Pierre Brunterc'h.

17   Reginonis abbatis Prumiensis Chronicon cum continuatione Treverensi, ed. Friedrich Kurze, Hannover 1890 [ND 1989] (MGH SS rer. Germ. 50), ad a. 888.

zwischen dem alten Dukat Hochburgund und dem neuen Königreich Burgund. Die Politik der ersten beiden Rudolfinger zeigt indes, dass sich ihre Expansionsversuche ohne vorher gefassten Plan vollzogen und den ganzen Raum betrafen und dass die beiden Könige jede sich ihnen bietende Gelegenheit zu nutzen suchten: Sie hielten nach einem königlichen Herrschaftsgebiet Ausschau und richteten ihren Blick nacheinander auf Lotharingien, Schwaben, Italien und die Provence.

Das Königreich war zu Beginn des 10. Jahrhunderts eine Art königliches «Fürstentum», ein eher aristokratisch als monarchisch geprägtes Königreich: der König herrschte noch weitgehend als Markgraf – und nicht nach einem kaiserlichen Vorbild – über einen Raum, der sich auf einen Bereich des einstigen Burgunderreiches beschränkte bzw. über einen Raum, der damals erst seit einem halben Jahrhundert geteilt war.

2. Ein Königreich Burgund und ein Königreich der Burgunder

Das neue in Burgund entstandene Königreich sollte sich über die burgundischen Gebiete erstrecken. Die karolingische Kontinuität gab Legitimität, aber die Rudolfinger mussten eine eigene Identität schaffen und ihre Herrschaft an die Menschen anpassen, die nicht länger in Stellvertretung als ein Teil eines grossflächigen Ganzen beherrscht wurden, sondern als eigene Einheit, als Volk eines Königreichs. Es gilt also, die Rolle auszumachen, welche die burgundischen Bräuche für die Praktiken der Rudolfinger spielten.

Einflüsse aus allen Teilen Burgunds

Die Rudolfinger waren in Burgund keine wirklichen Neuankömmlinge. Seit der Generation Konrads des Älteren, des Grossvaters Rudolfs I., hatten sich die Welfen im östlichen Burgund niedergelassen, insbesondere in Sens (Sainte-Colombe) und in Auxerre (Saint-Germain). Es waren Konrad und seine Frau Aelis, welche die Abteikirche wiederaufbauten, die Germanus einst nach dem Vorbild von Saint-Maurice d'Agaune gegründet hatte.

Das Überwechseln Konrads des Jüngeren in den Dienst Ludwigs von Italien und seine Niederlassung in Hochburgund gingen nicht vonstatten, ohne dass er seine Getreuen, die aus dem westlichen Burgund stammten oder diese Region durchquert hatten, nach sich gezogen hätte: Burgunder aller Art – aus Auxerre, Langres, dem Mâconnais, ja sogar aus dem Viennois und auch aus Hochburgund – scheinen den wesentlichen Teil des Adels um Rudolf I. ausgemacht zu haben.[18] Dieser unterhielt beinahe durchweg gute Beziehungen zu seinem Schwager, dem Herzog Richard Justitiarius, der die *honores* wiedererlangte, die einst Konrad von Burgund innegehabt hatte, insbesondere Saint-Germain d'Auxerre. Rudolf und Richard gehörten zu den ersten Schutzherren von Gigny und von dessen Abt Berno, der bald an die Spitze von Cluny trat.

Die Männer aus der Saône-Region zählten ebenfalls zu Konrads Entourage, als dieser im Jahre 942 den burgundischen Thron wiedereinnehmen konnte, nicht zuletzt dank der eminenten Rolle, die Hugo der Schwarze seit etwa zwei Jahrzehnten innehatte. Als «Brücke» zwischen dem rudolfingischen und dem bosonidischen Burgund begünstigte er die Migrationen der Grossen durch den Jura sowie die Kontakte zwischen den Burgundern und den Eliten der alemannischen Regionen, die durch Rudolf II. an das Königreich angegliedert worden waren.

Die Stellung von Saint-Maurice

Das Zentrum der rudolfingischen Monarchie, Saint-Maurice, war burgundisch, genauer gesagt transjuranisch. Die Abtei im Wallis war für die ersten beiden Könige Krönungsort und Grablege sowie insbesondere Sitz des Herrschers und Machtzentrum. Dies mass den religiösen Feierlichkeiten in Saint-

---

[18]   Eine Reihe von Arbeiten hat neue Erkenntnisse für das Verständnis der Eliten im Königtum Burgund geliefert: Patrick Geary, Aristocracy in Provence. The Rhône Basin at the Dawn of the Carolingian Age, Stuttgart 1985; Constance Brittain Bouchard, Sword, Miter and Cloister. Nobility and the Church in Burgundy 980–1198, New York 1987; Guido Castelnuovo, Les élites des royaumes de Bourgogne (milieu IXe–milieu Xe siècle), in: Régine Le Jan (Hg.), La royauté et les élites dans l'Europe carolingienne (du début du IXe siècle aux environs de 920), Villeneuve d'Ascq 1998 (Collection Histoire et littérature régionales 17), S. 383–408; Florian Mazel, La noblesse et l'Église en Provence, fin X^e–début XIVe siècle. L'exemple des familles d'Agoult-Simiane, de Baux et de Marseille, Paris 2002 (Comité des Travaux Historiques et Scientifiques. Histoire 4).

Maurice und der Förderung des Mauritiuskultes in den königlichen Domänen eine grosse Bedeutung zu.

Auf symbolische und materielle Art und Weise schrieb sich die rudolfingische Monarchie demnach in die königliche Tradition der Burgunder ein, in einen gemeinsamen Bezugsrahmen der burgundischen Grossen. Saint-Maurice verlieh das Charisma, das der König benötigte, und grosses Prestige, war doch das Prestige, dessen sich die Abtei im Okzident erfreute, mit dem von Saint-Martin in Tours vergleichbar, dessen bemerkenswerter Abt übrigens der Onkel Rudolfs I. war. Saint-Maurice lieferte somit einem König, der die karolingische Kontinuität verkörperte, eine burgundische Legitimität. Der burgundische Charakter der rudolfingischen Monarchie wurde noch durch die Vergrösserung des Königreichs zwischen 927 und 942 verstärkt; während sich das grosse Herzogtum Burgund nach dem Verscheiden Hugos des Schwarzen auflöste, herrschte Konrad nun über nahezu alle Regionen, die einst das alte Königreich Burgund gebildet hatten, und insbesondere über alle dessen wichtige Stätten und historische Zentren. Durch den Erwerb von Lyon und Vienne, aber auch der eigentlichen Provence, kam der König in Kontakt zu neuen Eliten und anderen Traditionen. Der Preis hierfür war der weitere ottonische Einfluss; dieser war sehr stark unter Otto I. und wurde hernach schwächer. Otto der Grosse nahm grossen Einfluss auf die königliche Familie[19] und weitete diesen ebenfalls auf die Eliten, den Episkopat sowie auf die Laien aus.[20] Er hatte auch bedeutenden Anteil an der Wiederverheiratung Konrads mit einer karolingischen Königstochter aus dem Westfrankenreich – ein Ereignis, das die Rudolfinger vollends in den Rang einer königlichen Familie beförderte.

So stellt die Mitte des 10. Jahrhunderts mit der Minderjährigkeit Konrads und der territorialen Ausweitung eine wichtige Etappe in der Geschichte des Königreichs dar, einen Moment, der die ursprüngliche Dualität der

---

19   Otto der Grosse übte bis zu seinem Tod moralischen Einfluss auf Konrad aus; er heiratete Adelheid 951 und er schenkte Bertha und Rudolf, der Mutter und dem Bruder Konrads, Güter.

20   Otto nahm zumindest in Lausanne auf die Bischofsernennung Einfluss (Bischof Eginolf war ein Freund Ottos, Bischof Heinrich ein Neffe Adelheids) und er empfing burgundische Prälaten ohne deren König. Zur Kirche von Lausanne siehe Jean-Daniel Morerod, Genèse d'une principauté épiscopale. La politique des évêques de Lausanne (IXᵉ–XIVᵉ siècle), Lausanne 2000 (Bibliothèque historique vaudoise 116).

rudolfingischen Monarchie wiederbelebte, während er einer Herrschaft, die von nun an stärker königlich als adlig war, den Weg für eine Diversifizierung der Modelle eröffnete.

II. Welches königliche Modell? Ottonischer Einfluss und komplementäre Modelle

Die erste Phase von Konrads Regentschaft war der Festigung der Königsherrschaft in der Provence gewidmet. Zum ersten Mal verliess der rudolfingische Hof die Ufer des Genfer Sees.

1. Die Entwicklung des Hofes in der Provence

Es ist schwierig, die tatsächliche Tragweite des Kontakts zu den provenzalischen Gebieten zu bestimmen; dies gilt umso mehr, als der König selbst nur sporadisch südlich von Valence eingriff. Nachdem er ganz am Anfang seiner Herrschaftszeit einmal Lyon passiert hatte, hielt er sich insbesondere in Vienne auf, das ebenso burgundisch wie provenzalisch war. Hiervon zeugt nicht zuletzt der Konflikt, der zwischen Vienne und Saint-Maurice d'Agaune um den Vorrang als wichtigste Stätte des Mauritiuskultes entbrannte. Konrad stützte sich zudem stark auf die Eliten im Viennois, welche sich bis hin an die Ufer des Neuenburgersees ansiedelten und mit Konrads aktiver Unterstützung die höchsten Ämter erlangten.

Bedingt durch die Niederlassung des Königs in Vienne wurde die Dynastie mit neuen königlichen Bräuchen konfrontiert, angefangen mit dem Residieren in einer urbanen Königspfalz; Konrad reihte sich so in die Tradition Karls von der Provence und vor allem Ludwigs des Blinden ein.

Tatsächlich findet sich damals in den Urkunden die Wendung *in palatio sacro*, und es taucht formell, mit der Erwähnung eines Kaplans der Königin, eine königliche Kapelle auf. Diese zugleich symbolische wie materielle Entwicklung des Hofes spiegelte sich gleichfalls in dem neuen Glanz wider, der dem Kanzler, welcher nun wieder aus den Reihen der bedeutenderen Prälaten gewählt wurde, gegeben wurde. Hier stösst man wieder auf die königliche

Kirchenpolitik, die gleichermassen aus den burgundischen Traditionen wie aus dem ottonischen Einfluss resultierte.

2. Die auf eine königliche Kirche gestützte Politik

Konrad stellte wieder das traditionelle Gleichgewicht der burgundischen Kirche in den Vordergrund. Obgleich Saint-Maurice d'Agaune nach wie vor ein Bezugspunkt für die Herrschaft blieb, war dessen Stellung fortan weniger herausragend. Zum einen bestand seitens der Ottonen die Tendenz, den Mauritiuskult als den Kult des Patrons der Kaiser zu vereinnahmen, was das burgundische Bild des Heiligen Märtyrers trübte und die Assimilation des rudolfingischen Raumes an die Peripherie des Reiches beförderte. Zum anderen verfügte Konrad, der Lyon und Vienne in seine Hand gebracht hatte, nun über zwei sehr prestigeträchtige Erzbischofssitze und somit über die beiden wichtigsten Kirchen des alten Burgunderreiches. Der Bezug auf diese zeichnet sich deutlich bei der Reorganisation der königlichen Kirche ab. Die Rolle des Oberhauptes des burgundischen Klerus kam dem Erzbischof von Lyon zu, dem einzigen Sitz, der in erster Linie durch den Bruder des Königs eingenommen wurde. Den Titel des Kanzlers erhielt der Bischof von Genf. Wenn der König auch in Vienne residierte, so wurden die zwei historischen Kapitalen des alten Burgunderreiches doch auf diese Weise durch ihre Prälaten zu neuen Ehren geführt.

Allgemeiner gesagt, sahen die Bischöfe, wie ihre Rolle gestärkt wurde und sich ihre Stellung festigte. Seitdem er aus dem Reich zurückgekehrt war, wo er erzwungenermassen seine Unmündigkeit verbracht hatte, stützte sich Konrad auf die Bischöfe, die immer stärker seinen Rat bildeten und die ihre Kontrolle über ihre Bischofsstädte ausweiteten, bis sie beinahe die alleinige Herrschaft über diese hatten. Der Klerus konnte entsprechend darauf hoffen, wieder die Macht zu erlangen, die die Kirche im alten Burgunderreich besessen hatte, eine Macht, die dergestalt gewesen war, dass Martin Heinzelmann sie als «bischöfliche Monarchie»[21] bezeichnet hat. Der Klerus begrüsste die

---

21   Martin Heinzelmann, Bischofsherrschaft in Gallien. 4.–7. Jahrhundert. Soziale, prosopographische und bildungsgeschichtliche Aspekte, Zürich, München 1976 (Beihefte der Francia 5).

Ausbildung einer königlichen Kirche, wie es die Lyonnaiser Schriften zeigen, welche die Leistungen des im Dienste des Königs stehenden Erzbischofs rühmen. Die burgundische Tradition traf hier auf den Einfluss, den die Ottonen auf ihre Zeitgenossen, und insbesondere auf Konrad, ausübten.

In der Tat war es das ottonische Königsmodell, das die Praktiken Konrads am stärksten beeinflusst zu haben scheint. Wie im Reich handelt es sich nicht um ein wirkliches System, sondern eher um einen Versuch, die Kirche zum Rückgrat der königlichen Herrschaft werden zu lassen – ein wahrhaftiges Novum für die rudolfingische Monarchie.

Die Urkundenproduktion der Kanzlei Konrads räumte den Abteien eine noch bedeutendere Rolle als den Bischöfen ein. Der Erwerb der Provence hatte in der Tat eine Vielzahl von königlichen und bischöflichen Klöstern unter die Herrschaft des burgundischen Königs gebracht, insbesondere in Lyon und Vienne.[22] Dieser war sehr darauf bedacht, sie durch Immunitäten zu schützen, auch in Niederburgund und oft gegen den Bischof. Drei der Abteien kristallisierten sich als Orte der königlichen Macht heraus, jede von ihnen stand für einen der drei wichtigsten Räume des Königreichs: Saint-Maurice d'Agaune für Hochburgund, Saint-André-le-Bas für Vienne und Savigny für das Lyonnais. Nur Saint-Martin de Savigny befand sich nicht direkt in königlicher Hand, sondern wurde durch dessen Bruder in dessen Funktion als Erzbischof von Lyon kontrolliert. Die Zwischenräume wurden durch ein Zusammenspiel mit Cluny überbrückt: Als enge Freunde der Äbte von Cluny, die einen politischen und geistlichen Support gewährten, unterstützten die Rudolfinger Cluny dabei, sich in der Provence und in Hochburgund auszubreiten, wo die Rudolfinger Cluny wichtige Einrichtungen übertrugen, die alte Abtei Romainmôtier und die von der Familie errichtete Stiftskirche Payerne.

Die Prälaten vergass man nicht. Konrad liess Grafschaften vakant, zwar nicht auf systematische Weise, aber zumindest in den wichtigsten *civitates*

---

22   In Lyon waren dies, durch die Macht des Erzbischofs, Ile-Barbe, Ainay und Savigny und in Vienne Saint-Pierre, Saint-André-le-Haut und vor allem Saint-André-le-Bas.

wie Lyon[23] und Vienne. Dennoch fällt die Zeit der grossen Konzessionen in die darauffolgende Herrschaft.

Seit der Thronbesteigung Rudolfs III. spielte der Episkopat beim Herrscher eine weitaus bedeutendere Rolle als die grossen Laien. Als er mit einer Revolte konfrontiert wurde, weil er die Macht einiger Laien hatte beschneiden wollen, musste sich der junge König auf die Kirche stützen, um sich die Kontrolle der Schlüsselstellen zu sichern und um sich die Fähigkeit zu bewahren, weiterhin in einigen nicht ganz so zentralen Regionen eingreifen zu können.

Der Episkopat dominierte den königlichen Rat und, wenn man die eigentliche Provence ausnimmt, erschienen alle Bischöfe beim König. Als Zeichen dieses Einflusses mag auch gelten, dass die Bischöfe nun von höherer sozialer Herkunft waren.

Im Gegenzug verstärkte Rudolf III. die weltliche Macht der Prälaten. Wie Robert der Fromme in Frankreich übernahm er in Burgund insbesondere eine Neuerung von den ottonischen Kaisern: die königlichen *comitatus*-Schenkungen. Während keine Kirche seit den Zugeständnissen Rudolfs I. mehr neue Vorrechte erhalten hatte – mit Ausnahme der Kirche von Lausanne mehr als ein Jahrhundert zuvor –, erlangten nun vier Bischöfe die Grafschaftsrechte. Wie auch andernorts spaltet die Frage nach der praktischen Wirkung dieser Urkunden die Historiker.[24] Zumindest wurden dem Bischof das «endgültige» Verschwinden eines lokalen weltlichen Grafen sowie die vollständige Inbesitznahme der Bischofsstadt zugesichert, was ihm ermöglichte, sein eigenes Netz von Getreuen aufzubauen. Die Tragweite die-

---

23   In Lyon kehrte Konrad in den 980er Jahren hiervon ab, um die Wahl seines Sohnes zu gewährleisten. Eine Übereinkunft mit den Grossen führte zu zwei Ernennungen: der des Erzbischofs Burchard und der eines neuen Grafen.

24   Für die Ufer des Genfer Sees siehe beispielsweise André Perret, Les concessions de droits comtaux et régaliens aux églises dans les domaines de la Maison de Savoie, in: Bulletin philologique et historique (1964), S. 45–73; Gilbert Coutaz, La donation des droits comtaux à l'évêque de Sion en 999. Un texte dévalué de l'histoire du Valais, in: Vallesia 54 (1999), S. 31–68.– Für einen neuen Zugriff siehe insbesondere Olivier Guyotjeannin, *Episcopus et comes*. Affirmation et déclin de la seigneurie épiscopale au nord du royaume de France. Beauvais–Noyon, XIᵉ–début XIIIᵉ siècle), Genf, Paris 1987 (Mémoires et documents. Société de l'École des Chartes 30).

ser Politik war jedoch geringer, als es den Anschein haben mag. Zum einen existierte in drei von vier Fällen schon gar kein Graf mehr;[25] zum anderen gab es kein an eine Kirche zugestandenes Vorrecht, das eine adlige Familie, selbst wenn sie eine treue Stütze des Königs war, hätte kontrollieren können.

Der Einfluss des Reiches lässt sich gleichfalls an der Rolle der königlichen Kapelle erkennen, auch wenn dieses ein späteres Phänomen war, das sich erst im Laufe der 1020er Jahre manifestierte, möglicherweise, weil die Angliederung an das Reich nun konkretere Formen annahm.[26] Seit diesem Zeitpunkt begann Hugues de Salins, der königlicher Kaplan gewesen war, bevor er zum Erzbischof von Besançon ernannt wurde, eine sehr wichtige Rolle im burgundischen Klerus und auch darüber hinaus zu spielen, und seine Angehörigen gelangten ebenfalls in den Episkopat. Bis zu dieser Zeit scheint eher Saint-Maurice – unter dem Einfluss seines Abtes, Burchard, eines mächtigen Mannes im Königreich und Symbol einer anderen Form der ottonischen Imitation der Familienpolitik – die «Bischofsschmiede» gewesen zu sein.

3. Die systematische Nutzung der königlichen Familie

Das Phänomen ist nicht vollkommen neu, da schon Rudolf I. die königliche Abtei Romainmôtier seiner Schwester Adelheid und die Grafschaft Burgund seinem Neffen Hugo dem Schwarzen übertragen hatte. Allerdings erlangte es unter Konrad sein volles Ausmass und betraf von nun an sowohl die kirchlichen als auch die weltlichen Ämter, wie die Lebenswege der Brüder der beiden letzten Rudolfinger zeigen.

Während Konrad durch die Bemühungen, die Provence zu kontrollieren, in Anspruch genommen war, wurde Burchard Erzbischof von Lyon, und Rudolf trug im Norden des Königreichs den Titel eines Herzogs. Seine weitentfernten Verwandten erhielten die sensibelsten Bischofsstühle, wie beispielsweise Theobald in Vienne oder Heinrich in Lausanne. Konrad hinter-

---

25   Dies galt für Sitten, Tarentaise und Vienne; nur im Waadtland gestaltete sich die Situation komplexer.

26   Josef Fleckenstein, Die Hofkapelle der deutschen Könige, 2 Bde., Stuttgart 1958, 1966 (Monumenta Germaniae Historica, Schriften 16).

liess nur zwei Söhne, aber er hatte seine Nachfolge sorgfältig vorbereitet, und Burchard, ein illegitimer Sohn, wurde in eine Lage versetzt, die es ihm ermöglichte, die wichtigste Stütze seines Halbbruders Rudolf III. zu sein.

Burchard (II.) wurde Propst von Saint-Maurice, dann Erzbischof von Lyon und sogar, um das Jahr 1000 herum, in einer sehr heiklen Phase für den König, Abt von Saint-Maurice und Erzkaplan. Als wahrhafte Nummer zwei im Königreich regierte er während der Abwesenheit des Königs, und ihm oblag die Aufgabe, über das alte Königreich Provence zu wachen. Er stellte sich wahrscheinlich explizit in die Tradition Brunos von Köln, mit dem Konrad während seiner in Gefangenschaft verbrachten Jugendjahre im Reich oft zusammengetroffen war. Der einzige «Sohn» – oder vielmehr Stiefsohn – Rudolfs III. wurde seinerseits in einem ganz entscheidenden Moment Bischof von Lausanne, dem bedeutendsten Bischofssitz in Hochburgund: Im Jahre 1018 nutzte Heinrich II. nämlich Lausanne, um sein Anrecht auf Burgund zu bekräftigen. Allerdings wurde sein wichtigster Anhänger, Bischof Heinrich, während eines Aufstandes ermordet, der vom König oder von einem Teil seines Umfeldes begünstigt worden war.[27] Das besondere Interesse Heinrichs II. und Rudolfs III. an Lausanne erklärt sich durch die Tatsache, dass die Kathedrale seit Konrads Zeiten als Rahmen für die Königskrönungen diente, aber auch durch seine Lage an der zentralen, durch das Königreich Burgund führenden Route, der Achse Lotharingien-Italien.

Tatsächlich konvergierte die Familienpolitik mit einem anderen Aspekt der königlichen Politik, der ebenfalls durch Otto I. befördert wurde: die Kontrolle der Alpen- und Jurapässe.

4. Strassensystem und Passpolitik

Es ist ohne Zweifel die Seite der königlichen Burgundpolitik, welche die deutschen Historiker, die sensibel für die Frage des Zugangs nach Italien sind, am

---

27 Ich beziehe mich hier auf die bereits angeführten Arbeiten von Jean-Daniel Morerod.

stärksten hervorgehoben haben und die berechtigterweise von der Forschung immer wieder aufgegriffen worden ist.[28]

Folgerichtig besteht keine Notwendigkeit dazu, an dieser Stelle erneut auf diesen Punkt ausführlich zu sprechen zu kommen; es seien daher lediglich einige Aspekte hervorgehoben, begonnen mit der Tatsache, dass es hier um die Daseinsberechtigung des Dukats, später des Königreichs, ging. Daher versuchten die Rudolfinger, strategisch wichtige Punkte zu erwerben, welche die Überquerbarkeit des Jura gewährleisteten (Moutier-Grandval und Basel); hingegen zögerten sie nicht, ihr Desinteresse an den zentralen südlichen Übergängen des Jura zu bekunden, als sie zu Beginn der 890er Jahre die Bosoniden für sich gewinnen wollten.[29] Die Ottonen halfen ihnen dabei, die Kontrolle über die gesamten westlichen Alpen zu erlangen,[30] einschliesslich von Aosta, aber sie suchten ebenfalls systematisch, einen Freund oder Anverwandten auf dem Bischofsstuhl von Lausanne zu platzieren.

Man muss insbesondere die Vervielfältigung der Kontrollmittel betonen, um ein schon etabliertes karolingisches System zu komplementieren.[31] Es

---

28   Hans Eberhard Mayer, Die Alpen und das Königreich Burgund, in: Theodor Mayer (Hg.), Die Alpen in der europäischen Geschichte des Mittelalters. Reichenauvorträge 1961–1962, Stuttgart 1965 [²1976] (Vorträge und Forschungen 10), S. 57–76; François Demotz, Les échanges à travers les Alpes du Nord au Xe siècle. Réalités, enjeux et contrôle, in: Échanges et voyages en Savoie [Actes du XLe congrès des sociétés savantes de Savoie], Saint-Jean-de-Maurienne 2006 (Société d'histoire et d'archéologie de Maurienne 38/39. Société Savoisienne d'histoire et d'archéologie 11), S. 61–84; ders., L'homme des IXe–XIe siècles face aux plus hautes montagnes d'Europe. Espace connu, espace imaginé et espace vécu dans les récits de traversée des Alpes du nord, in: Henri Bresc, Emmanuelle Tixier du Mesnil (Hg.), Géographes et voyageurs au Moyen Âge [Actes du colloque, Université Paris X-Nanterre, 18–19 janvier 2008], Paris 2010, S. 91–116.

29   Rudolf I. übertrug Romainmôtier seiner Schwester Adelheid, die mit dem Herzog Richard Justitiarius verheiratet war, und Baume an Berno, der Lyon unterstand, das damals dem bosonidischen Königreich anhing.

30   Auf diese Weise verhalf Otto Konrad 942 wieder zu seinem Thron und errichtete so einen Pufferstaat, der alle Begehrlichkeiten der französischen Herrscher auf Italien im Keim ersticken sollte.

31   Über meine eigene Studie hinaus, die drei Fussnoten zuvor erwähnt wurde, möchte ich auf ein gut untersuchtes hochburgundisches Beispiel verweisen: Jacques Bujard, Les églises doubles du prieuré Saint-Pierre de Vautravers à Môtiers (canton de Neuchâtel,

wurde eine Reihe von Prioraten und befestigten Punkten «eingeschoben», deren symbolträchtigstes Beispiel Neuenburg ist. Um das Jahr 1000 herum wurde der alte Königssitz in Colombiers den Getreuen anvertraut und zum Teil abgetragen, um die Bauarbeiten von *Novum Castrum* zu alimentieren und symbolisch die Übersiedlung der königlichen Macht in eine defensive Stätte anzuzeigen, welche die Routen des nordwestlichen Hochburgunds abriegelte. Die neue Stätte war bedeutend genug, um als *regalissima sedes* bezeichnet zu werden, und sie wurde 1011 der neuen Gemahlin Rudolfs III., der sehr einflussreichen Königin Irmingard, übertragen, der Galionsfigur einer mächtigen adligen Gruppe, die den König unterstützte. So kontrollierten die Verwandten des Königs die königliche Kirche und die cluniazensischen Verbündeten das Königreich und wachten über seine Routen – ein Zeichen dafür, dass die verschiedenen Facetten der königlichen Politik auch in Kombination wahrgenommen werden müssen.

Dieses recht komplexe System beruhte weitgehend auf einer bewussten Nachahmung der im Reich gängigen Praktiken. Die Imitation war umso wirksamer, als sich diese Praktiken mit den burgundischen Traditionen verbinden liessen. Das von Konrad ausgearbeitete und von Rudolf III. ausgebaute System wurde jedoch schliesslich von letzterem unter dem Druck der Umstände weitgehend wieder aufgegeben.

III. Das Ausrichten an anderen, stärker französisch orientierten Modellen

Die Herrschaft Konrads kennzeichnete bereits eine gewisse Öffnung gegenüber Frankreich. Der König unterstützte Adelheid, die zeitweise weniger in die Belange des Reiches als in die westfränkischen Angelegenheiten involviert war, was aus der Heirat ihrer Tochter Emma mit König Lothar resultierte.

Suisse), in: Cathérine Balmelle, Pascale Chevalier (Hg.), Mélanges d'antiquité tardive. Studiola in honorem Noël Duval, Turnhout 2004 (Bibliothèque de l'Antiquité tardive 5), S. 127–136; Maurice de Tribolet, Le Val-de-Travers de l'époque carolingienne à la fin du XIIe siècle. Aspects institutionnels, in: Revue d'Histoire Ecclésiastique Suisse 95 (2001), S. 29–35.

Konrad, der eine Karolingerin aus dem Westfrankenreich geheiratet hatte, unterhielt exzellente Beziehungen zu Emma und zu Lothar.

Eine geschwächte Monarchie, die sich zu den weltlichen Grossen hinwendet

Zu Beginn des 11. Jahrhunderts änderte sich die Art der Beziehungen zu den westlichen Regionen: Es ging nun nicht mehr um die Frage der Expansion, sondern um die Frage der Zukunft der Dynastie und des Königreichs. Mit der Unterstützung Burchards, wenn nicht sogar auf sein Anraten hin, liess Rudolf sich auf einen schwierigen Konflikt mit dem Grafen von Burgund ein, und die militärische Niederlage des Königs zog eine bedeutende Adelsrevolte nach sich. Während sich der Jura in Aufruhr befand, scheinen die traditionellen Unterstützer, wie die Anselmiden, das königliche Lager verlassen zu haben, und die Machtstellung Burchards wurde in Saint-Maurice d'Agaune und wahrscheinlich auch in Lyon bedroht.

Diese missliche Lage war das Resultat einer langsamen Transformation der Grossen des Königreichs. Durch ihre Vermischung und ihre Stabilisierung wandelten sich die Eliten verschiedener Herkunft in eine, sich auf dem Weg der herrschaftlichen Verdichtung befindliche Aristokratie – ein Phänomen, das wiederum die Revolte beschleunigte. Zudem gelang es Konrad nur teilweise, mit den zurückkehrenden Grossen umzugehen, die Italien, nach dessen Übernahme durch Otto den Grossen, verlassen hatten. Während einige von ihnen einflussreiche Stützen der burgundischen Monarchie wurden, stellten andere – ihr Prototyp ist Otto-Wilhelm – eine grosse Bedrohung dar: von hoher Herkunft und den Ottonen gegenüber feindlich gesinnt, waren sie in der Lage, einen entscheidenden Impuls für die Konstituierung von erblichen territorialen Formationen zu setzen und die dem König feindlich gesonnenen Strömungen zu kanalisieren.

Zu diesem Zeitpunkt verlor die Monarchie zudem eine Stütze, die seit mehr als einem halben Jahrhundert ganz wesentlich gewesen war. Mit dem Verscheiden von Adelheid und dem Tode Ottos III. zerrissen jedoch nicht nur die freundschaftlichen Bande zwischen dem burgundischen König und den Ottonen; auch das Fehlen eines Erben im burgundischen Königreich verleitete Heinrich II. zu einer zunehmend feindlichen Haltung. Hatte Otto III. in Burgund im Rahmen seiner die anderen Königreiche als «Satelliten» des Reiches erachtenden Politik eingegriffen und hatte er vielleicht den Hintergedanken einer möglichen Nachfolge gehegt, so war Heinrich II. schlicht auf eine reine Angliederung aus.

Abgesehen von der konstanten Unterstützung, die ihm durch Odilo zuteil wurde, konnte Rudolf III. nur noch in jenen Zeiten, in denen seine Herrschaft im Inneren in Frage gestellt und von aussen begehrt wurde, auf seine inneren Unterstützer zählen. Zunächst stützte er sich auf die Strukturen, die ihm sein Vater hinterlassen hatte, im Wesentlichen auf die königliche Kirche sowie auf die Grossen im Viennois, wie die Humbertiner, und in Hochburgund, wie die Grandson. Diesbezüglich konnte er auch auf Burchard II. zählen, der den Besitz von Saint-Maurice d'Agaune bestmöglich nutzte, um die Abtei zu stärken und seinen Bruder zu unterstützen, indem er die Herausbildung einer kleinen und mittleren Aristokratie von Leihenehmern beförderte, welche direkt an die königliche Familie gebunden waren. Die Jahre nach 1010 markieren jedoch den Beginn eines Umschwungs in der königlichen Politik, der auf Kosten der Kirche und zugunsten des hohen Adels erfolgte.

Die Spannungen mit Heinrich II. und der Tod seiner ersten Gemahlin veranlassten den König, eine erste Neuorientierung vorzunehmen. Zunächst verbündete er sich mit einer mächtigen Familie im Viennois, deren territorialer und politischer Einfluss, u. a. durch weitläufige Besitzungen sowie den Erwerb gräflicher und bischöflicher Ämter, rasch wuchs. Rudolf stärkte überdies die klösterlichen Besitzungen, die wahrhafte Grundherrschaften, eigene homogene territoriale Entitäten, zu bilden begannen.

Schliesslich kehrte er sich in einer zweiten Phase von der auf die königlichen Kirchen gestützten Politik ab und begann, gegenüber gewissen Prälaten, die der kaiserlichen Sache gegenüber zu wohlwollend gestimmt waren, Misstrauen zu hegen. Im Gegenzug verband ihn mit den burgundischen Grossen, die Rebellen mit eingeschlossen, eine starke Feindseligkeit Heinrich II. gegenüber,[32] was wiederum zu einer Wiederaussöhnung, vor allem mit Otto-

---

[32]   Die Ablehnung Heinrichs II. durch einen bedeutenden Teil der Eliten entsprach deutlich der Weigerung, in den «ottonischen Orbit» eingegliedert zu werden. Das galt nicht nur für die Provence, sondern auch für Hochburgund, wo Heinrich, der, abgesehen vom Episkopat, über keine offensichtlichen Unterstützer verfügte, sich 1016 mit der Wei-

Wilhelm, führte. Nach der mit Konrad im Jahre 1025 getroffenen Übereinkunft über die Nachfolge war die Befriedung erreicht. Wahrscheinlich
bedacht darauf, seine Tage friedlich zu beschliessen und seinem Grossneffen,
Heinrich (III.), eine befriedete Lage zu hinterlassen, und erneut Profit aus der
Zusammenarbeit mit dem Kaiser ziehend, organisierte oder unterstützte
Rudolf III., je nach Fall, die Etablierung der mächtigen erblichen Grafenhäu-
ser, so etwa der Familie Otto-Wilhelms im Westen des Jura, der Humbertiner zwischen Vienne und Saint-Maurice d'Agaune, der Wigonen um Grenoble herum und der Geroldiner in Genf. Es ist mit einiger Sicherheit davon
auszugehen, dass diese Entscheidungen nicht gegen den Willen Konrads II.
getroffen wurden. In der Tat ist Gerold der einzige der genannten weltlichen
Grossen, der sich Konrad II. im Jahre 1034 widersetzte, als dieser sein
Anrecht auf Burgund geltend machte.

   Auf diese Weise hielt die Herrschaft Konrads – und vor allem die
Rudolfs III. –, wie die italienische Forschung herausgearbeitet hat,[33] ein
hohes Mass an öffentlicher Gewalt aufrecht: Die Inhaber der grossen *honores*, die vom König anerkannt wurden, blieben Träger einer öffentlichen
Gewalt, die sie im Namen des Herrschers ausübten, was wiederum den
Erfolg der Vogtei erklärt, was aber zu zwei bedeutenden Veränderungen in
den politischen Strukturen führte. Die erste, bereits erwähnte, ist die Erblichkeit der Ämter auf allen Ebenen – ein Phänomen, das ein halbes Jahrhundert
zuvor noch unbekannt war. Die zweite ist die Transformation der räumlichen Strukturierung. Die Zusammenarbeit zwischen denjenigen, welche die
Autorität verkörperten, liess Platz für eine Aufteilung des Territoriums in
mehr oder minder exklusive Zonen.

Eine neue räumliche Ordnung

Die ersten beiden Rudolfinger hatten die karolingische Ordnung verstetigt,
und die Urkundenproduktion zeichnete sich durch den Fortbestand des Rah-

---

gerung, ihm zu huldigen, konfrontiert sah und wo er 1018 keine Zeremonie abhalten
konnte. Noch im Jahre 1034 hat dieses Gebiet, trotz der offiziellen Entsendung der königlichen Insignien an Konrad II., als unsicher zu gelten.

33   Ich verweise hier auf die bereits genannten Arbeiten von Giuseppe Sergi.

mens «*in pago et in villa*» aus, wie die italienischen Historiker gezeigt haben.[34] Die Zahl der *pagi* veränderte sich kaum, und die Vernetzung war teilweise proportional zu den wahrnehmbaren Reichtümern. Für Burgund wie für andere Regionen haben die Historiker über den territorialen Wert der Gebietszuschreibungen diskutiert. Hinsichtlich der Funktion des Grafen herrscht in der Schweiz und in Italien die Meinung vor, es handele sich um einen Titel von der Art eines Pfalzgrafen, ohne einen geographischen Zuständigkeitsbereich.[35] Es scheint mir, dass es sich hier nicht um eine Ausgangslage handelt, sondern vielmehr um eine Fortentwicklung, wie sie sich in französischen Arbeiten zur Segmentierung der Gewalten aufgegriffen findet.[36]

Bis zur Mitte des 10. Jahrhunderts deckte der Interventionsbereich eines Grafen de facto etwa einen *pagus* ab, einen Raum, der gleichfalls dem Bischof unterstand.[37] Danach sollte sich dies schrittweise ändern. Die königliche Politik, die durch die Vakanzen die Anzahl der Grafen zu beschränken suchte, und das Zugestehen der Grafschaftsrechte an ausgewählte Prälaten führten dazu, dass weiträumige Gebiete von einem mächtigen Bischof beherrscht wurden. Besonders in den Randgebieten dieser Diözesen wurden die grossen Abteien dazu ermuntert, sich als *potestas*,[38] als autonomer *pagus*,[39] zu organi-

---

34   Giovanni Tabacco, Regno, impero e aristocrazia nell'Italia postcarolingia, in: Il secolo di ferro, op. cit., S. 243–269; ders., Egemonie sociali del potere nel medioevo italiano, Turin 1974.

35   Die Analyse von Giovanni Tabacco wird etwa von Jean-Daniel Morerod wieder aufgegriffen.

36   Nach der Infragestellung von Dominique Barthélemys Schema der «mutation» wurde der Begriff «segmentarisation des pouvoirs» weitgehend von den französischen Historikern, so etwa von Régine Le Jan, übernommen.

37   Es lässt sich eine relative Kohärenz der Einflussbereiche eines *comes* feststellen, auch wenn man andernorts auf Fälle der Kollegialität und punktueller Interventionen stösst (etwa in der Nähe von familiären Gütern).

38   Zur grundherrschaftlichen Strukturierung der Domänen siehe neben dem Fall von Romainmôtier auch den von Saint-Martin de Savigny, den Pierre Ganivet untersucht hat, sowie den von Saint-Claude, den Bernard de Vregille und Gérard Moyse beleuchtet haben.

39   Agaune mit dem *pagus* von Chablais im Wallis, Payerne mit dem *pagus* von Vully im Waadtland.

sieren; einige Räume gelangten so in die Kontrolle eines Abtes, der über eine
öffentliche Rolle verfügte, über eine Macht, die mit der Entfernung von der
civitas sowie durch den Besitz befestigter, häufig strategischer Punkte
zunahm. Die Erblichkeit des Grafenamtes, die mit der Kontrolle über ein
oder mehrere Bischofssitze einherging, rundete diese Entwicklung ab und
ermöglichte in anderen Gebieten die Herausbildung einer gut verankerten
gräflichen Herrschaft. Diese Segmentierung in gräfliche, bischöfliche und zu
Abteien gehörende Räume beschleunigte sich mit dem Ende der rudolfingischen Monarchie und den Schwierigkeiten der kaiserlichen Herrschaft im
11. Jahrhundert. Die Zersplitterung des Raumes in rivalisierende Herrschaften führte zu einem Wettstreit um die territoriale Strukturierung (Etablieren
von grundherrschaftlichen Bereichen, Entwicklung von immer stärker feudalen Klientelverhältnissen), der eher eine Wendung zum Vorteil der Grafen
und auf Kosten jener Bischöfe, die keine «bischöflichen Grafen» waren,
nahm. Die Situation war je nach Ausgangslage unterschiedlich. Dort, wo der
König nur einen Bischof belassen hatte, ging die Fragmentierung schneller
vonstatten. Der Bischof spielte eine herausragende Rolle (die bischöfliche
Versammlung tendierte dazu, die Volksversammlung [*plaid*] abzulösen, und
das Netz der Getreuen des Bischofs formierte sich), doch die klösterlichen
und weltlichen Grundherrschaften bildeten sich noch rascher aus, und die
benachbarten Grafen dehnten, von den Randgebieten ausgehend, allmählich
ihren Einfluss aus. Dort, wo es weiterhin einen Grafen gab, herrschte dieser
über den *pagus* (*plaid comtal*), aber seine Herrschaft war nur schwer zu
erkennen, ja sie ging sogar in der Bischofsstadt und deren Umland gegen
Null. Dennoch hatte sich im Jahre 1032 das allgemeine Gleichgewicht der
späteren Jahrhunderte bereits weitgehend etabliert und es sollte nur geringfügig von Konrad II. modifiziert werden.

Ein Reformepiskopat unter westlichem Einfluss

Die Umwandlung des Episkopats war schliesslich ein weiteres Element, das
Burgund an die sich in den Randgebieten Frankreichs vollziehenden Ent-
wicklungen heranrückte. Im ersten Drittel des 11. Jahrhunderts wurde die
Generation von Prälaten, die der königlichen Kirche treu ergeben waren, die
vom König ausgewählt worden waren und sich hinter dem Erzbischof und
Abt Burchard (II.) gruppiert hatten, von einer neuen Generation verdrängt,

die den Ideen anhing, die in den klerikalen Kreisen in den südlichen Regionen und in Lotharingien aufgekommen waren. Während die Beziehungen
zwischen dem Episkopat und Cluny, die bis dahin exzellent gewesen waren,
zunehmend angespannter wurden, richteten sich die Bischöfe nicht mehr am
Reich, sondern an Frankreich aus. Der Gottesfrieden zog in den 1020er Jahren die Saône-Rhône-Achse hinauf (Konzil von Verdun-sur-le-Doubs, Eid
von Vienne), und in den 1030er Jahren erreichte die *treuga Dei* Hochburgund. Sie wurde 1037 von einer Versammlung proklamiert, die der Bischof
von Lausanne einberufen hatte.

Zwei Elemente der königlichen Politik scheinen für diese Entwicklung
entscheidend gewesen zu sein: Die Wiederverheiratung Rudolfs III. mit einer
prominenten, aus dem provenzalischen Teil des Reiches stammenden Grossen sowie die Gunst, derer sich Hugues de Salins beim König erfreute, der
ihn zu seinem Kaplan und schliesslich zum Erzbischof von Besançon machte. Beide Persönlichkeiten nahmen auch Einfluss auf die Bischofsernennun-
gen und begünstigten die Herausbildung eines Reformklerus.

Die politischen Modelle der Rudolfinger fügen sich mühelos in die beiden
grossen Systeme ein, die sie einrahmen, das karolingische Königtum und die
ottonische Monarchie. Die Geschichte des Königreichs Burgund lässt sich
schematisch in zwei Phasen einteilen: Das spätkarolingische Königreich und
das nachkarolingische Königreich. Während der betrachteten zeitlichen Abfolge zeigt sich die Vorrangstellung des Reiches. Dennoch würde eine allein auf
dem durch das Reich ausgeübten Einfluss fussende Interpretation alles viel zu
stark vereinfachen. Gewiss könnte sie sich auf die aristokratischen Ursprünge
der Welfen berufen, aber sie lieferte keine Erklärung für die spürbaren Unterschiede zwischen Burgund und dem Reich, wie die Abwesenheit grosser Frau-
enklöster und -stifte. Die Töchter und Schwestern des Königs wurden keine
grossen Äbtissinnen; Payerne, die einzige grosse familiäre Einrichtung, die zu
Zeiten der rudolfingischen Monarchie gegründet wurde, wenn man das späte-
re Talloires ausnimmt, war eine Stiftskirche, die von einer Frau errichtet wurde, als Grablege und zur Memoria. Jedoch stammte seine Gründerin, Bertha,
selbst aus dem Reich, und in der folgenden Generation sollten die Rudolfinger,
Kaiserin Adelheid mitinbegriffen, Payerne in eine cluniazensische Abtei
umwandeln.

Tatsächlich habe ich in meiner Doktorarbeit die Verbindung zwischen
Cluny und den Rudolfingern als ein von den Ottonen befördertes Phänomen

angesehen, als Form ottonischer Einflussnahme durch die kirchlichen Netzwerke, die durch die Entwicklung einer Reichskirche begünstigt wurden. Doch zeigt das Beispiel Payerne, dass die Angelegenheit noch aus einem anderen Blickwinkel betrachtet werden muss, dem Burgunds: Cluny führte die burgundischen Eliten durch das Erwecken eines aristokratischen und religiösen Gemeinschaftsgefühls zusammen.

Eine Studie über die politischen Schemata der Rudolfinger lässt in der Tat deutlich werden, dass sich die im Reich praktizierten Wege umso besser adaptieren liessen, wenn sie Traditionen in den burgundischen Regionen entsprachen. Das lässt sich besonders durch den welfisch-rudolfingischen Werdegang erklären, vor allem aber durch die Zusammensetzung der Aristokratie des Königreichs, die sich im Wesentlichen aus den verschiedenen Burgunds konstituierte. Wenn der Lebensweg Burchards II. sich auch an demjenigen Brunos von Köln ausrichten mag, so bleibt Burchard doch Abt von Saint-Maurice, und sein Nachfolger als Erzbischof von Lyon und Abt von Saint-Maurice sollte sich der Angliederung an das Reich entschieden widersetzen. Es ist die westliche Grenze des Königreichs, die bei weitem den stärksten aristokratischen Austausch bot – und durch die Burgund auch beispielhaft für die französischen Entwicklungen, welche die ausklingende Monarchie beeinflussten, steht.

Vor allem ist, angesichts des Fehlens von Chroniken, die aus der rudolfingischen Herrschaft hervorgegangen sind, Vorsicht im Hinblick auf gedankliche Muster geboten. Den Rudolfingern war im Frankenreich ein blitzschneller Aufstieg beschieden, sie wurden dann Könige von Burgund – doch die Saône blieb eine besonders durchlässige Grenze –; vorübergehend herrschten sie auch über Italien, wo ein Teil ihrer Eliten mehr oder minder lang Karriere machte, und sie erwarben einen Teil Alemanniens und schliesslich die Provence.

Die Entscheidungen hingen von der Persönlichkeit des Herrschers ab, der dieses oder jenes Schema, diese oder jene Tradition, diese oder jene Praktik, oder diese oder jene Zusammensetzung seiner Umgebung begünstigte. Der Einfluss des Reiches resultierte eher aus den erwählten oder geduldeten persönlichen Banden zwischen den herrschenden Familien als aus einer Vormachtstellung, während die burgundischen Bräuche weitgehend den Traditionen der weltlichen und geistlichen Eliten des Königreichs entsprachen. So gesehen sind sie auf den verschiedensten Ebenen als Formen der Verbindung zwischen politischem Modell und aristokratischen Netzen zu betrachten. Ich könnte demzufolge mit einem Scherz schliessen: Die Deutschen haben mir wertvolle Werkzeuge geliefert, die Franzosen haben mich gelehrt, Systeme zu errichten, die Schweizer, diesen zu misstrauen, und die Italiener, darüber hinwegzusehen.

François Demotz, Dr., CIHAM-Lyon 3, 18, rue Chevreul, F – 69362 Lyon Cedex 07, francois.demotz@wanadoo.fr

Le diocèse de Bâle et la province de Besançon des origines au XIe siècle – des liens faibles et mal connus

Jean-Claude Rebetez

L'ancien diocèse de Bâle appartient à la province de Besançon, où il occupe une position singulière.[1] Excentrée par rapport à la métropole, Bâle est une ville de l'Oberrhein, située dans une région encore peu développée, mais qui prend dès la fin du Xe siècle toujours plus de poids stratégique au fil du Moyen Âge, tant du point de vue politique qu'économique. Culturellement, le diocèse se trouve dans une zone où la germanisation linguistique s'effectue lentement du Haut Moyen Âge jusqu'au XIe siècle,[2] ce qui en fait une exception dans le cadre de la province (seul le diocèse de Lausanne comporte une notable population germanophone, mais elle est fort minoritaire et groupée dans sa partie est, alors que les germanophones seront très majoritaires dans le diocèse de Bâle). Du reste, Bâle nourrit des rapports très étroits avec le Brisgau (diocèse de Constance) et surtout l'Alsace, dont la partie sud appartient au diocèse de Bâle alors que la partie nord se trouve dans celui de Strasbourg, qui relève de la province de Mayence. Par ailleurs, le diocèse de Bâle est traversé par des frontières politiques qui compliquent son intégration dans sa province ecclésiastique. Toutes ces particularités rendent spéciale-

---

1   La présente contribution reprend en partie des thématiques déjà traitées dans deux autres articles: Jean-Claude Rebetez, La formation des territoires du diocèse et de la principauté épiscopale de Bâle du haut Moyen Âge au 12e siècle, in: Sebastian Brather, Jürgen Dendorfer (éds.), Grenzen, Räume und Identitäten. Der Oberrhein und seine Nachbarregionen von der Antike bis zum Hochmittelalter, Ostfildern 2017 (Archäologie und Geschichte 22) pp. 359–381, et Jean-Claude Rebetez, Des origines mystérieuses et une histoire complexe: le diocèse de Bâle au premier millénaire, in: Annuaire historique de Mulhouse 63 (2016), pp. 63–74.

2   André Salvisberg [et al.], Historischer Atlas der Region Basel, Bâle 2010, pp. 150–157; Albrecht Greule [et al.] (éds.), Die Regio Basiliensis von der Antike zum Mittelalter – Land am Rheinknie im Spiegel der Namen, Stuttgart 2013 (Veröffentlichungen der Kommission für geschichtliche Landeskunde in Baden-Württemberg, Reihe B: Forschungen 195).

ment intéressant l'examen des rapports entre les évêques de Bâle et leur métropolitain. Afin de permettre la bonne compréhension du cas d'espèce traité ici, nous avons jugé utile de commencer cet article avec une présentation très succincte portant sur l'histoire générale des provinces ecclésiastiques et de la fonction des métropolitains.

Provinces et rôle des métropolitains jusqu'à l'époque carolingienne

En 325, le concile de Nicée I accorde à l'évêque métropolitain, c'est-à-dire au prélat du chef-lieu d'une province, d'importantes prérogatives puisqu'il contrôle l'élection et l'ordination de tout nouvel évêque de sa province (canons 4 et 6).[3] Le concile prévoit en outre que des synodes provinciaux doivent avoir lieu deux fois par an afin de régler les affaires religieuses et en particulier d'examiner les excommunications formulées par les évêques – excommunications valables dans toute la province (canon 5). Les prescriptions de Nicée sont reprises et complétées par les conciles suivants (ceux de Constantinople en 381, Chalcédoine en 451 ou Nicée II en 787). En théorie, les circonscriptions ecclésiastiques reprennent les découpages administratifs de l'Empire romain; les provinces ecclésiastiques correspondent donc aux provinces civiles et regroupent des *civitates* qui sont en principe le siège d'un évêque. Toutefois, dans la réalité pratique, la géographie administrative ecclésiastique ne suit de loin pas toujours le cadre des cités et des provinces du Bas-Empire, tout particulièrement dans l'espace helvétique.[4] Par ailleurs, les rapports réels entre

---

3   Giuseppe Alberigo [et al.], Les conciles œcuméniques. Les décrets, II, 1: De Nicée I à Latran V, Paris 1991, pp. 38–43.

4   Alain Ferdière (éd.), Capitales éphémères: des capitales de cités perdent leur statut dans l'Antiquité tardive [Actes du colloque organisé par le Laboratoire archéologie et territoires (UMR CITERES), Tours, 6–9 mars 2003: atlas des capitales éphémères], Tours 2004 (Revue archéologique du centre de la France 25); Reinhold Kaiser, Bistumsgründung und Kirchenorganisation im 8. Jahrhundert, in: Harald Dickerhof (éd.), Der hl. Willibald – Klosterbischof oder Bistumsgründer? Ratisbonne 1990 (Eichstätter Studien NF 30), pp. 29–67; Éric Chevalley, Justin Favrod, Les évêchés et leurs métropoles, in: Agostino Paravicini Bagliani [et al.] (éds.), Les pays romands au Moyen Âge, Lausanne 1997, pp. 219–225. En Suisse

les métropolitains et leurs évêques *comprovinciales* (respectivement appelés archevêques et suffragants dès l'époque carolingienne) sont mal connus et extrêmement variables selon les lieux et les époques. Il est en tout cas certain que les synodes provinciaux n'ont été convoqués qu'à une fréquence bien moindre que ce que les textes conciliaires prévoyaient.

Les conciles de l'époque mérovingienne reprennent et parfois développent les dispositions des conciles généraux concernant les métropolitains, lesquels jouent apparemment un rôle important.[5] En 517 par exemple, lors du concile d'Epaone réunissant les prélats du royaume burgonde (dont celui de Besançon), on réaffirme l'obligation faite aux évêques d'obéir aux convocations du métropolitain (canon 1); celui-ci jouit en outre d'autres prérogatives: toute aliénation de biens d'Église opérée par un de ses évêques est obligatoirement soumise à son autorisation (canon 12), il tranche certains litiges opposant les évêques à leurs abbés (canon 19) et enfin il prescrit le rituel à suivre dans toute la province pour le service divin (canon 27).[6] Même s'il faut distinguer entre théorie et pratique et qu'une partie de ces prescriptions n'ont peut-être jamais été observées, les métropolitains jouissent d'un prestige réel et de compétences reconnues – tout au moins au début de la période mérovingienne, avant que les désordres des années 561 à 613 n'impliquent un relâchement des liens

---

romande, il y avait quatre *civitates:* Genève, Nyon, Avenches et Martigny. Mais Nyon n'a jamais hébergé d'évêque et le siège épiscopal de Martigny se déplacera à Sion. De plus, l'évêque d'Avenches n'apparaît qu'au VIᵉ siècle (il est du reste souvent désigné comme évêque de Windisch, en Argovie) et il s'établit finalement à Lausanne au VIIᵉ siècle. En outre, la création du diocèse de Constance au début du VIIᵉ siècle modifie substantiellement les territoires diocésains de la Suisse. La province de Besançon n'est pas non plus identique à la *Maxima Sequanorum:* le diocèse de Lausanne est assez différent de ce qu'avait pu être la *Civitas Helvetiorum*, Nyon est incluse dans le diocèse de Genève (qui relève de Vienne) et le diocèse de Belley est enclavé entre les provinces de Vienne et de Lyon (Regesta pontificum romanorum. Gallia pontificia, vol. I, Diocèse de Besançon, Göttingen 1998, p. 24).

5   Odette Pontal, Histoire des conciles mérovingiens, Paris 1989, spéc. pp. 254–257; Bernard de Vregille, Besançon et Lausanne: Métropolitains et suffragants des origines au XIᵉ siècle, in: Revue d'histoire ecclésiastique suisse 82 (1988), pp. 77–88.

6   Concilia aevi Merovingici [511–695] [MGH Conc. 1], éd. Friedrich Maassen, Hanovre 1893, pp. 19–25; Pontal, Histoire des conciles, op. cit., p. 66.

entre eux et leurs évêques. En effet, les partages des royaumes suscitent une mobilité des frontières qui affecte souvent l'unité des provinces ecclésiastiques, et, surtout, les rois s'arrogent la désignation des évêques et ne laissent plus au métropolitain (quand il existe) que la charge honorifique du sacre.[7] Durant le VIIe siècle et la première moitié du VIIIe siècle, la situation ne fait que s'aggraver, en particulier avec la mise en coupe réglée des biens des évêques et des abbayes à laquelle se livrent les maires du palais: le pouvoir laïc sécularise de nombreux diocèses, en prélève les revenus et les fait administrer par des *rectores*, ce qui explique probablement les fréquentes lacunes dans les catalogues des évêques de nombreux diocèses pour la période allant du VIIe siècle au milieu du VIIIe siècle.[8]

---

[7]   Ibid., pp. 254 s.; Luce Pietri, La prosopographie chrétienne de la Gaule: bilan et perspectives, in: Hervé Inglebert, Bruno Dumézil (éds.), Le problème de la Christianisation du monde antique, Paris 2010, pp. 195–201, spéc. pp. 198 s.

[8]   Émile Lesne, La hiérarchie épiscopale. Provinces, métropolitains, primats en Gaule et Germanie (742–882), Paris, Lille 1905 (vieilli mais toujours utile), spéc. pp. 24 s.; Eugen Ewig, Saint Chrodegang et la réforme de l'Église franque, in: Saint Chrodegang. Communications présentées à Metz à l'occasion du douzième centenaire de sa mort, Metz 1967, pp. 25–53; id., Beobachtungen zur Entwicklung der fränkischen Reichskirche unter Chrodegang von Metz, in: Frühmittelalterliche Studien 2 (1968), pp. 67–77. Ce «vide épiscopal» des VIIe–VIIIe siècles se retrouve dans le diocèse de Lausanne, dont le siège épiscopal est occupé par des administrateurs laïcs alors que l'essentiel des ressources de l'Église est capté par les puissants, à commencer par les premiers Carolingiens; la situation ne s'améliore qu'avec la reconstruction de l'Église franque à partir du milieu du VIIIe siècle (Jean-Daniel Morerod, Genèse d'une principauté épiscopale. La politique des évêques de Lausanne [IXe–XIVe siècle], Lausanne 2000 [Bibliothèque historique vaudoise 116], pp. 55–58). Cas comparables à Genève (Louis Binz, Les évêques du diocèse de Genève [vers 400–1543], in: id. [et al.] [éds.], Helvetia Sacra, I: Archidiocèses et diocèses, vol. 3: Le diocèse de Genève. L'archidiocèse de Vienne en Dauphiné, Berne 1980, pp. 67 s.) ou à Sion (Justin Favrod [et al.], Bischöfe/Évêques. Bistum Sitten/Diocèse de Sion, in: Patrick Braun [éd.], Helvetia Sacra, I: Archidiocèses et diocèses, vol. 5: Das Bistum Sitten/Le diocèse de Sion. L'archidiocèse de Tarentaise, Bâle 2001, pp. 137 s.; lacune du dernier tiers du VIIIe siècle jusqu'en 762, avec l'attestation d'un «évêque et abbé de St-Maurice», puis l'attestation vers 786 d'un «évêque de Sion et abbé de St-Maurice»; voir aussi Elsane Gilomen-Schenkel, Die Rolle des Walliser Bistums im karolingischen Reich. Eine Erfindung der Historiographie?, in: Vallesia 40 [1985], pp. 233–245).

Dans le cadre de son programme de réorganisation politico-religieuse, Charlemagne (r)établit le système provincial, en s'inspirant largement de la *Notitia Galliarum*,[9] une description de l'organisation administrative du Bas-Empire tardif, utilisée (avec nombre de compléments et de modifications) au Moyen Âge comme document de géographie ecclésiastique servant à remanier diocèses et provinces. En 811, Charlemagne rédige son testament dans lequel il fait des donations à l'Église et où sont mentionnés pas moins de vingt et un archevêques (dont celui de Besançon), ce qui montre que le processus est bien avancé.[10] Louis le Pieux renforce à son tour le rôle des archevêques, dont il cherche à faire des intermédiaires entre le souverain et les évêques; les provinces ecclésiastiques retrouvent une certaine réalité, qui transparaît lors des conciles où les évêques sont désormais en principe regroupés par provinces.

Diocèse de Bâle et province de Besançon: un passé nébuleux

Les liens entre les évêques de Bâle et les archevêques de Besançon sont fort anciens, mais mal connus. Les hypothétiques premiers évêques titulaires des deux sièges apparaissent dans le même document daté prétendument de 346, à savoir la liste des témoins du pseudo-concile de Cologne; s'il est prouvé que les actes du concile sont une forgerie, la liste des vingt-quatre évêques souscripteurs était jusqu'à récemment considérée comme authentique par Louis Duchesne et l'ensemble des chercheurs. Depuis une trentaine d'années

---

9   Auctores Antiquissimi, vol. IX: Chronica minora saec. IV. V. VI. VII. (I) [MGH Auct. ant. 9], éd. Theodor Mommsen, Berlin 1892, p. 557; Kaiser, Bistumsgründung, op. cit., spéc. p. 65; Jill Harries, Church and State in the *Notitia Galliarum*, in: The Journal of Roman Studies 68 (1978), pp. 26–43.

10   Einhardi Vita Karoli Magni, éd. Oswald Holder-Egger, Hanovre 1911 (MGH SS rer. Germ. 25), pp. 38 s.; Lesne, La hiérarchie épiscopale, op. cit., pp. 63–73; Raymund Kottje, Erzbischof, in: LexMA 3 (1986), col. 2193. À noter: dans le *Totenbund* d'Attigny de 762, l'ordre des signataires ne suit pas la géographie provinciale (l'évêque de Bâle est le 5ᵉ signataire, alors que l'archevêque de Besançon n'est que le 23ᵉ) (Concilia aevi Karolini [742–842], pars 1: [742–817] [MGH Conc. 2, 1], éd. Albert Werminghoff, Hanovre 1906, nᵒ 13, pp. 72 s.).

toutefois, certains historiens allemands pensent que cette liste est elle aussi un faux. À notre avis, la question de son authenticité est pertinente, mais elle n'est pas encore tranchée et elle mériterait une étude systématique d'envergure.[11]

Quoi qu'il en soit, aucun évêque de Bâle ne figure dans les sources des Ve et VIe siècles et il faut attendre le VIIe siècle pour en trouver une première mention – à savoir celle de Ragnachaire, évêque d'Augst et de Bâle.[12] Mais ce dernier reste isolé et la série des évêques ne commence vraiment qu'au milieu du VIIIe siècle,[13] même si elle présente encore de nombreuses lacunes jusqu'au XIe siècle. Si l'on ignore ce qui se passe à l'époque mérovingienne (le diocèse de Bâle disparaît-il au VIIe siècle au profit de celui de Strasbourg ou subsiste-t-il sous l'administration de ce dernier, voire d'un laïc?), il est clair que le diocèse est (re)fondé au début de l'époque carolingienne ou tout au moins pourvu alors d'un titulaire canonique et de structures stables, dans le cadre de la réorganisation administrative et religieuse mise en place par les souverains.[14]

Pour leur part, les évêques de Besançon sont attestés fort antérieurement. Depuis Dioclétien, Besançon est la métropole civile de la *Provincia maxima Sequanorum*, ce qui peut laisser imaginer que son évêque a éventuellement été considéré comme métropolitain au Bas-Empire, mais c'est une pure spéculation. Au VIe siècle en tout cas, l'ordinaire de Besançon n'est qu'un simple

---

11 Rebetez, La formation des territoires, op. cit.

12 Passiones vitaeque sanctorum aevi Merovingici (II), éd. Bruno Krusch, Hanovre 1902 (MGH SS rer. Merov. 4), p. 123. On notera l'hésitation sur la localisation du siège épiscopal à Augst ou à Bâle, laquelle témoigne indirectement de l'instabilité du diocèse.

13 Baldobert, aussi abbé de Murbach (749 ou 751/752): Albert Bruckner [et al.], Die Bischöfe. Das Alte Bistum Basel, in: id. (éd.), Helvetia Sacra, I: Archidiocèses et diocèses, vol. 1: Schweizerische Kardinäle. Das Apostolische Gesandtschaftswesen in der Schweiz. Erzbistümer und Bistümer I [Aquileja, Basel, Besançon, Chur], Berne 1972, p. 164; Elsanne Gilomen-Schenkel, Frühes Mönchtum und benediktinische Klöster des Mittelalters in der Schweiz, in: ead. (éd.), Helvetia Sacra, III: Die Orden mit Benediktinerregel, vol. 1: Frühe Klöster, die Benediktiner und Benediktinerinnen in der Schweiz, Berne 1986, p. 52; Karl Weber, Die Formierung des Elsass im *Regnum Francorum*, Ostfildern 2011, p. 172. Sur le «vide épiscopal» des VIIe–VIIIe siècle, voir notre note 8.

14 Rebetez, La formation des territoires, op. cit.; id., Des origines mystérieuses, op. cit., pp. 66–72.

évêque, qui dépend probablement de celui de Lyon ou de Vienne.[15] Il faut attendre 679 pour avoir une attestation incontestable de sa dignité de métropolitain,[16] donc bien avant que le diocèse de Bâle n'ait assuré sa pérennité. Du reste, la date et les circonstances de l'intégration de l'évêché de Bâle dans la province ecclésiastique de Besançon ne sont pas connues. S'il est possible qu'elle ait été réalisée à l'époque mérovingienne,[17] elle n'est formellement attestée qu'en 829: en effet, lorsque l'empereur réunit au concile de Mayence les archevêques de Mayence, Cologne, Trèves, Besançon et Reims avec leurs suffragants, les évêques de Lausanne et de Bâle siègent côte à côte, ce qui prouve leur appartenance à la même province ecclésiastique.[18]

La province de Besançon n'est pas très considérable, puisqu'elle ne regroupe que les diocèses de Besançon, de Lausanne, de Bâle et de Belley − ce qui est bien maigre par comparaison avec la province voisine de Mayence qui comptera dix-huit suffragants, dont le chef de l'énorme diocèse de Constance.[19] En théorie, l'archevêque jouit des prérogatives suivantes:[20] il contrôle (si possible) les élections épiscopales, il procède ou veille à la consécration des nouveaux élus, il convoque et préside les synodes provinciaux, il dispose d'un droit de surveillance dans les diocèses de ses suffragants, ce qui l'autorise à y faire des visites et surtout

---

15   Bernard de Vregille, Besançon et Lausanne: métropolitains et suffragants des origines au XIᵉ siècle, in: Revue d'histoire ecclésiastique suisse 82 (1988), pp. 77 s.; Maurice Rey (éd.), Les diocèses de Besançon et de Saint-Claude, Paris 1977, p. 14; Pontal, Histoire des conciles, op. cit., p. 392 (Vienne).

16   Charles Bonnet [et al.], Topographie chrétienne des cités de la Gaule 15: Province de Besançon (Maxima Sequanorum), Paris 2007, p. 16; Diplomata regum Francorum et stirpe Merovingica [MGH DD Mer. 1], éd. Theo Kölzer, Hanovre 2001, n° 122, p. 312; Justin Favrod, Histoire politique du royaume Burgonde (443−534), Lausanne 1997, pp. 99 s. La mention «archevêque» dans les actes du concile de Paris de 614 est un probable ajout postérieur et celle dans les actes du concile de Chalon de 647 est contestée.

17   Rebetez, La formation des territoires, op. cit.; id., Des origines mystérieuses, op. cit., pp. 66−72.

18   Concilia aevi Karolini [742−842], pars 2: [819−842] [MGH Conc. 2, 2], éd. Albert Werminghoff, Hanovre 1908, p. 604.

19   Les diocèses et les provinces des pays germaniques, de christianisation plus tardive, ont souvent des tailles très considérables.

20   Kottje, Erzbischof, op. cit., cols. 2192−2195; de Vregille, Besançon et Lausanne, op. cit., pp. 77 ss.

lui permet de recevoir les plaintes concernant ses évêques et de juger en appel de leurs sentences. Dans la pratique, les pouvoirs des archevêques restent beaucoup plus modestes, car ces derniers ne parviennent guère à exercer leur surveillance sur les territoires trop vastes de leurs provinces et leurs suffragants ne leur facilitent pas volontiers la tâche.

Les liens entre l'évêque de Bâle et son métropolitain restent très mal connus à l'époque carolingienne, faute de toute documentation, hormis la mention de leur présence commune au concile de Mayence et peut-être à celui d'Ingelheim en 840.[21] En 878, l'archevêque se plaint lors du concile de Troyes de l'insubordination de ses suffragants, qui refusent de venir au synode provincial qu'il a convoqué.[22] En fait, cette désobéissance s'explique probablement par les événements politiques qui déchirent la province: à la suite de la mort de l'empereur Louis II en 875, la Bourgogne et la Provence sont disputées par les Carolingiens de France (Charles le Chauve), de Lotharingie (Boson,[23] gendre de Louis II) et de Germanie (Charles le Gros). À la mort de Charles le Chauve (877), le comte Rodolphe, futur roi de Bourgogne, reconnaît Charles le Gros, qui désigne en 878 un nouvel évêque de Lausanne aux dépens de Jérôme, le candidat local élu canoniquement.[24] Dans ce contexte agité, l'archevêque de Besançon Thierry, sujet de Louis le Bègue et ami de Boson, est contraint de s'opposer à Charles le Gros, alors que le diocèse de Bâle se trouve sous l'influence de ce dernier. Toute cette affaire montre que, dans un contexte politique conflictuel, l'archevêque est incapable d'assurer la discipline ecclésiastique; de plus, il s'efface devant un autre acteur toujours plus important: le pape. C'est en effet ce dernier qui

---

21   MGH Conc. 2, 2, op. cit., pp. 793 s. (si l'évêque Rodingus mentionné après l'évêque David de Lausanne est bien l'évêque de Bâle).

22   Joannes Dominicus Mansi, Sacrorum conciliorum…, Venise 1772, vol. 17, col. 347: «Theodoricus Vesontionis item obtulit libellum super suffraganeos suos, qui synodice vocati audientiam praebere hactenus noluerunt.»

23   Boson est le premier non carolingien qui parvient à la couronne, mais il fonde sa légitimité sur sa parenté avec Louis II dont il a épousé la fille Ermengarde.

24   Marius Besson, Contribution à l'histoire du diocèse de Lausanne sous la domination franque, 534–888, Fribourg 1908, spéc. pp. 45–49 et les annexes (pp. 138–147); Morerod, Genèse d'une principauté, op. cit., pp. 62–64.

parviendra à imposer Jérôme en 880 – moyennant l'assurance que celui-ci sera désormais fidèle à Charles le Gros.[25]

Un rapprochement spectaculaire entre l'archevêque et son suffragant bâlois intervient peu après, lors de la fondation du royaume de Bourgogne. Peu après la mort de Charles le Gros survenue le 13 janvier 888, le comte Rodolphe se fait proclamer roi à Saint-Maurice d'Agaune, puis en la cathédrale de Toul. La Suisse romande actuelle constitue le cœur de son royaume, qu'il étend vers l'ouest et le nord, dans le comté de Bourgogne et, provisoirement, en Alsace et en Lorraine.[26] Le royaume recouvre donc la plus grande partie de la province de Besançon, avec en plus les diocèses de Genève et de Sion. L'évêque de Bâle Eringus et l'archevêque Thierry de Besançon soutiennent dans un premier temps le roi Rodolphe Ier (dont Thierry est même l'archichancelier de 888 à 894).[27] En 892, l'archevêque et l'évêque sont unis pour aider le roi Rodolphe Ier à imposer son candidat sur le siège de Lausanne au détriment de l'élu local et ils constituent la caution ecclésiastique de l'acte d'autorité du nouveau souverain.[28] Mais dès 895, ils se rallient tous deux au roi de Germanie Arnulf. Toutefois, Rodolphe reprend le contrôle du siège de Besançon vers 900, alors que son fils Rodolphe II récupère la ville de Bâle dans les années 920.[29] Dès lors, le diocèse de Bâle est coupé en deux: la partie nord (département du Haut-Rhin actuel) est incluse dans le royaume de Germanie et seule la partie sud avec la ville de Bâle relève du royaume de Bourgogne.[30] Or, dans la suite du Xe siècle et contrairement aux autres prélats bourguignons, les évêques de Bâle

---

25   Besson, Contribution, op. cit., p. 143.

26   François Demotz, La Bourgogne, dernier des royaumes carolingiens (855–1056). Roi, pouvoirs et élites autour du Léman, Lausanne 2008 (Mémoires et documents publiés par la Société d'histoire de la Suisse romande IV/9), spéc. p. 92 (carte) à p. 95.

27   Rey (éd.), Les diocèses, op. cit., p. 22; Demotz, La Bourgogne, op. cit., pp. 119–135, 147–148; Ering de Bâle: pp. 85 et 119.

28   Morerod, Genèse d'une principauté, op. cit., pp. 68 s.

29   Demotz, La Bourgogne, op. cit., pp. 118–120.

30   Jean-Claude Rebetez, Signification et contexte du don de l'abbaye de Moutier-Grandval par le roi Rodolphe III, in: id. (éd.), La donation de 999 et l'histoire médiévale de l'ancien Évêché de Bâle, Porrentruy 2002, pp. 11–57 (spéc. pp. 31–35).

ne figurent jamais dans les actes des rois de Bourgogne, et cela jusqu'en 999.[31] En revanche, les évêques de Bâle vont entretenir des liens politiques toujours plus étroits avec les souverains germaniques, et ils représenteront pour ces derniers un atout pour assurer et renforcer leur tutelle sur le royaume de Bourgogne; c'est du reste sous l'influence d'Otton III que Rodolphe III donne l'abbaye de Moutier-Grandval à l'évêque de Bâle en 999.[32]

Si les évêques de Bâle vivent dans un évident éloignement par rapport aux Rodolphiens, ils ne semblent pas plus proches des archevêques de Besançon. Comme ces derniers passent au Xᵉ siècle sous le contrôle croissant des comtes de Bourgogne, en particulier du fameux Otte-Guillaume, qui donna tant de fil à retordre à Rodolphe III et aux souverains germaniques, ils intègrent une autre sphère d'influence politique que celle où évoluent les évêques de Bâle.[33]

Les formules du serment prêté par les suffragants à l'archevêque

Bien que les sources concernant les rapports entre les archevêques et leurs suffragants bâlois soient à peu près inexistantes pour le Xᵉ et très rares pour le XIᵉ siècle, un manuscrit provenant de la bibliothèque de la cathédrale de Besançon réunit une collection des formules du serment prêté par les suffragants à l'archevêque, au moment de leur ordination par ce dernier.[34] Ce

---

31   Die Urkunden der burgundischen Rudolfinger [Regum Burgundiae e stirpe Rudolfina Diplomata et Acta] [MGH DD Burg.], éd. Theodor Schieffer, Munich 1977, nᵒˢ 87 s., pp. 237–239 (999 et 1000) et p. 421 (voir Basilea dans l'index). À noter toutefois, lors de la consécration de l'évêque Libon de Lausanne en 927, la mention d'un évêque Tatto, non identifié, mais qui pourrait bien être évêque de Bâle (MGH DD Burg., op. cit., nᵒ 25, p. 129).

32   Rebetez, Signification, op. cit., pp. 42–45.

33   Rey (éd.), Les diocèses, op. cit., pp. 22 s.

34   British Museum, nᵒ 15222, éd. Georg Waitz, Obedienzerklärungen burgundischer und französischer Bischöfe, in: Neues Archiv 3 (1878), pp. 195–202 (province de Besançon: pp. 195–198); voir certaines transcriptions et éditions in: Bernard de Vregille, Hugues de Salins, archevêque de Besançon (1031–1066), thèse, Besançon, Lille 1976, vol. I, p. 66. La liste ne comporte pas les dates des prestations de serment (sauf pour

recueil renferme le texte de quinze serments de la fin du IXe siècle à 1178 (Renaud de Belley), dont huit datent du XIe siècle. Cinq textes concernent le diocèse de Bâle, dans une fourchette chronologique allant d'environ 999 à 1107. Nous disposons donc des serments de tous les évêques de Bâle actifs durant le XIe siècle – hormis celui d'Udalric, évêque notoirement simoniaque désigné par le roi Conrad en 1025 et sans doute absent de la liste à cause de cela.[35] Pour Lausanne, les formules de six des sept évêques actifs entre 985 et 1107 sont conservées et il ne manque que celle du schismatique Conon de Fenis, entré en fonctions vers 1090 et qui n'a jamais prêté serment à l'archevêque.[36] En revanche, le diocèse de Belley est moins bien représenté puisque la liste ne comprend que quatre formules de 886 (?) à 1178 (soit une par siècle du IXe au XIIe siècle).

L'examen des serments prêtés par les évêques de Bâle révèle une réelle singularité de ces derniers dans leurs rapports avec leur archevêque. D'abord, le premier texte connu (vers 999) est plus tardif que pour les diocèses de Belley (886 [?] et 932) et de Lausanne (985); cette observation doit toutefois être considérée avec prudence, vu le très faible nombre des formules datables d'avant l'an mille et les incertitudes liées à l'identification de certaines d'entre elles. En revanche, l'analyse de la forme des textes des quinze serments permet des conclusions plus solides. Elle révèle qu'une formule standard est mise au point au début de l'épiscopat du grand archevêque Hugues de Salins (1036–1066). Cette formule apparaît pour la première fois avec le serment d'Henri de Lausanne (1037 ou peu après), puis se retrouve mot pour mot dans les

---

Bérenger de Bâle en 1057) et la mention du diocèse manque dans un cas (Einricus, qui pourrait très éventuellement être Herice de Belley, mi-Xe siècle, mais que nous identifions plutôt comme Henri de Lausanne, 985, voir Morerod, Genèse d'une principauté, op. cit., p. 132).

35 Du reste, Udalric ne figure pas dans la liste des amis défunts de l'archevêque Hugues de Salins dressée en 1042 (de Vregille, Hugues de Salins, op. cit., vol. I, p. 66 et vol. III, document XLI, pp. 138*–140*).

36 Gilbert Coutaz [et al.], Les évêques. Le diocèse de Lausanne, de Lausanne et Genève et de Lausanne, Genève et Fribourg, in: Patrick Braun (éd.), Helvetia Sacra, I: Archidiocèses et diocèses, vol. 4: Le diocèse de Lausanne (VIe siècle–1821), de Lausanne et Genève (1821–1925) et de Lausanne, Genève et Fribourg (depuis 1925), Bâle, Francfort-sur-le-Main 1988, pp. 110 s.; Morerod, Genèse d'une principauté, op. cit., pp. 132 s.

serments de Gaucerand de Belley (1053?), Bourcard de Lausanne (1056 ou 1057), Bérenger de Bâle (1057), Lambert de Lausanne (1090) et Raynaud de Belley (1178). Cette version est identique à celle prévue par les différents *ordines* du sacre épiscopal figurant dans les pontificaux bisontins;[37] c'est aussi celle de certains serments conservés pour le XIIIe siècle.[38] Alors que, dès 1037, tous les évêques de Belley et de Lausanne (à l'exception de Géraud en 1107) utilisent cette formule, le seul pontife de Bâle à les imiter sera Bérenger, en 1057. Son prédécesseur, Thierry, est depuis 1038 chancelier pour l'Allemagne de Conrad II, puis d'Henri III, lorsqu'il est désigné évêque de Bâle (1040/1041). Proche des souverains germaniques, Thierry a aussi de bons rapports avec l'archevêque Hugues de Salins et il figure en deuxième place après l'évêque de Lausanne parmi les signataires du «testament» d'Hugues daté de mars 1044.[39] Toutefois, et alors que le formulaire d'Hugues de Salins est déjà en usage, le serment de Thierry est nettement moins long et bien plus réservé à l'égard de l'archevêque: il ne lui promet que la *debitam subjectionem* au lieu de la *subjectionem et reverentiam et obedientiam* et il ajoute une incise à connotation restrictive, *sicut antecessores mei canonice obedierunt*. Plus frappant encore, en 1072, le nouvel élu de Bâle, Bourcard de Fenis, prête un serment très singulier, fort différent aussi de la version standard mais très proche de celui prêté peu avant l'an mille par l'évêque Adalbéron de Bâle.[40] Cette manifestation d'indépendance envers l'archevêque est confirmée par un autre document, découvert par Bernard de Vregille, qui donne des informa-

---

37   De Vregille, Hugues de Salins, op. cit., vol. I, pp. 458–473, vol. II, p. 713 (note 21), et vol. III, pp. 169*–175*.

38   Jean, évêque de Belley, entre 1245 et 1268 (Paris, Bibliothèque nationale, coll. Moreau, ms 862, fol. 57, renseignement aimablement communiqué par Laurence Delobette); Berthold de Ferrette, évêque de Bâle, 1257 (Anne-Claire Hägi, Édition du cartulaire et du chartrier de l'archevêché de Besançon [1095–1268], thèse de l'École des chartes 1994, p. 503, n° 144; Bibliothèque municipale de Besançon, coll. Droz, ms 32, fol. 405).

39   De Vregille, Hugues de Salins, op. cit., vol. III, pp. 62*–67*, spéc. p. 66*.

40   Les deux textes sont courts, comportent peu de variantes de structure comme de lexique et sont les seuls de tout le corpus à utiliser l'adjectif très rare «*pistinus*».

tions extrêmement précieuses sur les circonstances de l'élection de Bourcard.[41] Il s'agit de la lettre envoyée par les chanoines de Bâle à Besançon pour annoncer l'élection de Bourcard et prier l'archevêque (non sans une certaine insolence) de procéder au plus vite à son ordination, car les nombreuses occupations des chanoines ne leur ont permis que fort tardivement d'informer l'archevêque de la mort du précédent évêque! Cette lettre nous informe sur la carrière de Bourcard: chanoine, puis prévôt de l'Église de Bâle, il s'est rendu à Mayence où il est devenu le second de l'archevêque Siegfried, ainsi qu'un «intime» du souverain. En outre, la lettre précise laconiquement qu'il a été élu «avec la faveur et le consentement de tout le peuple, d'accord avec nous». On comprend que les chanoines de Bâle et le roi ont durant tout le processus de l'élection soigneusement laissé de côté l'archevêque, dont le rôle est ici réduit à l'aspect rituel purement formel – ce que confirme aussi la forme du serment prêté par Bourcard.

En résumé, même pendant l'épiscopat d'Hugues de Salins, le rapprochement entre les évêques de Bâle et leur métropolitain reste limité. Pourtant, le contexte est alors très favorable à une collaboration étroite entre Bâle et Besançon, tant du point de vue politique que religieux, puisque Hugues est d'une part un proche des souverains germaniques, dont il sera le «recteur» en Bourgogne et d'autre part un prélat très influent jouissant d'un prestige international énorme.[42] Du reste, il ne semble pas qu'Hugues ait tenté de renforcer les structures communes de sa province ecclésiastique. S'il a bien cherché à mieux contrôler les nominations de ses évêques, comme en témoigne la liste de leurs serments, il n'a en revanche et à notre connaissance tenu aucun synode provincial. La seule réunion attestée où sont présents tous ses suffragants a lieu à Besançon en 1044 et elle rassemble en fait l'épiscopat des deux Bourgogne (royaume et duché) et de trois provinces – certainement

---

41   Bernard de Vregille, Un document inédit sur la promotion de Burchard de Fenis à l'Évêché de Bâle (1072), in: Revue d'histoire ecclésiastique suisse 93 (1999), pp. 107–120; Jean-Claude Rebetez, Le diocèse de Bâle au temps de Léon IX, in: Georges Bischoff, Benoît-Michel Tock (éds.), Léon IX et son temps, Turnhout 2006, pp. 531–542 (spéc. pp. 538–540).

42   De Vregille, Hugues de Salins, op. cit., vol. I, spéc. pp. 51–60 et pp. 97–192. Sur les évêques de Bâle: Helvetia Sacra I, 1, op. cit., pp. 168 s.; Rebetez, Signification, op. cit., pp. 45–53.

pour un concile. Ce concile de Besançon a probablement constitué le pendant bourguignon du concile germanique de Constance de 1043 voulu par Henri III afin de promouvoir la restauration religieuse et les institutions de paix,[43] et son but dépassait largement le cadre de la province. Quoi qu'il en soit, les prélats bâlois manifestent durant cette période une volonté d'indépendance évidente par rapport à leur archevêque, même si leurs rapports sont en principe bons (à la réserve de l'évêque simoniaque Udalric).

En conclusion et pour résumer le contenu de notre article, la province de Besançon se constitue tardivement, au plus tôt au VIIe siècle, plus vraisemblablement à la fin du VIIIe, voire au début du IXe siècle. Bien que petite, cette province est fort peu homogène et très sensible aux aléas politiques. L'archevêque n'entretient pas de relations très étroites avec ses suffragants, quoiqu'il soit plus proche des évêques de Lausanne que de ceux de Belley et surtout de Bâle. Même à l'époque d'Hugues de Salins, où toutes les conditions sont réunies pour avoir des liens solides, la province ne s'impose pas vraiment comme un cadre important dans la gestion des affaires ecclésiastiques. De plus, le contrôle de l'archevêque sur les élections des suffragants n'est jamais très ferme, y compris au XIe siècle. Malgré tout, des rapports existent entre les archevêques et leurs suffragants bâlois. Bref, la province de Besançon recouvre un territoire hétérogène, dans lequel les archevêques ne jouiront que d'une autorité largement théorique et ne parviendront jamais à imposer celle-ci à leurs suffragants – il n'est du reste même pas sûr qu'ils aient essayé de le faire. En outre, il n'existe pratiquement pas de liens entre les membres de l'Église de Besançon et ceux de l'Église de Bâle, alors que les relations de cette dernière avec le monde germanique et en particulier l'évêché de Strasbourg sont très nombreuses: en effet, l'évêque de Strasbourg exerce le pouvoir épiscopal dans le territoire bâlois au VIIe siècle, les évêques Baldobert et Walaus apparaissent dans des actes des évêques de Strasbourg au VIIIe siècle,[44] les évêques Waldo et Haito sont aussi abbés de

---

43   De Vregille, Hugues de Salins, op. cit., vol. I, pp. 115, 125–127.

44   Albert Bruckner, Regesta Alsatiae aevi Merovingici et Karolini (496–918), Quellenband 1, Strasbourg, Zurich 1949, Baldobert: n° 166, p. 99 (autres auteurs que l'évêque: n° 187, p. 111; n° 190, p. 114; n° 195, p. 119); Walaus: n° 271, p. 171. Sur Walaus, voir: Christian Wildsorf, Remarques à propos de Walaus, évêque de Bâle, in: Basler Zeitschrift für Geschichte und Altertumskunde 65 (1965), pp. 133–136.

Reichenau et d'autres évêques du IXᵉ siècle sont membres des *Verbrüderungen* de Reichenau et de Saint-Gall.[45] Du XIᵉ au XIIIᵉ siècle, on ne connaît aucun dignitaire du chapitre de Bâle doté d'une fonction ou d'une prébende dans l'Église de Besançon, alors qu'ils sont nombreux à jouir de dignités ou de beaux postes dans les chapitres de Constance, de Mayence, de Strasbourg, etc.[46] Il faut attendre les nominations pontificales du début du XIVᵉ siècle pour avoir à Bâle trois évêques welsches, dont deux issus du diocèse de Lausanne, mais cela restera une tendance peu durable. De toute évidence, l'appartenance à la province ecclésiastique de Besançon n'a pas permis de créer des liens aussi forts que ceux qui existaient avec le monde germanique et en particulier les diocèses germanophones voisins.

Jean-Claude Rebetez, Dr., directeur des Archives de l'ancien Evêché de Bâle, Annonciades 10, CH – 2900 Porrentruy, jean-claude.rebetez@aaeb.ch

---

45   Helvetia Sacra I, 1, op. cit., pp. 163–166.
46   Ibid., passim.

Die Stellung des Erzbischofs und Erzkanzlers Dietrich von Besançon zwischen Rudolf I. von Hochburgund und Zwentibold

Andrea Hauff

Erzbischof Dietrich von Besançon, der in der Literatur auch unter dem Namen Theoderich geführt wird, ist ab dem Jahr 875 als Teilnehmer an verschiedenen Synoden nachgewiesen und zählte wohl zu den einflussreicheren Bischöfen seiner Zeit. In diesem Aufsatz soll jedoch nicht Dietrichs Pontifikat in Gänze untersucht werden, sondern vielmehr das Augenmerk auf sein Wirken in der Zeit nach 888 und seine Funktion als Erzkanzler des im Jahr 888 neu entstandenen Königreichs Hochburgund gerichtet werden.

Der Episkopat Dietrichs von Besançon in der Zeit vor 888

Daher können im Folgenden die Taten und Ereignisse des Episkopats Dietrichs vor dem für die Geschichte des Königreichs Burgund einschneidenden Jahr 888 lediglich in aller Kürze umrissen werden:[1] In der Subskriptionsliste einer Synodalurkunde aus dem Jahr 875 findet sich Dietrichs Unterschrift.[2] Bereits für das Folgejahr ist Dietrich als Teilnehmer der westfränkischen Reichssynode von Ponthion belegt.[3] Des Weiteren nahm er an der Synode

---

[1]   Etwas ausführlicher Gérard Moyse, Theodoricus, Erzbischof von Besançon, in: LexMa 8 (1997), Sp. 634; Marianne Niewiesch, Beiträge zur Geschichte der Erzbischöfe von Besançon im Mittelalter, Breslau 1937, S. 72; Maurice Rey, Les diocèses de Besançon et de Saint-Claude, Paris 1977 (Histoire des diocèses de France 6), S. 22.

[2]   Die Konzilien der karolingischen Teilreiche 875–911, ed. Wilfried Hartmann, Isolde Schröder, Gerhard Schmitz, Wiesbaden 2014 (MGH Conc. 5), Nr. 1, S. 3; Die Regesten des Regnum Italiae und der burgundischen Regna, Teil 4, 1: Die burgundischen Regna 855–1032: Niederburgund bis zur Vereinigung mit Hochburgund (855–940er Jahre), bearb. v. Herbert Zielinski, Wien, Köln [u. a.] 2013 (J. F. Böhmer, Regesta Imperii, Die Regesten des Kaiserreichs unter den Karolingern 751–918), Reg. Nr. 2660.

[3]   Konzilien, op. cit., Nr. 6, S. 47, 49, 56; Reg. Imp. 4, 1, op. cit., Reg. Nr. 2672.

von Troyes 878 teil.[4] Von Bedeutung ist ferner, dass Dietrich zu den Königs-
wählern Bosos von Vienne 879 in Mantaille zu zählen ist. Seine Unterschrift
findet sich neben der zahlreicher weiterer Geistlicher in der das Königswahl-
dekret abschliessenden Unterschriftsliste.[5] Auch haben wir Kenntnis davon,
dass Dietrich einen Briefwechsel mit Papst Johannes VIII. führte, in dem
einerseits seelsorgerliche Fragen und andererseits die Wahrung und der
Schutz des Guts der Kirche von Besançon behandelt wurden.[6] Bereits 878
hatte Johannes VIII. im Zuge der Auseinandersetzungen um die Neubesetzung des Bischofstuhls von Lausanne nach dem Tod Bischofs Hartmann ein
Schreiben an Dietrich gerichtet, mit welchem er ihm verbot, ohne seine
Zustimmung einen neuen Bischof von Lausanne einzusetzen.[7] Schliesslich
verfügte der Papst selbst, dass Hieronymus das Bistum Lausanne übertragen
werde.[8]

---

[4]   Konzilien, op. cit., Nr. 9, S. 93, 104, 106, 135, 137, 141; Reg. Imp. 4, 1, op. cit., Reg.
Nr. 2714.

[5]   Konzilien, op. cit., Nr. 12, S. 159; Reg. Imp. 4, 1, op. cit., Reg. Nr. 2749–2752.

[6]   Epistolae Karolini aevi 5, ed. Erich Caspar [u. a.], Berlin 1928 (MGH Epp. 7),
Nr. 134, 138, 159, 170, 254, S. 117 f., 120, 131, 137 f., 221 f.; Papstregesten, 800–911,
Teil 3: 872–882, bearb. v. Veronika Unger, Wien, Köln [u. a.] 2013 (J. F. Böhmer, Regesta
Imperii, Die Regesten des Kaiserreichs unter den Karolingern 751–918), Reg. Nr. 434 f.,
469, 627, 632.

[7]   Reg. Imp. 4, 1, op. cit., Reg. Nr. 2707; Papstregesten Teil 3, op. cit., Reg. Nr. 358.
Einen knappen Überblick über die Forschungsliteratur zur Bischofserhebung im 9. Jahrhundert bietet Steffen Patzold, Episcopus. Wissen über Bischöfe im Frankenreich des späten 8. bis frühen 10. Jahrhunderts, Ostfildern 2008 (Mittelalter-Forschungen 25), S. 22;
dazu auch neu Andreas Thier, Hierarchie und Autonomie. Regelungstraditionen der
Bischofsbestellung in der Geschichte des kirchlichen Wahlrechts bis 1140, Frankfurt am
Main 2011 (Studien zur europäischen Rechtsgeschichte 257), S. 229–262 und Daniel Car-
lo Pangerl, Die Metropolitanverfassung des karolingischen Frankenreiches, Hannover
2011 (Monumenta Germaniae Historica, Schriften 63), S. 261–298; für allgemeine Literatur zur Bischofseinsetzung siehe Tina Bode, König und Bischof in ottonischer Zeit. Herr-
schaftspraxis – Handlungsspielräume – Interaktionen, Husum 2015 (Historische Studi-
en 506), S. 35 f.

[8]   Zum Vorgang insgesamt vgl. Reg. Imp. 4, 1, op. cit., Reg. Nr. 2766–2768; Papstregesten Teil 3, op. cit., Reg. Nr. 393, 631–634; Bernard de Vregille, Besançon et Lausanne.
Métropolitains et suffragants des origines au XIe siècle, in: Zeitschrift für Schweizerische

Das Wirken Dietrichs von Besançon in der Zeit nach 888

Während also die Unterstützung Dietrichs für Boso von Vienne bei dessen Wahl zum König sicher nachgewiesen werden kann, ist dies im Falle der Erhebung Rudolfs I. zum König von Hochburgund im Jahr 888 nicht zweifelsfrei möglich. So bleiben in der Darstellung Reginos von Prüm die Grossen und Geistlichen, die in Saint-Maurice d'Agaune zugegen gewesen sein sollen, anonym.[9] Auch in den *Annales Vedastini* wird lediglich der Bischof von Toul, der die Salbung bzw. Krönung Rudolfs vorgenommen haben soll, explizit genannt.[10] Es ist durchaus möglich, dass Dietrich als Erzbischof von Besançon zu den Geistlichen zählte, die, sei es in Saint-Maurice d'Agaune, sei es in Toul oder wo auch immer die Erhebung, Krönung bzw. Salbung Rudolfs zum König stattgefunden haben mag, anwesend waren.[11] Allerdings ist die Tatsa-

---

Kirchengeschichte 82 (1988), S. 77–88, bes. S. 81 f.; Patrick Braun, Le diocèse de Lausanne (VIᵉ siècle–1821), de Lausanne et Genève (1821–1925) et de Lausanne, Genève et Fribourg (depuis 1925), Basel 1988 (Helvetia Sacra I, 4), S. 100; Martin Schmitt, Essai sur les élections épiscopales en général, et en particulier dans les diocèses de Lausanne et de Genève, in: Mémorial de Fribourg. Recueil périodique 3 (1856), S. 103–117, 129–150, bes. S. 112–114; Charles de Raemy, Histoire abrégée des évêques de Lausanne et de Genève, Fribourg 1915, S. 15 f.

9   Reginonis abbatis Prumiensis Chronicon cum continuatione Treverensi [künftig Regino von Prüm, Chronicon], ed. Friedrich Kurze, Hannover 1890 [ND 1989] (MGH SS rer. Germ. 50), S. 130: «Per idem tempus Ruodolfus filius Cuonradi, nepos Hugonis abbatis, de quo supra meminimus, provintiam inter Iurum et Alpes Penninas occupat et apud sanctum Mauritium adscitis secum quibusdam primoribus et nonnullis sacerdotibus coronam sibi imposuit regemque se appellari iussit.»

10   Annales Vedastini, ed. Bernhard von Simson, Hannover, Leipzig 1909 (MGH SS rer. Germ. 12), S. 64 f.: «At hi qui ultra Iurum atque circa Alpes consistunt, Tullo adunati Hrodulfum nepotem Hugonis abbatis per episcopum dictae civitatis benedici in regem petierunt; qui et ita egit.»

11   Zur Entstehung des Königreichs Hochburgund und insbesondere zu der in ihren Details unklaren Krönung Rudolfs siehe Louis Dupraz, L'avènement de Rodolphe Iᵉʳ et la naissance du royaume de Bourgogne transjurane (6 janvier 888), in: Schweizerische Zeitschrift für Geschichte 13/2 (1963), S. 177–195; Giuseppe Sergi, Genesi di un regno effimero. La Borgogna di Rodolfo I, in: Bollettino storico-bibliografico subalpino 87 (1989), S. 5–44; Laetitia Boehm, Rechtsformen und Rechtstitel der burgundischen Königserhebungen im

che, dass Dietrich in dem im Juni desselben Jahres 888 ausgestellten ersten überlieferten Königsdiplom Rudolfs, einer Schenkung der Abtei Romainmôtier an seine Schwester Adelheid, als Kanzleileiter erwähnt wird, nicht hinreichend ein Beweis dafür, dass Dietrich bei der Erhebung oder Weihe vor Ort gewesen ist oder gar als entschiedener Unterstützer im Vorfeld gewirkt hat.[12] Die Ernennung Dietrichs zum Erzkanzler des neu entstandenen Königreichs Hochburgund muss nicht zwangsläufig aus dem Beweggrund geschehen sein, dass Rudolf Dietrich für einen potentiellen Einsatz honorieren wollte, sondern

---

9. Jahrhundert. Zur Krise der karolingischen Dynastie, in: Historisches Jahrbuch 80 (1961), S. 1–57; François Demotz, La Bourgogne, dernier des royaumes carolingiens (855–1056). Roi, pouvoirs et élites autour du Léman, Lausanne 2008 (Mémoires et documents publiés par la Société d'histoire de la Suisse romande IV/9), S. 80–86; Laurent Ripart, Le royaume rodolphien de Bourgogne (fin IXᵉ–début XIᵉ siècle), in: Michèle Gaillard, Michel Margue [u. a.] (Hg.), De la mer du Nord à la Méditerranée. Francia Media, une région au cœur de l'Europe (c. 840–c. 1050) [Actes du colloque international, Metz, Luxembourg, Trèves, 8–11 février 2006], Luxemburg 2011 (Publications du CLUDEM 25), S. 429–452, bes. S. 436 f.; für weitere Literatur siehe Andrea Hauff, Carolingian Traditions and New Beginnings. The Coronation of Rudolph I of Upper Burgundy, in: Bulletin du centre d'études médiévales d'Auxerre 22/1 (2018), S. 1–13. Zu den möglicherweise beteiligten Personen vgl. bes. René Poupardin, Le royaume de Bourgogne (888–1038). Étude sur les origines du royaume d'Arles, Paris 1907 [ND Genf 1974] (Bibliothèque de l'École des hautes études 4. Sciences historiques et philologiques 163), S. 11 f.; Marius Besson, Contribution à l'histoire du diocèse de Lausanne sous la domination franque 534–888, Fribourg 1908, S. 52; Rudolf Pfister, Kirchengeschichte der Schweiz, Bd. 1: Von den Anfängen bis zum Ausgang des Mittelalters, Zürich 1964, S. 52; François Demotz, L'an 888, le royaume de Bourgogne. Une puissance européenne au bord du Léman, Lausanne 2012 (Collection Le savoir suisse. Grandes dates 83), S. 22; Vregille, Besançon, op. cit., S. 82 f.

12   Die Urkunden der burgundischen Rudolfinger [Regum Burgundiae e stirpe Rudolfina Diplomata et Acta] [MGH DD Burg.], bearb. v. Theodor Schieffer unter Mitw. v. Hans Eberhard Mayer, München 1977, D 3: «Berengarius notarius advicem Theoderici archiepiscopi et cancellarii recognovi.» Zum Schenkungsvorgang siehe Jean-Pierre Cottier, L'abbaye royale de Romainmôtier et le droit de sa terre (du Vᵐᵉ au XIIIᵐᵉ siècle), Lausanne 1948, S. 36–39; Alexandre Pahud, Le testament d'Adélaïde, in: Jean-Daniel Morerod (Hg.), Romainmôtier. Histoire de l'abbaye, Lausanne 2001 (Bibliothèque historique vaudoise 120), S. 65–73, hier S. 65 f.; Jean-Claude Rebetez, Romainmôtier et les Rodolphiens, in: ebd., S. 75–83, hier S. 75 f.

kann auch pragmatisch motiviert gewesen sein,[13] denn Besançon war der einzige Metropolitansitz, der sich zu dieser Zeit innerhalb des nicht allzu grossen Königreichs Hochburgund befand.[14]

Das nächste überlieferte Diplom Rudolfs, das erst auf 893 datiert, enthält bereits die letzte Erwähnung Dietrichs als Erzkanzler.[15] Nach Theodor Schieffer sollte, im Gegensatz zu Hans Eberhard Mayer, der eine Aufwertung der Stellung Dietrichs erkennen will, dieser Abweichung in der Titulierung, hier als Erzkanzler und in der Urkunde von 888 als Kanzler, nicht allzu viel Gewicht beigemessen werden, da die Funktionen für die Zeit vor ca. 890 noch nicht einheitlich bezeichnet wurden.[16] Bedeutsamer ist, dass durch die Schenkung von sich im königlichen Eigengut befindenden Gütern im Komitat Portois im Erzbistum Besançon Rudolfs Einfluss in diesem Gebiet für das Jahr 893 noch als gesichert angesehen werden kann.[17] Dies sollte sich mit dem Angriff des ostfränkischen Reiches auf das Königreich Hochburgund 894 ändern.

In der Zeit zuvor liegt mit der Wahl Bosos zum Bischof von Lausanne noch ein Geschehnis vor, das von einem gemeinsamen Vorgehen Rudolfs und seines Erzkanzlers Dietrich im Jahr 892 zeugt. Nach dem im Chartular von Lausanne überlieferten Protokoll zur Wahl Bischofs Boso von Lausanne liess sich der Archidiakon Ragemfred von Klerus und Volk noch zu Lebzei-

---

13   So etwa Demotz, La Bourgogne, op. cit., S. 119.

14   Vgl. René Locatelli, Gérard Moyse [u. a.], La Franche-Comté entre le Royaume et l'Empire (fin IXe–XIIe siècle), in: Francia 15 (1987), S. 109–147, hier S. 114; Claude Fohlen, Histoire de Besançon. Des origines à la fin du XVIe siècle, Besançon 1981 (Histoire de Besançon 1), S. 222.

15   MGH DD Burg., op. cit., D 4: «Berengarius notarius advicem Theoderici archiepiscopi et archicancellarii recognovit.»

16   Hans Eberhard Mayer, Die Politik der Könige von Hochburgund im Doubsgebiet, in: DA 18 (1962), S. 530–539, hier S. 530 f.; MGH DD Burg., op. cit., S. 39; so bereits auch Hans-Walter Klewitz, Cancellaria. Ein Beitrag zur Geschichte des geistlichen Hofdienstes, in: DA 1 (1937), S. 44–79; vgl. ferner Pangerl, Metropolitanverfassung, op. cit., S. 303–307; Wilhelm Erben, Die Kaiser- und Königsurkunden des Mittelalters in Deutschland, Frankreich und Italien, München, Berlin 1907 [ND Darmstadt 1967], S. 50–57.

17   Zur Ortsidentifizierung vgl. MGH DD Burg., op. cit., S. 98 f.; Locatelli, Moyse [u. a.], Franche-Comté, op. cit., S. 114.

ten des Vorgängers Hieronymus zum Bischof von Lausanne wählen.[18] Nachdem der Tod des Hieronymus dann tatsächlich eingetroffen sei, sei Rudolf zusammen mit dem Erzbischof, der nicht weiter namentlich genannt wird, bei dem es sich aber um Dietrich handeln muss, und dem Bischof Iring von Basel[19] in Lausanne eingetroffen, um die Wahl eines geeigneten Nachfolgers zu leiten.[20] Nach der Aufdeckung der unrechtmässigen Wahl habe Ragemfred schliesslich von sich aus auf das Bischofsamt verzichtet, und der aus dem Klerus von Lausanne stammende Diakon Boso sei von Klerus und Volk in Anwesenheit König Rudolfs gewählt worden.[21] Wenn auch in diesem Bericht an erster Stelle das Handeln und die Intentionen Rudolfs hervorgehoben werden, so wird dennoch Dietrich, im Gegensatz zum nur erwähnten Bischof Iring, eine Rolle als ebenfalls Agierender zugeschrieben, was auch seiner Aufgabe als Erzbischof entsprach.[22]

---

18   Cartulaire du chapitre de Notre-Dame de Lausanne, ed. Charles Roth, Lausanne 1948 (Mémoires et documents publiés par la Société d'histoire de la Suisse romande III/ 3), S. 50: «Nam multis compertum creditur esse qualiter Ragemfredus, archidiaconus nominati episcopi Hieronimi, voluit pontifex existere post eius excessum, et eo vivente fecit se clero et populo acclamare in episcopum, quod omnino nefas existit.»

19   Zu seiner Person siehe Albert Bruckner, Schweizerische Kardinäle, das apostolische Gesandtschaftswesen in der Schweiz, Erzbistümer und Bistümer I, Bern 1972 (Helvetia Sacra I, 1), S. 166.

20   Cartulaire du chapitre de Notre-Dame de Lausanne, op. cit., S. 49 f.: «[P]ost cuius transitum domnus clementissimus rex Ruodulfus, cogitans et vere sciens non posse existere iamdictam ecclesiam sine rectore et gubernatore, venit in dictam civitatem pariter cum archiepiscopo et Eringo episcopo, cupiens et ardenter desiderans cum prefatis episcopis huiusmodi invenire qui Deo extitisset acceptus et note ecclesie suis profuisset utilitatibus, quem Domino amminiculante satis dignum invenit.»

21   Ebd., S. 50: «Dum ergo domnus rex ibi adesset, querens quem plus vellent, dixerunt et acclamaverunt Bosonem diaconum, illorum nutritum ab infancia, omnibus cognitum. […] Extimplo igitur Ragenfredus, amore sui senioris, eiusque voluntate adimplere volens, vidensque quod nec clerus, nec populus eum vellet, floccipendit et dimisit, quatinus hoc iam amplius non removere.» Zum Episkopat Bosos siehe Braun, Diocèse de Lausanne, op. cit., S. 100 f.

22   Cartulaire du chapitre de Notre-Dame de Lausanne, op. cit., S. 50: «Tunc interrogavit eos archiepiscopus cur Ragemfredum precati sunt eum benedicere in episcopum, et respondit clerus et populus hoc magis timore actum fuisse quam amore. Tunc itaque

In dem Privileg vom 28. Januar 895, mit dem Rudolf der Kirche von Lausanne das Recht der freien Bischofswahl zubilligte, wird allerdings nicht mehr Dietrich, sondern an seiner Stelle Bischof Walter von Sitten als Erzkanzler Rudolfs genannt.[23] Dies ist auch für die beiden folgenden Diplome Rudolfs aus den Jahren 896[24] und 899[25] der Fall, für die noch im Gegensatz zu den später ausgestellten Königsurkunden ein Kanzleileiter zusätzlich zum Rekognoszenten ausgewiesen ist.[26]

---

prefatus archidiaconus habuit electionem quam dicebat factam post mortem sui senioris, quam omnes falsam dixerunt, et fecerunt eam, manibus scindentes et iudicantes non posse agere electionem nolente rege et archiepiscopo vel eius misso, non adesse.» Zur Rolle des Metropoliten im Prozess der Bischofserhebung vgl. Friedrich Lotter, Designation und angebliches Kooptationsrecht bei Bischofserhebungen. Zu Ausbildung und Anwendung des Prinzips der kanonischen Wahl bis zu den Anfängen der fränkischen Zeit, in: ZRG Kan. 59 (1973), S. 112–150; Rudolf Schieffer, Bischofserhebungen im westfränkisch-französischen Bereich im späten 9. und im 10. Jahrhundert, in: Franz-Reiner Erkens (Hg.), Die früh- und hochmittelalterliche Bischofserhebung im europäischen Vergleich, Köln, Weimar 1998 (Beihefte zum Archiv für Kulturgeschichte 48), S. 58–82, hier S. 66; Vregille, Besançon, op. cit., S. 79–83; Friedrich Kempf, Primatiale und episkopal-synodale Struktur der Kirche vor der gregorianischen Reform, in: Archivum Historiae Pontificiae 16 (1978), S. 27–66, hier S. 40–45; Henry G. J. Beck, The Selection of Bishops Suffragan to Hincmar of Rheims, 845–882, in: Catholic Historical Review 45 (1959), S. 273–308; Schmitt, Essai, op. cit., S. 114 f.– Zu den Hintergründen des Handelns Rudolfs vgl. Demotz, La Bourgogne, op. cit., S. 121–123.

23   MGH DD Burg., op. cit., D 5: «Almavuinus notarius advicem Vualtharii archicancellarii recognovi.» Zum Privileg der freien Bischofswahl für Lausanne vgl. Schmitt, Essai, op. cit., S. 114–117; Jean-Daniel Morerod, Genèse d'une principauté épiscopale. La politique des évêques de Lausanne (IXᵉ–XIVᵉ siècle), Lausanne 2000 (Bibliothèque historique vaudoise 116), S. 69 f. Zu Walter von Sitten vgl. Demotz, La Bourgogne, op. cit., S. 124 f.; MGH DD Burg., op. cit., S. 41; Patrick Braun, Brigitte Degler-Spengler, Elsanne Gilomen-Schenkel, Das Bistum Sitten, Basel 2001 (Helvetia Sacra I, 5), S. 141 f.

24   MGH DD Burg., op. cit., D 6: «Hieronimus notarius advicem Vvaltharii episcopi et archicancellarii recognovi.»

25   Ebd., D 7: «Hieronimus notarius advicem Uualtarii episcopi et archicancellarii recognovi.»

26   Allgemein zur Kanzlei Hochburgunds vgl. MGH DD Burg., op. cit., S. 38–44; Demotz, La Bourgogne, op. cit., S. 147 f.

Anders als man vielleicht auf den ersten Blick meinen könnte, liegt die Ursache für den Wechsel der hochburgundischen Erzkanzlerwürde nicht darin begründet, dass Dietrich in der Zwischenzeit verstorben war. Denn in einer Notiz einer Bischofsliste von Besançon, die allerdings nur in einer neuzeitlichen Abschrift überliefert ist, wird erwähnt, dass König Zwentibold Dietrich die *villa Pauliaci* restituierte.[27] Dieses Deperditum ist wohl auf die Zeit nach Mai 895 zu datieren, da Arnulf von Kärnten nach der Darstellung Reginos von Prüm mit der Königserhebung seines Sohnes im Juni 894 gescheitert war und somit Zwentibold erst auf dem Wormser Hoftag im Mai 895 zum König für Lotharingien eingesetzt wurde.[28] Ausschliesslich in der *Regensburger Fortsetzung der Fuldaer Annalen*,[29] nicht jedoch in der Chronik

---

27   Series archiepiscoporum Bisontinorum, ed. Oswald Holder-Egger, Hannover 1881 (MGH SS 13), S. 373: «Theodoricus. Per hunc restituit Zuentebolchus rex ecclesie sancti Stephani villam Pauliaci.» Zur Überlieferung siehe auch Eduard Hlawitschka, Lotharingien und das Reich an der Schwelle der deutschen Geschichte (Monumenta Germaniae Historica, Schriften 21), Stuttgart 1968, S. 93; zur Ortsidentifizierung siehe Gustav Eiten, Das Unterkönigtum im Reiche der Merovinger und Karolinger, Heidelberg 1907 (Heidelberger Abhandlungen zur mittleren und neueren Geschichte 18), S. 192; Robert Parisot, Le royaume de Lorraine sous les Carolingiens (843–923), Paris 1898 [ND Genf 1975], S. 523.

28   Regino von Prüm, Chronicon, op. cit., S. 142 f.: «Post haec Wormaciam venit: ibi placitum tenuit, volens Zuendibolch filium suum regno Lotharii preficere; sed minime optimates predicti regni ea vice assensum prebuerunt. […] Post haec Arnulfus Wormatiam venit […]; in quo conventu omnibus assentientibus atque collaudantibus Zuendibolch filium regno Lotharii prefecit.» Vgl. Martina Hartmann, Lotharingien in Arnolfs Reich. Das Königtum Zwentibolds, in: Franz Fuchs, Peter Schmid (Hg.), Kaiser Arnolf. Das ostfränkische Reich am Ende des 9. Jahrhunderts [Regensburger Kolloquium 9.–11. Dezember 1999], München 2002 (Zeitschrift für bayerische Landesgeschichte, Reihe B 19), S. 122–142, hier S. 125 f.; Theodor Schieffer, Die lothringische Kanzlei um 900, in: DA 14 (1958), S. 16–148, hier S. 25–28; Walter Mohr, Arnulfs lothringische Politik auf den Wormser Reichstagen der Jahre 894 und 895, in: Archivum Latinitatis Medii Aevi 26 (1956), S. 167–176.

29   Annalium Fuldensium Continuatio Ratisbonensis, ed. Friedrich Kurze, Hannover 1891 (MGH SS rer. Germ. 7), S. 126: «Zwentibaldus ergo filius regis infulam regni a patre suscipiens in Burgundia et omni Hlotharico regno receptis eiusdem regni primoribus rex creatus est.»

Reginos oder in den *Annalen von St. Vaast*[30] wird berichtet, dass Zwentibold nicht nur zum König für Lotharingien, sondern auch für Burgund erhoben wurde.[31] Bereits in der ersten Hälfte des Jahres 894 hatte Arnulf auf dem Durchzug zurück von Oberitalien den Weg über Aosta und Saint-Maurice d'Agaune durch Hochburgund gewählt, dabei für Verwüstungen gesorgt und schliesslich nach seiner Ankunft seinen Sohn Zwentibold auf Heerfahrt gegen Rudolf ausgesandt.[32] Dieser musste sich daraufhin gemäss der *Regensburger Fortsetzung der Fuldaer Annalen* in die Alpen zurückziehen,[33] woraus man ein weites Vordringen Zwentibolds in hochburgundische Kernlande, eventuell auch die Einnahme der Erzdiözese Besançon, ableiten kann.[34] Spätestens mit der Königserhebung Zwentibolds 895 verfügte Rudolf wohl kaum

---

30   Annales Vedastini, ed. von Simson, op. cit., S. 75: «[F]iliumque suum rex Arnulfus in praesentia Odoni regis nomine Zvendebolchum benedici in regem fecit eique concessit regnum quondam Hlotharii.»

31   Ausführlich zu dem Vorgang Hlawitschka, Lotharingien, op. cit., S. 114–157; vgl. ferner Brigitte Kasten, Königssöhne und Königsherrschaft. Untersuchungen zur Teilhabe am Reich in der Merowinger- und Karolingerzeit, Hannover 1997 (Monumenta Germaniae Historica, Schriften 44), S. 549; Heinrich Büttner, Geschichte des Elsaß I. Politische Geschichte des Landes von der Landnahme bis zum Tode Ottos III., Berlin 1939 (Neue deutsche Forschungen, Abteilung Mittelalterliche Geschichte 8), S. 163 f.; etwas vorsichtiger Thomas Bauer, Zwentibold (870–900), König von Lotharingien. Ein merk-würdiger Heiliger, in: Franz Irsigler, Gisela Minn (Hg.), Porträt einer europäischen Kernregion. Der Rhein-Maas-Raum in historischen Lebensbildern, Trier 2005, S. 16–38, hier S. 21 f.

32   Regino von Prüm, Chronicon, op. cit., S. 142: «Inde conversus per Alpes Penninas Galliam intravit et ad sanctum Mauritium venit. Ruodulfum, quem quaerebat, nocere non potuit, quia montana conscendens in tutissimis locis se absconderat. Regionem inter Iurum et montem Iovis exercitus graviter adtrivit.» Zur Datierung siehe Demotz, La Bourgogne, op. cit., S. 96.

33   Continuatio Ratisbonensis, op. cit., S. 125: «Alamanni cum manu valida super Rodulfum regem cum Zwentibaldo filio regis de concubina transmittuntur. Ille se defendens obiectione Alpium, Alamanni devastata magna illius regionis parte revertuntur in sua.»

34   Vgl. Bruno Amiet, Solothurnische Geschichte, Bd. 1: Stadt und Kanton Solothurn von der Urgeschichte bis zum Ausgang des Mittelalters, Solothurn 1952, S. 167; Bernd Schneidmüller, Die Welfen. Herrschaft und Erinnerung (819–1252), Stuttgart 2000 (Urban-Taschenbücher 465), S. 80 f.

mehr über Einfluss in diesem Gebiet, was eine Beibehaltung des Erzbischofs von Besançon als Erzkanzler praktisch unmöglich machte.[35] Dagegen einen willentlichen Abfall oder gar Verrat Dietrichs darin sehen zu wollen, dass Zwentibold der Kirche von Besançon Güter restituierte, greift meines Erachtens zu weit.[36] So sind eher schlicht pragmatische Gründe hinter dem Ende der Erzkanzlerwürde Dietrichs als ein vermeintliches Abstrafen durch Rudolf zu vermuten.

Ähnliche Vorsicht ist geraten bei der Interpretation der Vorgänge, die sich nach dem Tode Dietrichs bei der Neubesetzung des Erzbischofstuhles ereigneten und von denen wir durch eine Notiz in der bereits erwähnten Bischofsliste von Besançon Kenntnis haben.[37] Demnach folgte der als *nepos* Dietrichs bezeichnete Berengar, der eventuell mit dem Notar Berengar zu identifizieren ist, Dietrich nach, jedoch ist für die Jahre 914 und 915 ein gewisser Aimin als Bischof von Besançon belegt. Zehn Jahre später befand sich Berengar, obwohl er von seinen Gegnern geblendet wurde, wieder im Amt.[38] Über die Hintergründe dieses Konflikts sind keine Nachrichten überliefert. Daher bleibt es eine reine, bereits auf der nicht zu erweisenden Vermutung eines Abfalls Dietrichs bauende Hypothese, dass Rudolf Berengar aufgrund der Verwandtschaft mit Dietrich feindlich gesonnen gewesen sein und daher Aimin als Gegenkandidaten auf den Bischofssitz von Besançon befördert haben soll.[39] Ebenso wenig kann die These von Louis Duchesne bestätigt werden, dass es sich um einen Konflikt zwischen der Partei Zwenti-

---

35   Vgl. MGH DD Burg., op. cit., S. 39.

36   So etwa Locatelli, Moyse [u. a.], Franche-Comté, op. cit., S. 115.

37   Zur Überlieferung siehe auch Louis Duchesne, Fastes épiscopaux de l'ancienne Gaule, Bd. 3: Les provinces du nord et de l'est, Paris 1915, S. 205; Niewiesch, Beiträge, op. cit., S. 72.

38   Series archiepiscoporum Bisontinorum, op. cit., S. 373: «Berengarius. Iste fuit nepos Theodorici, cui successit in archiepiscopatu, raptus et intronisatus communi electione ante altare Sancti Stephani, cuius erat canonicus; sed propter Hayminum hereticum execatus, vicarium habuit in officio pontificali Stephanum Belicensem episcopum.» Vgl. Fohlen, Histoire, op. cit., S. 222 f.; M. Perrod, Bérenger, in: DHGE 8 (1935), Sp. 364.

39   So etwa Fohlen, Histoire, op. cit., S. 223; Locatelli, Moyse [u. a.], Franche-Comté, op. cit., S. 115; Georges Bidalot, Besançon, des origines à nos jours. Histoire politique et économique d'une ville, Sainte-Croix 2009, S. 33.

bolds und derjenigen Ludwigs des Blinden, des Königs von Niederburgund, handelte.[40]

Schlussbemerkung

Insgesamt ist dafür zu plädieren, das Wirken des Erzbischofs Dietrich von Besançon zumindest für die Zeit nach 888 und seine Beziehung zum König von Hochburgund vorsichtiger zu interpretieren, als dies bisher der Fall war. Angesichts der wenigen und zumeist auch nicht zeitgenössisch verfassten Quellen ist es kaum möglich, gesicherte Aussagen zu treffen.[41] So kann weder ein entschiedenes Eintreten Dietrichs für Rudolf in der Zeit der Entstehung des Königreichs Hochburgund noch ein Abfall Dietrichs von der Partei Rudolfs im Kontext des Endes der Erzkanzlerwürde des Erzbischofs von Besançon erwiesen werden. Stattdessen sollten vielmehr die fragile Situation des Königreichs Hochburgund, das unter der gesamten Regierung Rudolfs I. noch im Begriffe der Entstehung und Etablierung stand, stärker berücksichtigt und die Beziehung des rudolfingischen Königs zu seinem Erzkanzler unter dem pragmatischen Gesichtspunkt der Herrschaftssicherung betrachtet werden.

Andrea Hauff, Justus-Liebig-Universität Gießen, Historisches Institut, Mittelalter, Regesta Imperii, Otto-Behaghel-Str. 10, D – 35394 Gießen, andrea.c.hauff@geschichte.uni-giessen.de

---

40   Duchesne, Fastes, op. cit., S. 205; so auch Niewiesch, Beiträge, op. cit., S. 33; dazu kritisch Hlawitschka, Lotharingien, op. cit., S. 125 f.

41   Zur schwierigen Quellenlage bezüglich des Königreichs Hochburgund vgl. Jean-Yves Mariotte, Le royaume de Bourgogne et les souverains allemands du haut Moyen Âge (888–1032), in: Mémoires de la Société pour l'histoire du droit et des institutions des anciens pays bourguignons, comtois et romands 23 (1962), S. 163–183, hier S. 163; Hans Eberhard Mayer, Die Alpen und das Königreich Burgund, in: Die Alpen in der europäischen Geschichte des Mittelalters. Reichenau-Vorträge 1961–1962, Konstanz [u. a.] 1965 (Vorträge und Forschungen 10), S. 57–76, hier S. 61 f.

Von der Sklaverei zur Leibeigenschaft

Unfreiheit im Königreich Burgund
vom 8. bis 12. Jahrhundert[1]

Nicolas Carrier

Das ganze mittelalterliche Millennium hindurch, und selbst darüber hinaus, finden sich im alten Königreich Burgund Männer und Frauen, die als unfrei erachtet und zu Handels- und Tauschobjekten wurden. Es sind im Frühmittelalter die *mancipia* und die *servi*, im 12. Jahrhundert die *homines domini*, im 13. Jahrhundert die *homines ligii domini* und schliesslich im 14. und 15. Jahrhundert die *homines talliabiles ad misericordiam*. In vorherigen Studien habe ich mich bemüht, vom Beispiel der nördlichen Alpen ausgehend, die Bedingungen zu skizzieren, unter denen diese gegen Ende des Mittelalters lebten.[2] Jüngst habe ich versucht, den Ursprüngen der Leibeigenschaft nachzugehen, wie sie mir in den Texten des 13. bis 15. Jahrhunderts begegnete, und daher habe ich meine Untersuchungen auf jene Transformationen ausgedehnt, denen die Unfreiheit zwischen dem 6. und dem Ende des 12. Jahrhunderts unterworfen war.

Hier und heute möchte ich synthetisierend die wichtigsten Schlussfolgerungen vorführen, zu denen ich bisher gelangt bin – freilich nicht, ohne zuvor aufgezeigt zu haben, wie sich meine Arbeiten über die Unfreiheit im früh- und hochmittelalterlichen Königreich Burgund in die jüngst in diesem Bereich zu verzeichnenden neuen französischen Forschungstendenzen einordnen lassen.[3]

---

1   Die Studie, die auf einen am 7. Dezember 2012 im Rahmen des Deutsch-französischen Forschungsateliers «Junge Mediävistik I» an der Albert-Ludwigs-Universität (Freiburg i. Br.) gehaltenen Vortrag zurückgeht und deren originaler Titel «De l'esclavage au servage dans le royaume de Bourgogne, VIIIe–XIIe siècle» lautet, wurde von Christian Feichtinger, Jessika Nowak und Friederike Schulz ins Deutsche übertragen.

2   Nicolas Carrier, La Vie montagnarde en Faucigny à la fin du Moyen Âge. Économie et société, fin XIIIe–début XVIe siècle, Paris 2001.

3   Der frankophone Leser findet die wichtigsten Entwicklungen und eine detailliertere Beweisführung in: Nicolas Carrier, Les Usages de la servitude. Seigneurs et paysans dans le royaume de Bourgogne (VIe–XIe siècle), Paris 2012 (Cultures et civilisations médiévales 59).

I. Die früh- und hochmittelalterliche Unfreiheit in der französischen Forschung

Für die französischen Historiker des letzten Jahrhunderts, genauer gesagt der letzten fünfzig Jahre, lautet die grosse Frage, bis wann man von «Sklaven» sprechen sollte und von welchem Zeitpunkt an man von «Leibeigenen» sprechen kann. Denn auch wenn man gut erkennen kann, dass es im 12. Jahrhundert genauso wie im 6. Jahrhundert Unfreie gab, spürt man dennoch, dass sich in den sieben Jahrhunderten eine Entwicklung vollzogen hat und dass ab einem gewissen Zeitpunkt die Unfreien, die einem in den Quellen begegnen, nicht mehr die Sklaven der Antike waren, ohne dass sie jedoch deshalb frei gewesen wären. «Sklaverei» oder «Leibeigenschaft» sind demzufolge die beiden[4] Idealtypen, auf die man in der französischen Forschung trifft. Der Stellenwert, der diesem Thema eingeräumt wird, ist mit der Tatsache in Verbindung zu bringen, dass alle französischen Historiker des 20. Jahrhunderts gegenüber dem Marxismus Position zu beziehen hatten. Im Hintergrund steht augenfällig die Frage nach dem Übergang von einem angenommenen Modus der Produktion durch Sklaverei zu jenem, der klassischerweise als Feudalismus bezeichnet wird.

---

[4]   Es sind zwei Idealtypen und nicht drei. Die Existenz einer zwischen Sklaverei und Leibeigenschaft zu verortenden Zwischenposition, die Guérard angeregt hat, wurde von den französischen Historikern nicht aufgegriffen (Benjamin Guérard [Hg.], Polyptyque de l'abbé Irminon ou dénombrement des manses, des serfs et des revenus de l'abbaye de Saint-Germain-des-Prés … [avec des Prolégomènes], 3 Bde., Paris 1844). Doch hat sie in Italien Schule gemacht, wo Panero drei verschiedene Typen der Unterjochung unterscheidet: die *schiavitù* der Antike, die *servitù* des Früh- und Hochmittelalters und den *servaggio* des 12. Jahrhunderts (Francesco Panero, Servi e rustici. Ricerche per una storia della servitù, del servaggio e della libera dipendenza rurale nell'Italia medievale, Vercelli 1990).– Einen Idealtypus und nicht zwei gibt es der Position Hammers zufolge, der das Sklaventum als so plastische Wirklichkeit betrachtet, dass er das Konzept der Leibeigenschaft für unnötig erachtet (Carl I. Hammer, A Large Scale Slave Society of the Early Middle Ages. Slaves and Their Families in Early Medieval Bavaria, Aldershot [u. a.] 2002). Diese Position wird im Moment in Frankreich jedoch kaum rezipiert.

1. Georges Duby und die *mutation féodale*

Dem lange dominierenden Modell der *mutation féodale* zufolge handelte es sich um einen zugleich sehr plötzlich und sehr spät eintretenden Wandel. Das Modell der *mutation féodale* hatte Georges Duby für das südliche Burgund aufgebracht. Dieser Region, die durch die Urkunden von Cluny in einem besonders hellen Licht erstrahlt, hatte Duby seine im Jahre 1953 veröffentlichte Doktorarbeit gewidmet, die jahrzehntelang als Muster für die grossen regionalen Monographien französischen Stils diente.[5] Das heute als *modèle mutationniste* bezeichnete Paradigma wird nun jedoch weitgehend in Frage gestellt. Gleichwohl entstanden in seinem Schatten zwischen 1960 und 1990 die wichtigsten französischen Arbeiten zur Geschichte der mittelalterlichen Regionen. Seitdem ist dieses Paradigma jedoch Gegenstand zuweilen sehr lebhafter Diskussionen geworden, nicht nur unter den französischen Historikern, sondern auch unter den italienischen, spanischen und angelsächsischen, vor allem während der 1990er Jahre. Das Ziehen einer historiographischen Bilanz, die dieses Namens würdig wäre, würde einen ganzen Band füllen.[6] Ich werde mich daher an dieser Stelle darauf beschränken, ganz kurz die Streitgegenstände der Debatte, die spezifisch das Problem der Unfreiheit betreffen, zu umreissen.

Georges Duby zufolge sind die öffentlichen Institutionen sehr lange in den nachkarolingischen Reichen lebendig geblieben, und sie liessen das lange Bewahren der aus der Antike ererbten sozialen Strukturen zu. So sind im 10. Jahrhundert die Gerichte der *vicaria*, in denen die Freien (*franci*) sassen und urteilten, hilfreiche Instanzen, die die freie Bauernschaft vor den Mächtigen beschützten. Die kleinen freien Bauern unterschieden sich so weiterhin deutlich von den Leibeigenen (*servi*), welche die letzten Nachfahren der antiken Sklaven waren. Letztere waren nämlich in der Tat gänzlich der privaten Gerichtsbarkeit ihrer Herren unterworfen, wie sie auch gleichfalls von dem öffentlichen *ost* ausgeschlossen waren. Bis zur Jahrtausendwende weiss man also genau, was ein Freier war und was ein *servus*. Dann folgte jedoch das

---

5   Georges Duby, La Société aux XIe et XIIe siècles dans la région mâconnaise, Paris 1953 [ND Paris 1971].

6   Man kann die Darstellung der aktuellen Debatten nachlesen bei Christian Lauranson-Rosaz, La «mutación feudal». Una cuestión controvertida, in: Historia 4 (2000), S. 12–31.

11. Jahrhundert, in dem sich die Burgherrschaft (*seigneurie châtelaine*) etablierte. Der *ost* verschwand, und die Herren zogen für ihre privaten Kriege die Dienste der berittenen *milites* denen der Bauern vor. Die öffentlichen Gerichte wurden von der privaten Gerichtsbarkeit der Burgherren (*seigneurs châtelains*) abgelöst, der von da an alle Bauern unterworfen waren. Die Unterschiede zwischen freien Bauern und Unterworfenen verblassten. Alle fanden sich in der gleichen Abhängigkeit wieder. Der wahre Bruch verlief von nun an zwischen denen, die den Boden bearbeiteten, und denen, die zu Pferde kämpften, zwischen denen, die die Macht der Burgherren erduldeten, und denen, die an der Ausübung jener teilhatten. Von den Klerikern des 11. Jahrhunderts theoretisch untermauert, lieferte die Lehre der drei Stände (*laboratores, bellatores* und *oratores*) einen intellektuellen und religiösen Rückhalt für diesen ebenso beachtlichen wie plötzlichen sozialen Wandel, der mit der Geburt des Feudalismus einherging.[7] Die Vorstellung der Unfreiheit geriet für mehr als ein Jahrhundert in Vergessenheit, und die sozialen und rechtlichen Unterschiede zwischen den Bauern waren durch deren gemeinsame Abhängigkeit den Burgherren gegenüber wie ausgewischt. Die *servi* verschwanden im Übrigen im 12. Jahrhundert aus den Quellen; es ging nur noch um die *homines* der Herren. Im 13. Jahrhundert tauchte die Unfreiheit jedoch wieder auf. Tatsächlich wurde einigen Bauern mündlich oder schriftlich eine Abgabenfreiheit zugesichert, anderen wiederum nicht. Erstere scheinen vergleichsweise frei gewesen zu sein, die anderen unterjocht. Um die unterschiedlichen Bedingungen auszudrücken, zu verdeutlichen und festzuhalten, griffen die Rechtsgelehrten auf die römischen Kategorien der Sklaverei und der Freiheit zurück, die sie in den Schulbänken der Rechtsschulen wiederentdeckt hatten. Erneut tauchten in den Quellen Freie und Unfreie auf. Man stösst auf das Phänomen einer neuen Leibeigenschaft.[8]

In gewisser Hinsicht reiht sich das Modell von Georges Duby in die Tradition von Marc Bloch ein, der wahrscheinlich der grösste französische Historiker ist, der sich mit der mittelalterlichen Bauernschaft befasst hat, und dessen

---

[7]   Georges Duby, Les trois ordres ou l'imaginaire du féodalisme, Paris 1978.

[8]   Ders., L'économie rurale et la vie de campagnes dans l'Occident médiéval, Paris 1962.

erste Arbeiten,[9] wie auch viele weitere in deren Folge, der Leibeigenschaft gewidmet sind. Was das 13. Jahrhundert betrifft, so ist der Begriff der neuen Leibeigenschaft (*nouveau servage*) von Bloch übernommen. Auch nannte Duby, Bloch folgend, die *servi* des 10. Jahrhunderts «Leibeigene» (*serfs*) und nicht «Sklaven» (*esclaves*), denn wenn es ihm auch so schien, als seien sie die letzten Nachfahren der Sklaven der Antike, so hatte er doch den Eindruck, dass sich ihre Lebensbedingungen durch den positiven Effekt des Christentums und der Behausung der Männer auf unabhängigen Schollen verbessert hätten. Tatsächlich waren die *servi* des 10. Jahrhunderts verheiratet; sie waren Familienväter und verfügten über ein Vermögen, das sie ihren legalen Nachkommen übertragen konnten.

2. Ausweitung und Infragestellung des *modèle mutationniste*

Zahlreiche Autoren sind der von Georges Duby vorgegebenen Linie gefolgt, mehrere haben sogar seine anfänglichen Gedanken erhärtet und vereinfacht. Vor allem Pierre Bonnassie hat betont, dass es keinen Grund gäbe, einen anderen Begriff als den der «Sklaven» zu verwenden, um die *servi* zu bezeichnen, die bis zum 11. Jahrhundert in den Quellen erscheinen. Seiner Meinung nach perpetuierte sich die antike Sklaverei und blieb das ganze erste Jahrtausend unseres Zeitalters über gleich oder zumindest annähernd gleich.[10] Er sieht ebenfalls nicht, warum man bis zum 13. Jahrhundert und bis zum Aufscheinen eines romanisierenden Vokabulars warten sollte, um von der «Leibeigenschaft» sprechen zu können. Seiner Meinung nach waren die Bauern, die einer Burgherrschaft unterworfen waren, so offensichtlich unterjocht, dass man sie auch gut «Leibeigene» nennen kann. Die *mutation féodale* verlief ihm zufolge somit noch viel stärker und dramatischer als laut Georges Duby, da sie einen

---

9   Sie wurden vor kurzem von Dominique Barthélemy (Hg.), Marc Bloch. Rois et serfs, et autres écrits sur le servage, Paris 1996, neu ediert.

10   Pierre Bonnassie, Survie et extinction du régime esclavagiste dans l'Occident du haut Moyen Âge (IVe–XIe siècle), in: Cahiers de civilisation médiévale (1985), S. 307–343.

Übergang von einer Unfreiheit zur anderen darstellte, das heisst vom *esclavage résiduel* zu einer allgemeinen Leibeigenschaft.[11]

Dieses hier grob vereinfachte Paradigma der *mutation* – oder sogar der *révolution de l'an Mil* – blieb weitgehend bis zum Ende der 1980er Jahre bei den französischen Mediävisten vorherrschend. Aus den Werken der Gelehrten gelangte es wiederum in die Lehrbücher, die für den studentischen Gebrauch publiziert wurden.[12]

1989 rief jedoch die etwas verzerrende Interpretation, die Guy Bois mit Blick auf das ebenfalls im Mâconnais gelegene Dorf Lournand lieferte,[13] heftige Kritik hervor – auch seitens jener Autoren, die bislang das allgemeine Modell in keinerlei Hinsicht in Frage gestellt hatten.[14] Die Frage, ob die im 10. Jahrhundert in Lournand bezeugten *servi* Sklaven waren, war einer der wichtigsten Punkte der Debatte. «Nein», meinte Chris Wickham. «Ja, hundert Mal ja», schrieb Pierre Bonnassie, wobei er hinzufügte, dass die damalige Sklaverei «nicht mehr als ein Schatten ihrer selbst» gewesen sei.[15] Zugleich begann man die Interpretation der Quellen aus dem Mâconnais in Frage zu stellen, bis hin zu den Formulierungen Dubys.[16] Unter den französi-

---

11   Ders., D'une servitude à l'autre (les paysans du royaume, 987–1031), in: Robert Delort (Hg.), La France de l'an mil, Paris 1990, S. 125–141.

12   Siehe insbesondere Jean-Pierre Poly, Éric Bournazel, La Mutation féodale, X^e–XIIe siècles, Paris 1980 [³2004] (Nouvelle Clio 16).

13   Guy Bois, La Mutation de l'an mil. Lournand, village mâconnais de l'Antiquité au féodalisme, Paris 1989.

14   Monique Bourin (Hg.), L'An Mil. Rythmes et acteurs d'une croissance, Paris 1991 (Médiévales 21); Alain Guerreau, Lournand au Xe siècle. Histoire et fiction, in: Le Moyen Âge 96 (1990), S. 519–537.

15   Chris Wickham, Mutations et révolutions aux environs de l'an mil, in: Monique Bourin (Hg.), L'An Mil. Rythmes et acteurs, op. cit., S. 27–38; Pierre Bonnassie, Mâconnais, terre féconde, in: ebd., S. 40.

16   François Bange, L'*ager* et la *villa*. Structures du paysage et du peuplement dans la région mâconnaise à la fin du haut Moyen Âge (IXe–XIe siècle), in: Annales. Économies, Sociétés, Civilisations 39/3 (1984), S. 529–569; Stephen D. White, Tenth-Century Courts at Mâcon and the Perils of Structuralist History. Re-reading Burgundian Judicial Institutions, in: Warren C. Brown [u. a.] (Hg.), Conflict in Medieval Europe. Changing Perspectives on Society and Culture, Aldershot [u. a.] 2003, S. 37–68; Olivier Bruand, Les Origines de la société féodale. L'exemple de l'Autunois (France, Bourgogne), Dijon 2009.

schen Historikern war es dann Dominique Barthélemy, der dem *modèle mutationniste* den härtesten Schlag versetzte. Insbesondere im Hinblick auf die Frage nach der Unfreiheit[17] warnte er davor, sich nicht bis zum Exzess auf den Gegensatz zwischen der «antiken Sklaverei» und der «mittelalterlichen Leibeigenschaft» zu versteifen. Er verwendete den Begriff der *discipline servile*, der es erlaubte, die Unfreiheit stärker als ein rechtliches Instrument im Dienste der *seigneurs* zu sehen, denn als einen Status, unter dem sich die gesamte Situation der Bauern subsumieren lässt. Er rief zudem dazu auf, sich an jenen auszurichten, die er als «alte Schule» bezeichnete, das heisst an den Historikern, die Georges Duby vorausgegangen waren, vor allem Marc Bloch und, vor diesem, Fustel de Coulanges. Diese hätten es vermocht, hinter dem starren Vokabular den kaum spürbaren Wandel zu erkennen und trotz der semantischen Veränderungen die eigentliche Beständigkeit wahrzunehmen. Deshalb hätten sie in Bezug auf die tatsächliche Situation der *servi* des 10. Jahrhunderts, die Bauern gewesen seien und geheiratet hätten, erkannt, dass diese von den *servi* der Antike weiter entfernt gewesen seien als von den *homines domini* des 12. Jahrhunderts.

3. Das Königreich Burgund

Das französische Herzogtum Burgund, das sich, dank der Abtei Cluny, quellenmässig besonders gut fassen lässt, und insbesondere dessen südlicher Teil haben im Zentrum etlicher Studien über die Entwicklung der Unfreiheit im Laufe des Früh- und Hochmittelalters gestanden. Hingegen haben sich die auf das Königreich Burgund spezialisierten Historiker erst spät dieser Fragestellung angenommen. Jean-Pierre Poly, ein entschiedener Befürworter des *mutationnisme* in seiner striktesten Form, streift das Problem der Leibeigenschaft in seiner 1976 veröffentlichten Dissertation über die Provence nur ganz am Rande. In

---

17   Dominique Barthélemy, Qu'est-ce que le servage en France au XIe siècle?, in: Revue historique 287 (1992), S. 233–284; ders., La Mutation de l'an mil a-t-elle eu lieu? Servage et chevalerie dans la France des Xe et XIe siècles, Paris 1997; ders., Le statut servile au premier âge féodal. Réflexions et questions, in: Henri Bresc (Hg.), Les Formes de la servitude. Esclavages et servages de la fin de l'Antiquité au monde moderne (Table ronde de Nanterre, décembre 1997), Rom 2000 (MÉFRM 112/2), S. 535–549.

der Provence verschwand ihm zufolge die Unfreiheit besonders früh,[18] in den nördlicheren Regionen wiederum bestand sie viel länger fort. Henri Falque-Vert widmete ihr 2004 in seinem Buch über den Dauphiné um die Jahrtausendwende mehrere Seiten.[19] In zwei Kapiteln, die mit «*Déclin puis disparition de l'esclavage rural*» beziehungsweise mit «*L'encellulement des paysans: glissement dans la dépendance*» überschrieben sind, bezieht er zur Debatte um die *mutation féodale* Stellung und beruft sich dabei auf Georges Duby und stärker noch auf Pierre Bonnassie und Guy Bois. Er vertritt die Ansicht, dass bis zum Ende des 11. Jahrhunderts im Dauphiné Freie (*ingenui*, dann *franci*) und Sklaven (*mancipia*, dann *servi*) ausgemacht werden können. Danach könne man das Aufkommen der ersten *homines domini* und bald darauf der *homines ligii domini* beobachten: Diese seien die Leibeigenen. Durch die *mutation féodale* begünstigt, gelange man von einer Unfreiheit in die andere, von der verbliebenen, aus der Antike hervorgegangenen Sklaverei zur Unterjochung aller Bauern, die dem Terror des Burgherrn, dem *terrorisme châtelain*, unterworfen seien.

Der politische und soziale Hintergrund, vor dem sich dieser Übergang, wie man annahm, vollzog, wurde jedoch durch jüngere Studien neu bewertet. Andere Zeitfenster ansetzend, gehen die Autoren, die über die Region um den Genfer See (François Demotz) und über die Provence (Florian Mazel) gearbeitet haben, nicht länger davon aus, dass das 11. Jahrhundert eine Schlüssel- und Übergangszeit war. Vor allem beschreiben sie die politischen, religiösen und sozialen Veränderungen vom 10. bis zum 12. Jahrhundert lieber mit dem Begriff der schrittweisen Anpassungen (*ajustements progressifs*) als mit dem des plötzlichen Umbruchs (*mutation brutale*). Hingegen messen die Spezialisten für Savoyen und den Dauphiné dem 11. Jahrhundert noch eine grössere Bedeutung bei. Dies geschieht infolge nicht ganz unwesentlicher Nuancierungen. Laurent Ripart zufolge gab es in diesen Regionen sehr wohl eine *mutation de l'an Mil*, diese sei aber vor allem politischer Natur gewesen: Die königliche Macht sei zugunsten jener der Bischöfe und dann jener der *principes* zurückgegangen. Lediglich Laurent Grimaldi glaubt indes,

---

18   Jean-Pierre Poly, La Provence et la société féodale, 879–1166. Contribution à l'étude des structures dites féodales dans le Midi, Paris 1976, S. 108–110.

19   Henri Falque-Vert, Les paysans et la terre en Dauphiné vers l'an Mil, Grenoble 2004, S. 199–219, 247–294.

im Viennois des 11. Jahrhunderts eine tiefe Krise der rechtlichen Institutionen ausmachen zu können, eine Privatisierung der Herrschaften und eine plötzliche Transformation der Gesellschaft im Allgemeinen. Dies wurde jedoch jüngst von Nathanaël Nimmegeers bestritten.[20]

Entsprechend soll hier eine zeitliche Abfolge der Entwicklung der Unfreiheit im Königreich Burgund im Früh- und Hochmittelalter dargeboten werden, die mit den jüngsten Erkenntnissen der regionalen wie der allgemeinen Forschung besser in Einklang zu bringen ist.

II. Der Wandel der Unfreiheit zwischen dem 6. und dem 9. Jahrhundert

Es gibt zumindest einen Punkt, über den keine Debatte entbrannt ist: Unbestritten ist, dass die Unfreiheit, der die burgundischen *leges* des 6. Jahrhunderts, wie sie im *Liber constitutionum* und in der *Lex romana Burgundionum* kodifiziert sind, mehr als ein Drittel ihrer Bestimmungen widmen, noch eine Sklaverei römischen Stils ist. Diese Gesetze bieten dementsprechend einen soliden Ausgangspunkt. Tatsächlich ist die Leibeigenschaft eine Unfreiheit wie die Sklaverei, aber sie ist dennoch etwas anderes als die Sklaverei. Die eine zu definieren, bedeutet also indirekt, die Konturen der anderen zu umreissen. Aus diesem Grund sind alle Historiker, die sich mit dem Übergang von einer Form der Unfreiheit zur anderen befasst haben, von einer Definition der Sklaverei ausgegangen. Allzu oft, so scheint es mir, wurde diese *a priori* festgelegt. Die Sache ist von Bedeutung: Je nachdem, ob man beispielsweise den Sklaven als

---

20 Florian Mazel, La noblesse et l'Église en Provence, fin X^e–début XIVe siècle. L'exemple des familles d'Agoult-Simiane, de Baux et de Marseille, Paris 2002 (Comité des Travaux Historiques et Scientifiques. Histoire 4); François Demotz, La Bourgogne, dernier des royaumes carolingiens (855–1056). Roi, pouvoirs et élites autour du Léman, Lausanne 2008 (Mémoires et documents publiés par la Société d'histoire de la Suisse romande IV/9); Laurent Ripart, Du royaume aux principautés. Savoie-Dauphiné, X^e–XIe siècles, in: Christian Guilleré, Jean-Michel Poisson [u. a.] (Hg.), Le royaume de Bourgogne autour de l'an Mil [Actes du colloque de Lyon, 15–16 mai 2003], Chambéry 2008, S. 247–276; Laurent Grimaldi, La justice comme élément révélateur de la crise de l'an mil en Viennois, in: ebd., S. 61–91; Nathanaël Nimmegeers, Évêques entre Bourgogne et Provence. La province ecclésiastique de Vienne au haut Moyen Âge (V^e–XIe siècle), Rennes 2014 (Histoire).

ein reines *instrumentum vocale* betrachtet, gemäss der Definition, die man Varro zuschreibt, oder ob man ihn nur als einen Abhängigen erachtet, den die öffentlichen Institutionen vollkommen ignorieren, wird man die Geburtsstunde der Leibeigenschaft zu verschiedenen Zeitpunkten ansetzen.

Die burgundischen Legisten nennen die Sklaven *servi* und *ancillae*, und auch *mancipia*, wenn es darum geht, diese ohne Unterscheidung des Geschlechts zu bezeichnen. Sie betrachten sie als menschliche Wesen und sogar als vollwertige Mitglieder der zwei Völker (römisch und barbarisch), die der Autorität des Königs unterworfen sind. Dennoch sind sie Eigentum und somit Tauschobjekte. Sie sind der Willkür ihres Herrn unterworfen und haben gegen ihn keinerlei juristische Handhabe. Schliesslich sind sie par excellence Männer und Frauen ohne Anverwandte und ohne Vermögen: Ihnen ist das Heiraten untersagt, sowohl untereinander als auch mit Freien oder Freigelassenen; sie haben keine legale Nachkommenschaft und ihr *peculium* ist in keinem Fall ihr Eigentum.[21]

Diese Definition von Sklaven ist eine juristische. Die burgundische Gesetzgebung unterrichtet uns nicht, oder nur sehr geringfügig, über die gesellschaftliche Realität. Dass die Sklaven gut behandelt wurden und dass ihre Herren sich dagegen sträubten, sie so hart zu bestrafen, wie das Gesetz es ihnen gestattete, ist gut möglich. Dass einige, ja sogar viele, eine Scholle zur agrarischen Bewirtschaftung zugesprochen bekamen und sie so eine gewisse faktische Unabhängigkeit erwarben, ist sehr wahrscheinlich. Dass andere einen hohen Grad an Verantwortung erlangen konnten, lassen die Gesetze selbst vermuten, die zeigen, dass sie mit einem sehr hohen Preis taxiert werden konnten. Dies ändert jedoch nichts daran, dass die Sklaven rechtlich gesehen Eigentum waren, sie totaler Willkür unterworfen waren und weder eine Familie noch ein eigenes Vermögen besassen. Zwischen der einstigen Unfreiheit und der neuen – der Leibeigenschaft – müssen also rechtlich Unterschiede gemacht werden. Da man später über keine Gesetzestexte mehr verfügt, gilt es Urkunden, welche die Praxis zeigen, heranzuziehen.

---

21   Carrier, Les Usages, op. cit., S. 17–40.

1. Ein erster Textzeuge: Abbos Testament (739)

Das älteste Dokument, über das wir verfügen, ist das berühmte Testament des Patricius Abbo,[22] der Ländereien besass, die sich über mehr als 34.000 km^2 erstreckten und die zwischen dem Mâconnais und dem Mittelmeer verstreut lagen. Abbo, ein Vertrauter Karl Martells, vermachte diese 739 testamentarisch der Abtei Novalesa, die er dreizehn Jahre zuvor gestiftet hatte. Zumeist lassen sich die Ländereien, die er der Abtei hinterliess, nur über die Ortsnamen identifizieren. Einige elaboriertere Formulierungen lassen allerdings vermuten, dass seine Besitztümer *colonicae* waren, die sich als Bewirtschaftungen darstellten, die mehr oder weniger eng von Herrenhöfen, *curtes* genannt, abhingen. Frondienste werden nicht im Testament erwähnt, das nur Andeutungen bezüglich eines Grundzinses oder einer *impensio* macht. Wesentlich stärker als zu einem *régime domanial* im strikten Sinne lässt sich die *seigneurie* Abbos, deren Grundlagen ebenso öffentlicher Natur waren wie sie auf dem Boden fussten, dem zurechnen, was Matthew Innes mit Blick auf das Rheintal *loose lordship* genannt hat.[23]

Ganz klassisch werden die übertragenen Gebiete von Listen begleitet, die Aufschluss über die Abhängigkeitsverhältnisse geben. Die im römischen Recht üblichen Formeln[24] für den Verzicht auf bewegliche und unbewegliche Güter, die vom übertragenen Boden abhingen, wurden in den merowingischen Formularen wiederaufgenommen und weiterentwickelt und dann das ganze Früh und Hochmittelalter über verwendet. Wie dies etwa Michel Zimmermann gezeigt hat, wurden sie aus dem Gedächtnis zitiert, ohne sich sonderlich um eine Kohärenz zu sorgen; und sie zielten eher auf Vollständigkeit als auf Exakt-

---

[22]   Ich beziehe mich auf die Edition von Patrick J. Geary, Aristocracy in Provence. The Rhône Basin at the Dawn of the Carolingian Age, Stuttgart 1985 (Monographien zur Geschichte des Mittelalters 31), S. 38−78.

[23]   Matthew Innes, State and Society in the Early Middle Ages. The Middle Rhine Valley, 400−1000, Cambridge 2000, S. 75−77.

[24]   In einer *constitutio* Konstantins findet sich die Formel «cum adjacentibus et mancipiis et pecoribus et fructibus» (Cod. Just., X, 10, 2 [313]).

heit ab. Dennoch besassen sie einen Bezug zu den real übertragenen Gütern.[25] Das trifft auch für Abbos Testament zu: Die Almwiesen etwa liegen in den Gebirgsregionen, wohingegen sich die Olivenhaine am Rande des Mittelmeers befinden. Offenbar trieb den Verfasser des Testaments auch die Sorge um, die rechtlichen Verhältnisse und die menschlichen Beziehungen in den übertragenen Domänen zu benennen. Im *pagus* Briançon beispielsweise verschenkte Abbo die Domäne Névache *cum libertis ac colonis et servis*; jene von Annede wiederum *cum ingenuis, libertis et servis* und die von Agratianis, von Exoratiana und von Aquislevas hingegen *cum libertis et servis*.[26] Überall gab es Sklaven und Freigelassene, aber einmal stehen sie alleine, ein anderes Mal mit den *coloni* und ein weiteres Mal mit den Freien.

Die Menschen, die mit den Ländereien übertragen wurden, werden mit rechtlich konnotierten Termini beschrieben; insgesamt gibt es hiervon 108 Fälle. Die Termini *mancipia*, *servi* und *ancillae*, die Sklaven in den burgundischen *leges* beschrieben, machen 30 % dieser Bezeichnungen aus. Die *liberti* bilden allein die Hälfte. Man zählt schliesslich 12 % *coloni* und *inquilini* sowie 8 % *ingenui*. Aber eine reine Zählung der vom Verfasser des Testaments verwendeten Termini erlaubt keinesfalls, die Rolle der unterschiedlichen rechtlichen Kategorien der von Abbo Abhängigen einzuschätzen, denn diese werden sehr ungleichmässig beleuchtet. Wenn die Freigelassenen am häufigsten in Erscheinung treten, so liegt das daran, dass der *patricius* für ihre individuelle Zukunft Sorge trug; sehr häufig werden sie übrigens namentlich genannt. Die *coloni* hingegen werden immer *en bloc*, als anonyme Gruppen, angeführt, obwohl sie möglicherweise viel zahlreicher waren.

Alle Männer und Frauen, die im Testament als Abhängige erscheinen, wurden der Abtei zur gleichen Zeit wie die Ländereien, die sie bearbeiteten, vermacht. Der *patricius* verfügte, dass sie alle fortan der Abtei gehören sollten (*aspiciant*): natürlich die Sklaven und *coloni*, aber auch die Freigelassenen und sogar die *ingenui*. Es hat den Anschein, dass er zwischen den verschiedenen Arten der Abhängigen, die unter seiner Autorität stehen, nicht

---

25   Michel Zimmermann, Glose, tautologie ou inventaire? L'énumération descriptive dans la documentation catalane du Xe au XIIe siècle, in: Cahiers de linguistique hispanique médiévale 14/15 (1989/1990), S. 309–338.
26   Geary, Aristocracy, op. cit., § 18.

stark differenziert und dass er sie alle als sein Eigentum betrachtet und somit als vererbbar ansieht. Dies überrascht vor allem im Falle der freien Männer und Frauen. Abbo erachtet sie unleugbar als die Seinen, wie Rigovera, aus Bramant in Maurienne, die er *ingenua nostra* nennt, bevor er sie der Abtei überträgt.[27] Es ist schwer zu sagen, wie es um den genauen Status der *ingenui* bestellt war, die in dem Testament erscheinen. Für Patrick Geary sind sie Königsfreie, die Gemeinschaften bilden, die direkt von der königlichen Autorität abhängen, wie die italienischen *arimanni*. Sie standen also unter dem besonderen Schutz des *patricius*, des Repräsentanten des Königs in der Region.[28] Auf jeden Fall wird diese Autorität politischer Natur in dem Testament mit einem Besitzrecht gleichgesetzt, demselben, das der *patricius* über alle seiner Abhängigen auszuüben scheint.

Von einem anderen Standpunkt aus betrachtet, unterscheidet der Verfasser von Abbos Testament sehr wohl zwischen den verschiedenen Rechtsstellungen. Als er beispielsweise festlegt, dass eine *liberta* die Ehefrau eines *ingenuus* ist, nuanciert er zwischen einem Freigelassenen und einem Freien von Geburt.[29] Auch differenziert er zwischen Sklaven und Freigelassenen. Die *servi* und *ancillae* werden manchmal namentlich genannt und sie werden stets angeführt: Sie haben ebenso wenig eine legale Familie wie die Sklaven in den burgundischen *leges*. Die Freigelassenen hingegen werden mit ihren Ehepartnern, ihren Kindern, ihren Geschwistern und ihren Eltern genannt. Man kann sogar ihre familiären Strukturen rekonstruieren. So findet man unter den *liberti* von Abbo elf Ehepaare, acht Geschwister und drei grössere familiäre Gruppen. Vor allem unterscheidet das Testament zwischen dem Gehorsam der Sklaven und dem der Freigelassenen. Ein gewisser Opilonicus wurde zu der Zeit von Abbo freigelassen, zu der er an Novalesa vererbt wurde, und es erging die Warnung, dass er, falls er versuchen sollte, sich unter dem Vorwand, dass er ein Freigelassener sei, dem Gehorsam, den er der Abtei schuldete, zu entziehen, in die Sklaverei zurückfalle.[30] Die Freigelassenen mussten

---

27   Ebd., § 11.

28   Ebd., S. 93 f.– Zu den *arimanni* vgl. Pierre Toubert, L'Europe dans sa première croissance. De Charlemagne à l'an mil, Paris 2004, S. 233–246.

29   Geary, Aristocracy, op. cit., § 47.

30   «[…] si de ipso monasterio sicut libertus se abstrahere voluerit, in pristinu servitio revertatur» (ebd., § 48).

der Abtei ebenso wie die Sklaven gehorchen, allerdings mit dem Unterschied zu den Sklaven, dass ihr Gehorsam nicht der Unfreiheit geschuldet war, sondern dem *obsequium*,[31] das der Freigelassene seinem Patron dem römischen Recht zufolge schuldete. Allerdings war die Patronage laut römischem Recht nicht übertragbar. Im 6. Jahrhundert heisst es noch im *Liber constitutionum* diesbezüglich: Der Sohn und Erbe des Patrons habe denjenigen, den sein Vater freigelassen habe, als einen freien Mann zu betrachten.[32] Abbo erbte hingegen zwei Jahrhunderte später diejenigen, die seine Eltern freigelassen hatten, und vermachte sie, so wie jene, die er selbst freigelassen hatte, der Abtei Novalesa.

Das Band, das den Freigelassenen an den Patron band, liess sich fortan auch an den Erben des letzteren übertragen. Es änderte indes seine Beschaffenheit, genauer gesagt seine rechtliche Grundlage: zunächst von persönlicher Natur wurde es real. Wenn die Abtei Novalesa tatsächlich Autorität über die von Abbo Freigelassenen erwarb, so lag das daran, dass diese die Ländereien bearbeiteten, die der Abtei geschenkt wurden: Sie sollten ihre Pächter werden. Zu der Zeit, zu der er freigelassen wurde, wurde Opilonicus bereits mit einer zu bewirtschaftenden Scholle in einer *colonia* ausgestattet, die er *sub nomen libertinitatis* hielt.[33] Die *libertinitas* bezeichnet daher ebenso den persönlichen Status des Freigelassenen wie auch die Art und Weise, auf die er das Land hielt. Dieser wurde also gleichzeitig Pächter der Abtei wie auch deren persönlicher Abhängiger. Falls er Kinder hatte und diesen seine Güter weiterzugeben wünschte, bleiben diese Pächter, aus eben der Tatsache heraus, dass sie dem Kloster *obsequium* schuldeten. Der ererbte Besitz des Pachthofes implizierte also die Erblichkeit der persönlichen Unterordnung.

Im Hinblick auf die Rechtsstellung ihrer Person mögen sie sich unterschieden haben, doch war den verschiedenen Abhängigen Abbos gemein, dass sie von ihm Land hielten: Die Vergleichbarkeit ihrer tatsächlichen Lage entstand durch die gemeinsame Situation als Pächter. Der Terminus *mancipium*

---

31   «Et volo ut omnis liberti nostri, quos [et] quas parentes nostri fecerunt liberos et nos postea fecimus ut ad ipsam heredem meam ecclesiam sancto Petro aspiciant, et obsequium et impensionem sicut ad parentes nostros et nobis iuxta legis ordine debent impendere» (ebd., § 45).

32   Lib. const. XL, 2.

33   Geary, Aristocracy, op. cit., § 48.

bezeichnet die gemeinsame Situation der abhängigen Pächter des *patricius*. Dieser Begriff findet hier eine Verwendung, die er nicht in den *Leges Burgundionum* hatte. Gewiss konnte es passieren, dass der Verfasser des Testaments diesen Ausdruck ebenfalls verwendete, um Sklaven zu bezeichnen, etwa ein Paar von Haussklaven, das einem Freigelassenen übertragen wurde.[34] Aber zumeist sind die *mancipia* alle Abhängigen, die an ein übertragenes Landstück gebunden sind, was auch immer ihr persönlicher Status sein mag; hierbei macht das Testament nichts anderes, als die vom römischen Recht vorgeschriebene Verzichtsformel zu übernehmen. Üblicherweise erscheint der Terminus in den Aufzählungen der menschlichen Abhängigkeitsverhältnisse und des materiellen Zubehörs allein, das heisst er ersetzt die Liste der verschiedenen Rechtsstellungen. In Ausnahmefällen kann es sein, dass er dieser Liste vorausgeht. Bei den menschlichen Abhängigkeitsverhältnissen werden die Rechtsstellungen normalerweise von der grössten Freiheit hin bis zur kompletten Unfreiheit aufgelistet, das heisst, dass zuerst die *ingenui*, dann die *liberti*, die *coloni* und schliesslich die *servi* genannt werden. Falls die *mancipia* wie in den *Leges Burgundionum* die Sklaven bezeichnen, sind diese am Ende zu erwarten. Stehen sie am Beginn der Liste, sind sie eine Apposition letzterer. Man hat sich dementsprechend vor Augen zu führen, dass die Domäne mit allen ihren *mancipia* übertragen wurde, das heisst den Freigelassenen, den *coloni* und den Sklaven.

Unter Abbos Abhängigen finden sich entsprechend Sklaven wie andere Individuen, die er gleich Sklaven übertrug. Dies ist darauf zurückzuführen, dass er ihr Grundherr war und über sie eine politische Autorität besass. Auch Laurent Feller hat dies unterstrichen: Abbo war weit davon entfernt zu versuchen, diese beiden Grundlagen seiner Macht zu differenzieren; er verfolgte eine auf den Erwerb von Grundbesitz ausgerichtete Politik, die darauf abzielte, ein Netz von Besitzungen zu errichten, die in etwa dem Territorium entsprachen, über das er seine Autorität als *patricius* der Provence ausübte.[35]

---

34   «Et dono liberto meo ad ipsa ecclesia nomen Amalberto, qui habet uxore filia ipsius Mattalello, quem ego manumisi et ipsum dua mancipia dedi ad casa Vuapencense, his nominibus: Rusticiu[s] et Lupolina» (ebd., § 27).

35   Laurent Feller, Accumuler, redistribuer et échanger durant le haut Moyen Âge, in: Città e campagna nei secoli altomedievali, Spoleto 2009 (Settimane di studio della Fondazione Centro italiano di studi sull'alto Medioevo 56), S. 81–114.

Auch ohne bis zu einer vollständigen Verschmelzung der rechtlichen Bedingungen zu gehen, kann man auf jeden Fall seit der ersten Hälfte des 8. Jahrhunderts eine Entwicklung hin zur Annäherung der Abhängigkeitsbedingungen verfolgen. Diese hatte zu Folge, dass ein Mächtiger sich dazu berechtigt sah, alle Personen, die von ihm in irgendeiner Weise abhingen, weiter zu übertragen.

2. Das Polyptychon von Wadalde (813–814)

Ein Dreivierteljahrhundert später brachte eine Liste mit *mancipia*, die man nach dem Namen des Bischofs von Marseille, der diese um 813/814 anfertigen liess, Polyptychon von Wadalde zu nennen pflegt, neues Licht in die Angelegenheit.[36] Dreizehn *villae* und *agri* in der Provence waren Gegenstand von Breven. Genau genommen war es kein Polyptychon der Kirche von Marseille, sondern nur ein partielles Inventar der Menschen und Rechte eines Teils dieser Kirche, möglicherweise des Klosters von Saint-Victor, dessen Verwalter der Bischof von Marseille war. Die erfassten *mancipia* bewohnten Pachthöfe, die *colonicae* genannt wurden oder *vercariae*. Das Dokument, das sich bis heute erhalten hat, ist dem allgemeinen Titel nach und demjenigen zufolge, der sich zu Beginn der Breven befindet, eine *descriptio mancipiorum*, eine Erfassung der *mancipia*. Diese strebt Vollständigkeit an: Für jeden Pachthof werden alle Bewohner aufgelistet, von den Säuglingen bis hin zu den Greisen, mit Informationen über deren Alter und mögliche Gebrechen sowie Angaben zu deren Familienstand; für die Personen *sui iuris* (Familienoberhäupter und Alleinstehende) finden sich auch Informationen zu deren persönlicher Situation. Letztere kann durch eine die Abhängigkeit spezifizierende Bezeichnung ausgedrückt werden. Die Liste ist viel reduzierter als im Testament Abbos, denn die beiden Rechtsstellungen, die man fast ausschliesslich findet, sind die des *colo-*

---

36 Cartulaire de l'abbaye de Saint-Victor de Marseille, ed. Benjamin Guerard, Paris 1857, Bd. 2, S. 633–656.– Näheres zu diesem Inventar bei Jean-Pierre Devroey, Élaboration et usage des polyptyques. Quelques éléments de réflexion à partir de l'exemple des descriptions de l'Église de Marseille (VIIIᵉ–IXᵉ siècle), in: Dieter Hägermann, Wolfgang Haubrichs [u. a.] (Hg.), Akkulturation. Probleme einer germanisch-romanischen Kultursynthese in Spätantike und frühem Mittelalter, Berlin, New York 2004, S. 436–472.

nus und des *mancipium.* Man stösst aber stattdessen auf technische Beschreibungen oder Berufsangaben wie Tagelöhner, Schäfer, Stallknecht, Schmied etc. Entweder das eine oder das andere: Technische und rechtliche Bezeichnungen schliessen sich gegenseitig aus. Die Historiker haben sich vielfach gefragt, warum der Bischof von Marseille so peinlich genau nicht nur das Geschlecht, das Alter und die körperliche Verfasstheit seiner Abhängigen aufschreiben liess, sondern auch ihre berufliche Spezialisierung und schliesslich ihre rechtliche Lage verzeichnete.

Höchstwahrscheinlich ging es darum, ein System von Frondiensten zu installieren oder umzugestalten. Daher klassifizierte man die *mancipia* gemäss dem potentiellen Wert ihrer Arbeitskraft, begonnen mit jenen, die freigestellt waren, über die Bauern ohne besondere Qualifikationen, bis hin zu jenen, die für spezialisierte Aufgaben herangezogen wurden. Was die Bauern betraf, so war es ihre persönliche Rechtsstellung, das heisst der Grad ihrer Abhängigkeit, der für die Frondienste auschlaggebend war, die man von ihnen zu fordern das Recht hatte. Daher unterschied das Dokument die zwei Stellungen des *colonus* und des *mancipium.*

Letzterer Terminus bezeichnet zudem in den Überschriften der Breven alle Abhängigen der Kirche von Marseille. Ebenso wie in dem Testament Abbos wurde er in einem allgemeineren und in einem spezielleren Sinne verwendet, sodass es aus der Sicht des Bischofs *mancipia-mancipia* und *mancipia-coloni* gab. Das Vokabular lässt vermuten, dass erstere die Nachkommen der Sklaven und letztere die Nachfahren der *coloni* waren. Man kann nach dem Modell der nördlichen Polyptycha annehmen, dass die *mancipia* im engeren Sinne härtere Frondienste als die *coloni* leisten mussten; aber ansonsten waren sie, ebenso wie letztere, verheiratete Pächter und Familienväter, das heisst, dass sie fortan Zugang zur legalen Heirat hatten und über eine legale Nachkommenschaft verfügten, der sie rechtmässig ihre Güter vermachen konnten.[37] Dies war bei den *servi* von Abbo nicht der Fall gewesen. Man beobachtet also in einem Dreivierteljahrhundert eine Angleichung der konkreten Bedingungen zugunsten der besseren, während der Begriff, der verwendet wird, um die Gesamtheit der Abhängigen zu bezeichnen, einer ist,

---

[37]   Zu den identischen familiären Strukturen der *coloni* und der *mancipia* siehe Carrier, Les Usages, op. cit.

der sehr deutlich mit der Unfreiheit konnotiert ist, einer, der in den *Leges Burgundionum* Sklaven bezeichnet, auch wenn er stets mehr oder minder facettenreich ist.[38]

Ziehen wir Bilanz über das, was wir aus diesen ersten Zeugnissen über die Entwicklung der Leibeigenschaft im Königreich Burgund im Laufe des Frühmittelalters erfahren: Alle Abhängigen Abbos können *mancipia* genannt werden, und vor allem wurden sie alle zum Gegenstand einer persönlichen Übertragung. Sie waren dementsprechend allesamt auf dem Wege einer theoretischen Unterwerfung. Die formale Unfreiheit, von der uns Abbos Testament zeigt, dass sie im Entstehen begriffen war, ist die Leibeigenschaft. Unter den ersten Leibeigenen sind die Bedingungen jedoch sehr verschieden-artig; sie reichen von Freien bis zu wahrhaften Sklaven. Wie Hans-Werner Goetz[39] sehr treffend bemerkt hat, folgt die Leibeigenschaft nicht einfach der Sklaverei. Sie schliesst einen Moment letzterer mit ein, bevor sich diese auf-löste. Diese Auflösung ging vonstatten, als sich innerhalb der Gruppe die Bedingungen der Sklaven denen anderer Pächter annäherten; dies wurde seit dem Zeitpunkt deutlich, zu dem deren Verbindungen als Heiraten anerkannt wurden, was für die *mancipia* von Waldalde gesichert ist. Man weiss heute, dass die Gruppe der Sklaven, die auf einem Betrieb mit zu bewirtschaftenden Schollen ausgestattet worden waren, schon in der römischen Antike sehr weit verbreitet war.[40] Aber erst, als die Sklaven rechtmässig heiraten durften und dementsprechend eine legale Nachkommenschaft hatten, wurde das Land, das sie bearbeiteten, zu einer Vermögensmasse, die sie rechtmässig

---

38   Fernand de Visscher, Mancipium et res mancipi, in: Studia et documenta historiae et juris 2 (1936), S. 263–324.

39   Hans-Werner Goetz, Serfdom and the beginnings of a ‹seigneurial system› in the Carolingian period. A survey of the evidence, in: Early Medieval Europe 2/1 (1993), S. 29–51.

40   Paul Veyne, Le dossier des esclaves-colons romains, in: Revue historique 265/1 (1981), S. 3–25; Charles R. Whittaker, Circe's Pigs. From Slavery to Serfdom in the Later Roman World, in: Slavery and Abolition 8 (1987), S. 89–107; Chris Wickham, Marx, Sherlock Holmes and late Roman commerce, in: Journal of Roman Studies 78 (1988), S. 183–193.

übertragen konnten. Erst zu diesem Zeitpunkt fiel ihre Situation mit jener der anderen Abhängigen zusammen.[41]

Der Übergang der Sklaverei zur Leibeigenschaft war dementsprechend das Resultat zweier Prozesse, die beide zu Beginn des 11. Jahrhunderts abgeschlossen waren: zum einen die Verbesserung der Stellung der Sklaven und zum anderen die theoretische Unterwerfung aller Abhängigen. Das Hindernis einer legalen Heirat zwischen Freien und Sklaven war ein Kriterium, das so stark diskriminierte, dass sich die Leibeigenschaft in gewisser Hinsicht grundlegend von der Sklaverei unterschied. Aber es blieb eine wahrhafte Unfreiheit, weil der Besitz von Menschen, auf den Carl Hammer zu Recht so stark hingewiesen hat,[42] impliziert wurde. Im Übrigen sollten auch in der folgenden Zeit, wenn Leibeigene erscheinen, diese stets Tauschobjekte sein.

III. Die Leibeigenschaft in den Chartularien des 11. bis 12. Jahrhunderts

Ab der Mitte des 9. Jahrhunderts kann man Urkundensammlungen aus gut zwanzig religiösen Einrichtungen als Quellen für die Unfreiheit im Königreich Burgund heranziehen. Für den Dauphiné wie auch für die heutige französischsprachige Schweiz sind diese besonders reichhaltig, aber auch etwas repetitiv. Im Wesentlichen handelt es sich um Übertragungen von Ländereien zugunsten der Kirche. Die Unterworfenen erscheinen erneut zumeist in Abhängigkeit von den übertragenen Domänen. Dennoch werden die Listen, die über menschliche Abhängigkeitsverhältnisse Aufschluss geben, immer seltener, bis sie im 12. Jahrhundert ganz verschwinden. Beispielsweise erwähnen von den 2.000 aus dem Dauphiné stammenden Urkunden, die aus dem Zeitraum zwischen dem Ende des 9. und dem Beginn des 12. Jahrhunderts erhalten geblieben sind, 5 % der Urkunden aus den Jahren zwischen 850 und 950 Unterworfene; in den nächsten 50 Jahren sind es nur noch 3 % der Urkunden, in der ersten Hälfte des 11. Jahrhunderts lediglich noch 1,5 %, und in der zweiten Hälfte des 11. Jahrhunderts sind es sogar nur noch 0,3 %.

---

41   Toubert, L'Europe, op. cit., S. 343.
42   Hammer, A Large Scale Slave Society, op. cit.

Nach 1117 findet sich überhaupt keine derartige Erwähnung mehr.[43] Die rechtliche Nomenklatur ist im Vergleich zum Beginn des 9. Jahrhunderts einfacher geworden, da die Männer, die mit den Ländereien übertragen werden, entweder als *mancipia* oder als *servi/ancillae* bezeichnet werden. In den vorausgegangenen Jahrhunderten konnte sich *mancipium/mancipia* sowohl auf die Gesamtheit der Abhängigen beziehen als auch nur auf Sklaven oder deren Nachkommen. *Servus/servi* hingegen war bis dahin lediglich für Sklaven verwendet worden. In den Urkundensammlungen sind die Termini indes austauschbar, und für Henri Falque-Vert bestehen keinerlei Zweifel daran, dass sie die letzten Sklaven bezeichneten. Das Verschwinden der Texte mit deren Erwähnungen weist ihm zufolge auf das Ende der Sklaverei hin.

1. Relative Unfreiheit

Es ist zutreffend, dass einige Schenkungen einen Klang aufweisen, welcher an die Sklaverei erinnert. Man findet *servi*, die zwischen Ländereien und Werkzeugen aufgeführt werden, oder auch solche, die als bewegliche Güter erachtet werden.[44] Dennoch sind die *servi* und die *mancipia*, die in den Chartularien übertragen werden, Pächter und Familienväter, die für ihre Ländereien über so umfangreiche Besitzrechte verfügen, wie es in der damaligen Zeit möglich war. Diese Ländereien wurden in den Texten mit besonders archaisierendem Vokabular als *peculium* bezeichnet. Andere nennen diese *hereditas*

---

43 Falque-Vert, Les paysans, op. cit., S. 215.
44 König Rudolf III. schenkte Cluny die Kirche und den *viculus* Saint-Blaise in der Diözese Genf «cum omnibus ibidem pertinentibus, cum montibus et planitiis, agris, pratis, pascuis, silvis, decimatione, servis et ancillis et cum omnibus utensilibus» (Die Urkunden der burgundischen Rudolfinger [Regum Burgundiae e stirpe Rudolfina Diplomata et Acta] [MGH DD Burg.], bearb. v. Theodor Schieffer unter Mitw. v. Hans Eberhard Mayer, München 1977, D 120 [1029]).– «Mansus indominicatus qui est in villa Flaviaco, cum omnibus suis apendiciis, oc est vineis, campis, silvis, aquis aquarumque decursibus, domibus, edificiis, exitibus et regressibus, […] cum omni sua mobilitate, servis videlicet et ancillis» (Recueil des chartes de l'abbaye de Cluny, erstellt v. Auguste Bernard, bearb. und hg. v. Alexandre Bruel, Bd. 1: 802–954, Paris 1876, Nr. 523 [um 940]).

oder sogar *alodium*.[45] Diese *servi* haben eine Frau und Kinder, die zur gleichen Zeit wie sie übertragen werden, was zeigt, dass ihre Unfreiheit erblich ist, aber auch erkennen lässt, dass sie eine rechtmässige Familie haben und dass ihre Kinder ihre natürlichen Nachfolger auf ihren Pachthöfen sind.[46]

Die Weitergabe erfolgte übrigens nur automatisch in direkter Linie. Wenige konnten gleichzeitig das Erbe an ihre legitimen und an ihre unehelichen Kinder weitergeben.[47] Dies darf man nicht als Hindernis verstehen, das der Leibeigenschaft zu eigen ist: denn denjenigen, die nicht ihre Leibeigenen waren, gestanden die Grundherren keine übertragbaren Pachten zu, allenfalls Benefizien auf Lebenszeit. Spätestens seit dem 9. Jahrhundert ist klar bezeugt, dass die erbliche Übertragung von Pachten für Leibeigene selbstverständlich war und dass sie nur für diese selbstverständlich war.

Die *servi* und die *mancipia* der Chartularien sind keine Sklaven, sie sind Leibeigene. Sie sind allesamt Bauern, welche die übertragenen Ländereien bearbeiten, und sie sind nicht nur ein Relikt der Sklaven. Vom Vokabular aus betrachtet, das die Urkundenschreiber verwendeten, verschmolzen die verschiedenen rechtlichen Kategorien, die man noch im 8. Jahrhundert und zu Beginn des 9. Jahrhunderts ausmachen kann, zugunsten der niedrigsten. War

---

45   «In Sacriniaco villa, servum nomine Domnevertum cum uxore et peculio» (Chartes de Cluny, op. cit., Nr. 682 [946]).– «Servos et ancillas et omnem hereditatem eorum» (Frédéric Gingins-la-Sarraz, Pièces justificatives, in: Histoire de la cité et du canton des Équestres, Lausanne 1865 [Mémoires et documents publiés par la Société d'histoire de la Suisse romande 20], S. 191).– «Et si quis servus aut ancilla nostra aliquid de alodio suo ibi donare voluerit, nos concedimus» (Chartes de Cluny, op. cit., Bd. 5: 1091–1210, Paris 1894, Nr. 3665 [1092]).

46   Sehr zahlreiche Beispiele betreffen sowohl die *mancipia* wie die *servi*: «Conferro sancto Mauritio [...] quidquid in Messiaco villa dinoscor obtinere, videlicet in vineis, campis, pratis, silvis, arboribus, molendinis, aquis, aquarumve decursibus [...] una cum mancipiis his nominibus: Bernainum cum uxore et infantibus [und zwölf weitere *mancipia*, davon zehn mit Frau und Kindern]» (Cartulaire de l'abbaye Saint-André-le-Bas de Vienne, ed. Ulysse Chevalier, Lyon 1869 [Collection de cartulaires dauphinois 1], Nr. 111* [vor 928]).– «Hec omnia jamdicta dono ad ipsam casam Dei cum servo nomine Walterio et infantibus suis et aliis servis» (ebd., Nr. 48* [1025]).

47   «Si autem heres legalis ex eis natus fuerit, ipse simul teneat et possideat, si vero sine herede mortui fuerint, ad predictam ecclesiam predicte res revertantur» (Cartulaire de l'abbaye Saint-André-le-Bas de Vienne, op. cit., Nr. 85 [975–993]).

sie schon zu Zeiten von Abbo und Wadalde spürbar gewesen, so war die nominelle Unterjochung aller Abhängigen nun abgeschlossen. Alle, die das Land bearbeiteten, können nun als *servi* bezeichnet werden (bei diesem Terminus ist die Konnotation mit dem Sklaventum deutlicher als beim *mancipium*) und sie galten als Eigentum desjenigen, der die Ländereien übertrug oder erwarb. Sie sind also in rechtlicher Hinsicht unterworfen; was man in Wirklichkeit abtrat, wenn man sie tauschte, waren die Rechte, die *droits de contrainte*, die man über sie besass, und diese waren unausweichlich mit der *seigneurie* über die Pachten verbunden.

Tatsächlich existierte, wie man bereits im Testament Abbos sieht, eine wichtige Verbindung zwischen der Leibeigenschaft und der Grundherrschaft. Die Herrschaft über Ländereien implizierte eine Gewalt über die Menschen, denen man diese Ländereien zur Bewirtschaftung übertragen hatte. Wenn man diese Herrschaft in Worte fasst und dabei auf den Wortschatz der Sklaverei rekurriert, kommt man vom Besitz der Ländereien zum Besitz über diejenigen, die dieses Land bewirtschaften, was wiederum die Leibeigenschaft ist.

Alain Guerreau hat dies einst gezeigt: *dominium* hat gleichzeitig mehrere verschiedenartige, aber auch nahe verwandte Bedeutungen, die bald der Herrschaft, bald dem Besitz zuzuordnen sind. Jenes Wort, das wir im Französischen mit *seigneurie* übersetzen würden, verweist auf ein Konzept, das all diese Bedeutungen umfasst und bei dem Herrschaft und Besitz untrennbar verwoben sind.[48]

Gleiches kann man von den Wörtern *servitium* und *servitus* sagen. Zunächst sind sie austauschbar und beide können die Unfreiheit wie auch einen einfachen Dienst bezeichnen; nur der jeweilige Kontext erlaubt eine Unterscheidung.[49] So ist es von einem Dienst zur Unfreiheit nur ein Schritt. Die Unfreiheit ist dieser Dienst, den die Urkundenschreiber so zu nennen beschlossen haben.

---

48 Alain Guerreau, Le féodalisme, un horizon théorique, Paris 1980, S. 179–184.
49 Vgl. die semantische Studie in Carrier, Les Usages, op. cit., S. 143–145.

2. Nominelle Unfreiheit

Sobald wir sehen, dass ein Leibeigener in Abhängigkeit mit übertragenen Ländereien erscheint, hat der Ersteller der Urkunde die Situation des Pächters als Unfreiheit eingestuft und diesen *servus* genannt; er hat sich, um dessen Übergang von einem *dominium* zum nächsten zu beschreiben, von den Formulierungen inspirieren lassen, die einst für den Verkauf von Sklaven verwendet worden waren. Ein anderer Schreiber hingegen könnte sich entschliessen, den Übergang eines Mannes von der Jurisdiktion eines weltlichen Herrn in die einer kirchlichen Einrichtung als «Befreiung» anzusehen, was uns die Illusion gibt, dass dieser Mann freigelassen wurde, während er lediglich den Herrn wechselte. So findet man freigelassene Männer, die sogleich in die Abhängigkeit von Klöstern gerieten, denen sie fortan einen Wachszins leisten mussten. Die Historiker gebrauchen hier die Wendung «Freie in Abhängigkeit» (*libres en dépendance*); dies ist nicht sonderlich hilfreich, denn in anderen Urkunden aus denselben Klöstern erscheint der Wachszins als eine Abgabe, die mit der Unfreiheit in Verbindung steht.[50] Was die Freien betrifft, die noch, wenn auch nicht sonderlich zahlreich, in den Quellen der Zeit begegnen, so handelt es sich um abhängige Bauern, die sehr bedingt von den gewohnheitsrechtlichen Freistellungen profitierten. Was war ein *ingenuus* in der Grundherrschaft Cessy am Ende des 11. Jahrhunderts? Ein Bauer, der dem Grafen von Genf zwölf Tage Frondienste und andere *debita* schuldete, der aber vom Dienst mit seinen

---

[50]   Vgl. etwa zwei Urkunden aus dem Kloster Romainmôtier, wo der Wachszins nacheinander als Gegenstück zur Freilassung und als Beweis für die Unfreiheit erscheint. 797 liessen Gustabulus und seine Frau Ilderudis einen Leibeigenen namens Isuard frei und sagten ihm: «Volumus ut sis ingenuus tanquam si ab ingenuis parentibus fuisses natus vel procreatus […] et si, auxiliante Deo, ex te nati vel procreati fuerint, in ipsa ingenuitate permaneant, nisi de anno in anno ad altare S. Petri Romanense in cera valente denarium I persolvat» (Édouard Mallet [Ed.], Pièces justificatives, in: Du pouvoir que la Maison de Savoie a exercé dans Genève. Seconde période, établissement légal, in: Mémoires et documents publiés par la Société d'histoire et d'archéologie de Genève 8 [1852], S. 219–288, hier: Nr. 29).– In den 1140er Jahren kam eine Untersuchung, die mit Blick auf eine gewisse *Poncia* durchgeführt wurde, einer *ancilla*, die das Kloster Gauthier de Salins streitig machte, zu der Schlussfolgerung, dass sie die *ancilla* «Sancti-Petri Romani monasterii censu cere unius denarii» sei (Le cartulaire de Romainmôtier, ed. Alexandre Pahud, Lausanne 1998 [Cahiers lausannois d'histoire médiévale 21], Nr. 66).

Rindern und von der Anwesenheit am gräflichen Gerichtstag (*placitum*) befreit war, im Gegensatz zu den *rustici*, die zu beidem verpflichtet waren.[51] Mit Ausnahme einer kleinen Minderheit, die besondere Freiheiten geltend machen konnte, wurden die Bauern umfassend als unterworfene Masse gesehen. Adalbert von Laon etwa bezeichnete alle in seinem berühmten *Carmen ad Robertum* als *servi*. Diese Unfreiheit wurde demnach nur dann aktiviert, wenn sich dies als nützlich erwies.

Tatsächlich wurden die Formulierungen der Unfreiheit und der Freiheit nicht von allen Schreibern verwendet. Im Dauphiné etwa gebrauchten die Ersteller des Chartulars von Domène diese gewöhnlich nicht für die Pächter dieses Klosters. Wenn sie den Erwerb von Ländereien verzeichneten, sprachen sie schlicht von dem *mansus*, den der Bauer «bewirtschaftete» oder «besass».[52] Hingegen war für die Verfasser des Chartulars der Abtei Saint-André-le-Bas de Vienne jeder Bauer ein Leibeigner. Man muss sich davor hüten, allzu übereilt zu schlussfolgern, dass die Ländereien von Domène von Freien bearbeitet wurden und diejenigen von Saint-André durch Leibeigene, denn hier liegen die Unterschiede in erster Linie in den Gepflogenheiten der Kanzleien begründet. Die Bauern der Stiftskirche Saint-Barnard-de-Romans beispielsweise wurden im Allgemeinen nicht als Leibeigene bezeichnet, dies war nur in den Urkunden der Fall, die aus der Kanzlei der Könige von Burgund stammten, in der die Formulierungen der Unfreiheit häufig gebraucht wurden.

---

51 Aimo, der Graf von Genf, bestätigte der Abtei Saint-Oyen de Joux «alodos illos quos ab ingenuis hominibus in potestate Sesciacensi monachi prefate ecclesie actenus obtinerunt […] ab iis videlicet ingenuis qui dies consuetudinales, quos esse duodecim, tradunt et alia debita, exceptis araturam boum in corvata et observatione placiti generalis, [quas] consuetudinaliter michi non debent. Retinemus autem in hac concessione ut si in terra quam hujuscemodi adquisitione prefati monachi obtinuerint rusticanus aliquis habitat, boves suos in corvata mea exhibeat, et in placito generali vicinorum suorum more semetipsum presentet» (Émile Rivoire, Victor Van Berchem [Ed.], Les sources du droit du canton de Genève, Bd. 1: Des origines à 1460, Aarau 1927, Nr. 1 [um 1091]). Man bemerkt, dass die Freiheit hier als Recht definiert wird, nicht dem gräflichen Tribunal beiwohnen zu müssen. Dies ist genau das Gegenteil des Kriteriums, das im *modèle mutationniste* angesetzt wird.

52 Cartulare monasterii beatorum Petri et Pauli de Domina, Clunaciensis ordinis, Gratianopolitanae diocesis, ed. Charles de Monteynard, Lyon 1859, Nr. 110, 146, 195, 209 etc.

3. Instrumentalisierte Unfreiheit

In vielerlei Hinsicht waren die Formulierungen ungeeignet für den Gebrauch, den die Schreiber von ihnen machten. In der Tat stammten die Begriffe aus einer Epoche, in der *servus* das Gegenteil eines Freien meinte, und sie waren ursprünglich dazu bestimmt, die vollständige Unfreiheit oder die vollständige Freiheit zu bezeichnen. Nun verwendeten die Verfasser der Urkunden sie aber fortan, um Abhängigkeiten zu beschreiben, die in einer Gesellschaft immer relativ sind, in der der tatsächliche Gegensatz zwischen dem *servus* eines Herrn und dem eines anderen besteht. Deshalb wurde sie schrittweise im Laufe des 11. Jahrhunderts aufgegeben. Dies war der Zeitpunkt, zu dem man im König-reich Burgund, wie in anderen Regionen, einen «neuen Stil» für Urkunden aufscheinen sieht.[53] Die Urkunden wurden narrativer und sie passten besser zur rechtlichen und sozialen Realität, die sie uns nun deutlicher enthüllen. Die Schreiber nahmen sich grössere Freiheiten bei den Kanzleitraditionen, daher verschwanden *mancipium* und *servus* aus den Urkunden.[54] Lediglich das Vokabular wandelte sich. Man tauschte weiterhin, wie früher, Männer mit ihren Pachthöfen, Frauen und Kindern, aber man nannte sie nun nur noch *homines*. Die Form der Leibeigenschaft blieb bestehen, aber der Besitz eines *homo* durch seinen Herrn wurde nun nur noch durch die Tatsache angezeigt, dass er übertragen wurde, sowie durch das den Besitz anzeigende Adjektiv oder den Genitiv, die angaben, wem der *homo* gehörte;[55] denn dies war das

---

53   Dominique Barthélemy, La Société dans le comté de Vendôme, de l'an mil au XIVe siècle, Paris 1993, S. 19–83.

54   *Mancipium* ist nach 1011 nicht mehr bezeugt (MGH DD Burg., op. cit., D 98), wäh-rend *servus* noch bis 1156 erscheint, aber immer seltener verwendet wird (Rivoire, Van Berchem, Les sources du canton de Genève, op. cit., Nr. 3).

55   Der älteste Text, in dem ein an eine Kirche übertragener Leibeigener schlicht als *homo* bezeichnet wird, datiert auf etwa 1095: «Vuillemus Bernardus de Theis […] legali testamento dedit et concessit quemdam hominem Bosonem Mannini nomine, cum omni tenemento suo et cum censu annuali quinque scilicet sol. et quatuor den.» (Cartulare monasterii beatorum Petri et Pauli de Domina, op. cit., Nr. 193). *Homo* erscheint auch in den Listen abhängiger Kirchengüter sowie in einer von Barbarossa zugunsten der Zister-zienserabtei Bonnevaux ausgestellten Urkunde («[…] omnes possessiones quas eadem ecclesia in agris, vinetis, silvis, pascuis, paludibus, terris scilicet cultis et incultis, aquis aquarumve decursibus, molendinis, edificiis seu hominibus justo acthenus titulo possedit,

Entscheidende, war doch das wichtigste Thema der Leibeigenschaft nicht zu wissen, welchen Status man hatte, sondern wem man gehörte und wessen Ländereien man bewirtschaftete.

Was bedeutete es nun aber im 11. und 12. Jahrhundert, einem Herrn zu gehören? Für den Leibeigenen hiess es, für die eigene Person wie für seine Güter eine ausschliessliche oder zumindest vorrangige Gerichtshoheit anzuerkennen, die jeden Rekurs auf einen anderen Herrn unmöglich machte. Die Herren, insbesondere die kirchlichen, waren sehr darauf bedacht, über ihre Abhängigen eine möglichst exklusive Autorität auszuüben. Daher verwendeten sie die Formulierungen und das Recht der Unfreiheit weniger gegenüber ihren Leibeigenen selbst als gegenüber den benachbarten Herren, die für sich beanspruchten, über diese einen Teil des *dominium* auszuüben. Der Erwerb der Leibeigenen, den man in grosser Zahl in den Chartularien der Klöster dokumentiert findet, beendete zumeist Jahre des Streits zwischen den Geistlichen und ihren weltlichen Nachbarn, die behaupteten, über ihre Abhängigen Jurisdiktionsrechte zu haben.[56] Sie mussten im Übrigen oft ihre *homines* von verschiedenen Herren zurückkaufen, so sehr konnten sich die Rechte der (Grund-)Herrschaften vermischen.[57] Es gab dementsprechend einen instrumentalisierten Gebrauch der Unfreiheit, der dazu diente, die Rechte, die die

---

et omnia que in futurum, Deo favente, rationabiliter acquirere poterit») (Cartulaire de l'abbaye Saint-André-le-Bas de Vienne, op. cit., Nr. 89* [1178]).

[56]   Siehe beispielsweise die Urkunde, die den sich über zwei Generationen erstreckenden Streit zwischen den Herren von Grandson und den Mönchen aus Romainmôtier beendete: Ebal II. und Barthélemy de Grandson übertrugen Romainmôtier «quicquid pater eorum Eubalus supradicte ecclesie dederat, […] scilicet omnes homines et feminas et quicquid infra potestatem Romani Monasterii habebat et calumniari solitus erat […]. De omnibus querimoniis quas cum priore et hominibus ecclesie tunc habebant et antea habuerant pacem fecerunt et pro his ominibus quatuor libras a Widone priore acceperunt» (Le cartulaire de Romainmôtier, op. cit., Nr. 73 [1141]).

[57]   «Aimo […] dedit ecclesie Taluerensi Do[minici dimidium]. Post multum vero temporis, Uboldus, frater predicti Aymonis, […] dedit aliam medietatem Dominici. Sicque totum possidemus Dominici, et integritatem ejus» (Jean-Yves Mariotte [Ed.], Cartulaire de Talloires, in: Annecy et ses environs au XIIe siècle, d'après le cartulaire de Talloires, in: Bibliothèque de l'École des Chartes 30 (1972), S. 17–32, hier Nr. 16 [zweite Hälfte 12. Jahrhundert]).

Herren über diejenigen ausübten, die das Land bewirtschafteten, zu klären und zu hierarchisieren.

Dagegen gab es im 11. und 12. Jahrhundert keine *classe servile* und keine Aufgaben und Abgaben, die spezifisch auf den Leibeigenen lasteten und die diese von den freien Bauern unterschieden. Im Vergleich zur Sichtweise von Pierre Bonnassie und Henri Falque-Vert relativieren meine Überlegungen die Dauer der Unfreiheit im ersten feudalen Zeitalter. Ich bagatellisiere sie jedoch keinesfalls.[58] Die Leibeigenschaft war in der Tat ein ernsthaftes Hindernis für familiäre wie auf das Vermögen ausgerichtete Strategien der Bauern. Wenn es auch kein ausdrückliches Verbot der *formariages*, des Abschliessens von Ehen mit Leibeigenen anderer Herren gab, bestand doch ein sehr grosses Risiko, dass man, wenn man *homo* eines Herrn war, nicht die Ländereien eines anderen erben konnte, weil das *dominium* über einen *homo* untrennbar von demjenigen war, das der Herr über die Ländereien ausübte, die dieser *homo* bestellte. Deshalb sieht man, wie Männer sich von ihrem Herrn freikauften, um sich auf den Ländereien eines anderen niederzulassen, zum Beispiel, um das Erbe ihrer Frau zu bewirtschaften und es schliesslich an die eigenen Kinder weitergeben zu können.[59]

Am Ende des Wandels der Unfreiheit, den ich kurz beschrieben habe, stand dementsprechend die Kontrolle des Vermögens des Leibeigenen, das etwa bei Heiraten zu einem sehr wichtigen Thema wurde. Man kann somit den Weg ermessen, der seit den Zeiten der Sklaverei beschritten worden war, denn der Sklave besass definitionsgemäss weder Familie noch Vermögen.

Nicolas Carrier, Prof. Dr., Professeur d'histoire du Moyen Âge, Université Jean Moulin Lyon 3, Faculté des Lettres et Civilisations, 1C, avenue des frères Lumière, CS 78242, F – 69372 Lyon Cedex 08, nicolas.carrier@univ-lyon3.fr

---

[58] Werner Troßbach, Südwestdeutsche Leibeigenschaft in der Frühen Neuzeit – eine Bagatelle?, in: Geschichte und Gesellschaft 7 (1981), S. 69–90.

[59] Mehrere Beispiele finden sich im Cartulaire de Romainmôtier, op. cit. [um 1027 sowie 1045–1050].

Marseille et l'horizon territorial

Aux origines du territoire de Marseille au Moyen Âge, ou comment Arlulf s'imposa au sein du *comitatus Massiliensis* à la fin du Xe siècle

Pierre Vey

Pour donner un aperçu des questions territoriales dans le pays marseillais, le plus simple et le plus efficace reste de remonter aux origines de la famille vicomtale qui présida aux destinées du *comitatus Massiliensis* durant près de deux cent cinquante ans. Elle tenait à partir de la deuxième moitié du Xe siècle les trois honneurs constitutifs de l'autorité publique, c'est-à-dire l'*episcopatus*, l'*abbatia* de Saint-Victor, qui en dépendait, et la vicomté (*comitatus*).

Au commencement était Arlulf, obscur personnage de la fidélité du roi de Bourgogne Conrad III, dit le Pacifique. Il apparaît dans les sources en 950, lorsque Conrad lui concéda un important domaine fiscal, la *curtis* de Trets.[1] Elle s'étendait le long de la vallée de l'Arc, une rivière orientée est-ouest, courant entre le massif de la Sainte-Victoire et les monts Auréliens, entre Marseille et Aix. Très propice à l'agriculture, alimentant les deux cités en grains, cette *curtis* présentait également l'avantage d'avoir en son cœur, à Trets, une *turris*, c'est-à-dire un ensemble fortifié qui fut probablement une résidence comtale à la fin du siècle précédent. Ce point est remarquable dans la mesure où il n'y en a pas d'autre dans le reste de la Provence orientale – les défenses se concentrant entre Arles et Avignon, là où les comtes avaient leur siège. Ainsi, le domaine concédé à Arlulf, avec tous les droits fiscaux afférents, est de nature à faire de cet homme un personnage incontournable de la politique provençale. Et, en ce milieu du Xe siècle, c'est bien la volonté de Conrad.

---

1   Die Urkunden der burgundischen Rudolfinger [Regum Burgundiae e stirpe Rudolfina Diplomata et Acta] [MGH DD Burg.], éd. Theodor Schieffer, Munich 1977, D 32, p. 141.

La Provence dans le royaume de Bourgogne au Xe siècle : la contestation du pouvoir royal dans une région périphérique

Pour comprendre cela, il faut revenir au début du siècle. La Provence était alors dominée par Hugues d'Arles, successeur de Louis l'Aveugle. Sacré empereur en 926, Hugues était accaparé par la prise en main de l'Italie où Bérenger cherchait à le renverser. Il laissa donc le gouvernement de la Provence à son frère Boson, jusqu'en 931, date à laquelle il le rappela en Italie. En 931, c'est un autre Boson, leur cousin, qui se retrouva comte de Provence; il mourut en 935, date à laquelle le comté échut encore à un Boson, cousin issu de germain de Hugues d'Arles;[2] c'est de ce Boson-là qu'est issue la première lignée comtale de Provence. Ainsi, lorsque la Provence échut à Conrad, c'est un membre de la *familia* Bosonide qui tenait les rênes du comté, ce qui représentait un obstacle à son intégration dans le royaume bourguignon, dans la mesure où pendant près de cinquante ans les mêmes réseaux de fidélité avaient dominé cet espace. Et, pour compliquer les choses, Conrad était encore mineur quand il fut couronné roi de Bourgogne en 937, ce qui laissa à Boson le temps de jouir d'une certaine autonomie.

Aussi, pour reprendre en main cette nouvelle partie de son royaume, Conrad avait besoin d'installer des hommes nouveaux et fidèles qui puissent concurrencer l'aristocratie favorisée par la dynastie précédente. Et en matière d'*homo novus*, Arlulf pourrait sembler exemplaire. Si son nom et celui de son père (Thibert) renvoient au Viennois, ce qui pourrait être l'indice d'une installation plus ancienne en Provence, Hugues, précédemment comte de Vienne, ayant emmené des aristocrates de cette région dans ses bagages, il ne semble pas qu'il faille forcément faire d'Arlulf un ancien fidèle des Bosonides débauché par Conrad. La simple mention *quidam homo nomine Arlulfus*, dans l'acte de 950, pourrait démontrer qu'il n'était guère plus qu'un parvenu, dépourvu de titre. Le roi insistait intentionnellement sur le défaut de légitimité

---

2   Marc Bouiron, Marseille, VIe–Xe siècle, in: Thierry Pécout (éd.), Marseille au Moyen Âge, entre Provence et Méditerranée. Les horizons d'une ville portuaire, Paris 2009, p. 38 s.

de son homme pour mieux mettre en valeur sa dépendance, réelle ou désirée, envers son royal bienfaiteur.

Toutefois, il apparaît que la qualité d'homme nouveau d'Arlulf tient plus de la fiction diplomatique que de la réalité. Deux ans avant la concession fiscale, Conrad, qui en tant que roi conservait la haute main sur les collations aux bénéfices ecclésiastiques, plaçait sur le siège épiscopal de Marseille le fils d'Arlulf, Honorat.[3] Ce nom romanisant laisse entendre un certain calcul: il était traditionnel que les prélats provençaux portassent des noms latins, comme pour entretenir le souvenir de l'antiquité de la christianisation dans cette région. De plus, Honorat, nom du saint fondateur de Lérins mais aussi de l'évêque de Marseille qui rédigea la *Vita* de Saint Hilaire au Ve siècle, semble inscrire encore davantage le fils d'Arlulf dans le contexte local.[4] À sa suite, les membres de la famille vicomtale destinés à l'épiscopat reçurent le nom latin de Pons, un autre saint provençal. Ce choix ne peut être un hasard. Il s'inscrit dans une politique de légitimation voulue par Arlulf pour les siens, au sein de laquelle la concession fiscale n'est qu'une étape de plus.

Plusieurs spécificités de l'acte en question ne s'expliquent que dans cette perspective. L'acte se caractérise par un laconisme qui, malgré son importance, ferait presque croire qu'il est bâclé. L'invocation (*In nomine sancte Trinitatis*) est limitée au strict minimum, de même que la suscription (*Chonradus gratia Dei rex*), alors qu'elles sont les lieux privilégiés de la manifestation du pouvoir. La suite de l'acte laisse la même impression, quoique l'exposé prenne la peine de souligner l'infériorité d'Arlulf (*Arlulfus petiit* […] *nos petens …*). C'est encore cet étrange souci d'économie qui anime le dispositif, limité aux confronts de la *curtis* et à une rapide clause injonctive et prohibitive ([*Ut autem*] *hoc nostrum preceptum* [*ab omnibus*] *observetur et a nullo umqua*[*m viol*]*etur*). L'acte n'est certes guère plus court que d'autres chartes produites par la chancellerie bourguignonne à la même époque, mais il contient des confronts – ce qui le rallonge toujours artificiellement. Surtout les souscriptions y sont limitées au roi et au notaire alors que les actes les plus importants donnaient à

---

3   Ibid., p. 40.

4   Florian Mazel, La noblesse et l'Église en Provence, fin X[e]–début XIVe siècle. L'exemple des familles d'Agoult-Simiane, de Baux et de Marseille, Paris 2002 (Comité des Travaux Historiques et Scientifiques. Histoire 4), p. 72.

voir une bonne partie de la cour. Sans compter que la description de la concession plaque des notions bourguignonnes sur des réalités provençales: la mention d'une *curtis* et d'une *turris* est déjà un hapax en soi dans les chartes concernant la Provence, et l'appartenance d'un lieu à deux *comitatus* différents transcrit une distinction courante en Bourgogne entre le diocèse et le comté fiscal, mais qui est jusque-là inexistante en Provence.[5] En effet, en Provence, les deux notions (comté et diocèse) sont confondues sous le terme de *comitatus* car le comté de Provence est en fait un ensemble de plusieurs *comitatus* polarisés par une cité épiscopale, ensemble géré par un seul comte depuis l'époque carolingienne et simplement appelé *Provincia* dans les sources – il faut attendre 1059 pour avoir la première mention du *comitatus Provincie*.[6] Il n'y avait, jusqu'à la fin du Xe siècle, ni comte, ni vicomte à la tête de l'un des nombreux *comitatus* provençaux qui n'avaient donc pas lieu d'avoir une étendue distincte de celle de leur diocèse respectif. D'où l'expression de «super-comté» employé par Florian Mazel pour désigner la Provence.[7] Si Arlulf était véritablement un fidèle récompensé par son maître dans le contexte d'une reprise en main de la Provence, une donation de cette importance aurait été l'occasion d'une mise en scène de la puissance royale alors que, diplomatique-ment, elle ne se distingue pas d'une concession faite un an plus tôt par Conrad pour contenter un homme de la clientèle de l'un de ses comtes.[8] On peut affirmer qu'il s'agit du résultat d'un accord gagnant-gagnant entre un aristo-crate qui cherchait à s'imposer dans le pays marseillais, mais ressentait profondément son manque de légitimité, et un roi en conflit larvé avec un comte toujours plus indépendant, un roi affaibli mais qui restait une source incontestable de légitimité jusque dans les marges de son royaume.

Par ailleurs, la *turris* évoquée dans l'acte réapparaît cinquante ans plus tard, dans la dédicace de la chapelle Saint-Michel du château surplombant

---

5   Florian Mazel, La Provence entre deux horizons (843–1032). Réflexions sur un pro-cessus de régionalisation, in: Michèle Gaillard, Michel Margue [et al.] (éds.), De la mer du Nord à la Méditerranée. Francia Media, une région au cœur de l'Europe (c. 840–c. 1050) [Actes du colloque de Metz, Luxembourg, Trèves, 8–11 février 2006], Luxembourg 2011 (Publications du CLUDEM 25), p. 477.

6   Ibid., p. 480.

7   Ibid., p. 457.

8   MGH DD Burg., op. cit., D 31, p. 140.

Trets:[9] elle porte alors le nom de *castrum Arlulfo*. Cette référence au fondateur de la lignée vicomtale est assez inhabituelle pour être remarquée. Le nom d'Arlulf a été oublié dans l'onomastique des vicomtes, occulté par celui de son fils Guillaume, premier vicomte en titre et combattant du Freinet.[10] De même, dans les donations à Saint-Victor, son souvenir n'est mentionné qu'à l'occasion de confirmations de donations qu'il aurait faites, ou alors, et rarement, comme le père de Guillaume. Il paraît vraisemblable que, occupant déjà les lieux avant la concession royale et y exerçant de fait les prérogatives fiscales, il y fit ériger le premier ensemble fortifié mentionné par l'acte, soulignant les limites du pouvoir comtal en même temps qu'il ancrait son propre pouvoir dans le paysage: le site du *castrum* se situe sur un promontoire qui domine la vallée de l'Arc et est bien visible depuis les alentours. Autrement il serait incompréhensible que son nom y fût associé et le restât jusqu'au XIXᵉ siècle (francisé sous le nom de château Arnoud).

Cette hypothèse se confirme lorsque l'on examine la situation de Marseille et de ses environs dans le comté de Provence. Les comtes avaient leur résidence depuis Charlemagne en Arles, dans le palais de la Trouille, et se déplaçaient le long du Rhône, dans leurs possessions fiscales qui s'étendaient jusqu'en Avignon. De ce point de vue, Marseille pouvait passer pour relativement éloignée, malgré son statut d'ancienne capitale aux temps mérovingiens. Le comte gérait son super-comté avec l'aide d'un vicaire (*vicarius*), d'un vicomte (*vicecomes*) et de juges (*judices*) sans que l'on puisse réellement savoir ce que cachaient ces titulatures. Ils apparaissent toujours réunis autour de la personne du comte, dans le cadre de sa cour, à l'occasion des plaids où ce dernier rendait ses arbitrages et apaisait les conflits au sein de son aristocratie. À ce titre, il semble bien que l'exercice du pouvoir par le comte de Provence au cours du Xᵉ soit pour beaucoup dépendant des pratiques bourguignonnes mises en évidence par Laurent Ripart: le comte agit toujours de concert avec les élites et

---

9   Henry de Gérin-Ricard, Émile Isnard (éds.), Actes concernant les vicomtes de Marseille et leurs descendants, Monaco 1926, n° 23, p. 6.

10   Florian Mazel, Noms propres, dévolution du nom et dévolution du pouvoir dans l'aristocratie provençale (milieu Xᵉ–fin XIIᵉ siècle), in: Provence Historique 53 (2003), pp. 147 s.

joue parmi elles un rôle d'arbitre.[11] Dans la perspective de Conrad, aider Arlulf à s'imposer dans ce *comitatus* était bénin. Il n'avait rien à perdre et créait à peu de frais une potentielle source de nuisance pour un pouvoir comtal qui lui échappait en élevant un homme parmi les aristocrates provençaux. D'autant que le temporel de l'Église de Marseille – le plus important après Arles –, l'influence traditionnelle de son évêque sur la Provence orientale et la présence du sanctuaire de Saint-Victor (sous la tutelle de l'évêque) concourraient à offrir à qui contrôlerait les honneurs de la ville les moyens de rivaliser avec le comte lui-même.

On pourrait alors trouver une autre explication à l'appartenance de la *curtis* à deux *comitatus* à la fois. Conrad, sur la demande d'Arlulf ou bien de son propre chef, rattachait de la sorte la vallée de Trets au *comitatus Massiliensis* auquel elle n'avait jusque-là pas appartenu. En effet, la concession fiscale de 950 est l'une des premières chartes bourguignonnes où le roi s'adresse sans l'intermédiaire d'un grand de son entourage à un simple *quidam*. Cette pratique prit de l'ampleur dans le cœur du royaume bourguignon plus tard au Xe siècle et témoigne d'une certaine déprise de l'influence royale: la chancellerie ne faisait alors plus qu'office de chambre d'enregistrement.[12] De plus, l'acte prend la peine de redoubler le rattachement de la *curtis* à ce ressort (*Hoc est in curte de Tresia, que est pertinens ex comitatu Marsiliacense et iacet in comitatu Aquense, cum omnibus apenditiis, qui inibi pertinent de comitatu Marsilia*). Comme souligné plus haut, cette double pertinence est propre au royaume bourguignon où le roi est le collateur suprême aux honneurs laïques et ecclésiastiques – d'ailleurs les Rodolphiens avaient mené une politique active de suppression des honneurs laïques dans leur royaume pour y asseoir leur domination.[13] En Provence, elle semble aberrante car il n'y a qu'un seul honneur laïque qui englobe l'ensemble des diocèses/comtés. En démembrant un comté au profit d'un autre, Conrad manifestait sa suzeraineté sur la Provence et rappelait au comte qui était le dépositaire de l'autorité ici-bas. En

---

11   Laurent Ripart, Le premier âge féodal dans les terres de tradition royale. L'exemple des pays de la Bourgogne rhodanienne et lémanique, in: Dominique Iogna-Prat [et al.] (éds.), Cluny. Les moines et la société au premier âge féodal, Rennes 2013, pp. 229–234.
12   Ibid., p. 232.
13   Ibid.

parallèle, cela permettait à Arlulf de prétendre exercer un pouvoir régalien dans le diocèse où son fils détenait l'autorité spirituelle; cela renforçait donc sa légitimité à exercer un pouvoir de nature fiscale dans l'ensemble du *comitatus Massiliensis*, où, à défaut d'avoir le titre de vicomte, il pouvait apparaître comme tel. Cette manœuvre n'eut en revanche aucune postérité dans l'organisation des *comitatus* en Provence: par la suite, les Arlulfides distinguaient bien ce qui relevait de leur propre et de l'honneur vicomtal, et Trets appartenait à la première catégorie, sans compter qu'au XIIIᵉ siècle, la vallée finit dans le diocèse d'Aix,[14] malgré la concession de Conrad brandie par les moines de Saint-Victor lors des plaids de délimitation – en même temps, tout au long du XIᵉ siècle, les chartes de donation concernant le val de Trets ne firent aucun mystère de son appartenance au *comitatus Aquensis*.[15]

Arlulf, Boson et Conrad: l'enracinement d'une domination personnelle à l'échelle locale sur fond de rivalités princières

Tous ces éléments rassemblés excluent l'idée qu'Arlulf ait pu être un homme imposé par Conrad, un fidèle d'entre les fidèles parti de rien. Il est plus probable qu'Arlulf fût issu d'un lignage aristocratique qui vint à la suite de Hugues d'Arles pour profiter de sa prise en main de la Provence. Son comportement ne laisse pas entendre pour autant qu'il fût particulièrement loyal envers les anciens maîtres de la Provence. Mais il témoigne d'un certain pragmatisme, conscient du contexte politique local et des enjeux nouveaux soulevés par la réduction des horizons du pouvoir régalien, phénomène que

---

14   Florian Mazel, *Cujus dominus, ejus episcopatus?* Pouvoir seigneurial et territoire diocésain (Xᵉ–XIIIᵉ siècle), in: id. (éd.), L'espace du diocèse. Genèse d'un territoire dans l'Occident médiéval (Vᵉ–XIIIᵉ siècle) [Actes de deux journées d'étude, Université de Rennes, le 15 mai 2004 et le 9 avril 2005], Rennes 2008, pp. 213–252.

15   Sur les dix-huit chartes du «Grand Cartulaire de Saint-Victor de Marseille» (Cartulaire de l'abbaye de Saint-Victor de Marseille, éd. Benjamin Guerard, Paris 1857 [désormais CSV]) concernant des biens sis dans le val de Trets, cinq mentionnent explicitement son appartenance au *comitatus Aquensis*. Du reste, aucune ne le situe dans le *comitatus Massiliensis*.

Florian Mazel appelle la «régionalisation».[16] En effet, il n'hésita pas à se rapprocher de Conrad pour légitimer et asseoir son influence au sein d'un pays, le *comitatus Massiliensis*, alors que le pouvoir des comtes se trouvait contesté par la politique rodolphienne. Mais par la suite, une fois sa position bien établie, il n'eut aucun remord à revenir vers le comte de Provence – s'il s'en était réellement éloigné –, plus ou moins au fait de la vanité de la manœuvre bourguignonne: Conrad ne visita qu'une fois, en 967, la Provence, encore qu'il ne dépassa pas Avignon, et cela resta le seul passage d'un roi bourguignon au sud de la Durance,[17] alors que l'itinérance et la présence physique du roi auprès des élites de son royaume étaient au cœur de la pratique du pouvoir des Rodolphiens.[18] En revanche, Arlulf n'avait aucun intérêt à entretenir une rivalité trop vive avec le comte, bien plus proche et menaçant que le souverain en titre.

Aussi est-ce pourquoi, en 965, il apparut à la cour comtale, souscrivant à un acte de restitution de biens situés dans les environs immédiats de Marseille.[19] Son fils Honorat, au nom de l'abbaye de Saint-Victor dont il avait la garde, était venu revendiquer les terres en question qui étaient visiblement intégrées au fisc comtal. Arlulf figure alors parmi les «nobles hommes d'Arles, juges et princes» qui assistent le comte dans sa décision. De plus, il figure immédiatement après le vicomte en titre (sans précision de juridiction), Pons – que Jean-Pierre Poly a identifié avec Pons l'Ancien de Fos –, dans la liste des présents et à nouveau dans la souscription. Si l'on doit bien reconnaître que sa présence a beaucoup à voir avec l'action que menait son fils, l'évêque, il n'était pas nécessaire de l'inclure dans les «nobles hommes d'Arles». De fait, cela rend compte, s'il en était besoin, d'un apaisement des tensions entre le comte et l'ancien allié de Conrad, qui venait immédiatement après les agents comtaux, les juges et le vicomte dans les listes suscitées. On peut toutefois nuancer cette opposition entre Arlulf et le comte dans la mesure où il apparaît que ses successeurs (Guillaume et Pons) possédaient

---

16   Mazel, La Provence entre deux horizons, op. cit., pp. 453–485.
17   Ibid., p. 477.
18   Ripart, Le premier âge féodal, op. cit., p. 232.
19   CSV, op. cit., n° 29.

terres et maisons en Arles:[20] ces biens ne relevaient pas de l'honneur vicomtal et l'on peut supposer qu'ils purent être donnés à Arlulf lui-même par le comte. Actualisant la tradition bourguignonne, le comte avait besoin de conserver l'aristocratie, favorable ou non à sa personne, au plus près de lui et donc chasait les grands dans sa capitale pour qu'ils soient régulièrement présents à sa cour et participent à ses arbitrages.

S'il faut bien identifier le vicomte Pons de l'acte de 965 avec Pons l'Ancien de Fos, l'événement était alors loin d'être anodin: les Fos et les Marseille entretinrent une longue inimitié durant tout le XIᵉ siècle, et systématiquement, les comtes étaient les alliés des seconds. Par exemple, à la suite de la victoire du Freinet contre les Sarrasins, les Fos contestèrent l'attribution du *comitatus Tolonensis* (Toulon, département du Var) et de larges portions de celui de Fréjus aux Marseille et le comte maintint son choix en faveur de ces derniers; par deux fois, dans la première moitié du XIᵉ siècle, les comtes firent appel aux Marseille et aux Baux pour reprendre aux Fos le *castrum* du même nom.[21] Il est alors nécessaire de rappeler que les possessions des Fos, réparties autour de l'étang de Berre, à une centaine de kilomètres au nord-est de Marseille, en faisaient des concurrents directs d'Arlulf et des siens dans la lutte pour le contrôle du *comitatus Massiliensis*. On comprend que les relations de Pons l'Ancien avec Arlulf n'aient guère été cordiales. On peut même se demander si le comte Boson n'avait pas quelque arrière-pensée en acceptant un rapprochement avec Arlulf: Fos et ses alentours relevaient du fisc comtal et du diocèse d'Arles. Naturellement, il eut été bien plus dangereux pour le pouvoir comtal de voir les Fos étendre leur pouvoir sur le pays marseillais. À la tête du *comitatus Massiliensis*, Arlulf était moins gênant: il restait les Fos pour servir de tampon, ce qu'ils ne manqueraient pas de faire. Finalement, Arlulf et Boson trouvaient leur compte à se rapprocher.

À défaut de pouvoir avancer qu'Arlulf mena une politique parfaitement consciente de tous ces éléments, il est intéressant de noter la cohérence de ses actions. Elles ont pour dénominateur commun la volonté de légitimer son influence, de lui donner la sanction des autorités supérieures, et par là de la couler dans le modèle carolingien du pouvoir et de son exercice. On peut

---

20   Voir CSV, op. cit., nᵒ 155 ou nᵒ 204 par exemple.
21   Mazel, La noblesse et l'Église en Provence, op. cit., pp. 43–45.

légitimement avancer que la concession fiscale de Conrad devait s'apparenter à un fief de reprise: Arlulf détenait déjà l'ensemble des droits que lui remit le roi. Mais il lui manquait l'essentiel selon la perception de l'époque: l'autorité d'une délégation en bonne et due forme. Conrad condescendit à la lui accorder, rappelant ainsi qu'il était bien à l'origine de tout pouvoir fiscal en Provence, et il ne manqua pas de le souligner dans l'acte de 950. Quinze ans plus tard, comme le roi de Bourgogne ne semblait pas devoir réussir à reprendre en main la Provence, il était tout à fait naturel que l'on se tournât vers le comte. Ce dernier avait, dans les faits, la haute main sur le fisc et tenait encore fermement ce qu'il en restait du côté de Marseille – comme le prouve la démarche d'Honorat. De plus, il s'inscrivait, autant par le titre que par le sang ou l'onomastique, dans la droite ligne de Louis l'Aveugle et de Hugues d'Arles (d'ailleurs, si l'on appelle «bosonide» la lignée issue de Boson, roi de Mantaille, on fait de même avec la première lignée comtale de Provence, issue du Boson qui nous occupe). Le contexte changeant, Arlulf s'y adapte, mais pour autant, ses buts restent les mêmes: asseoir son pouvoir et celui de sa lignée en lui donnant les formes imposées par le modèle carolingien, incarné en Provence par Conrad et de plus en plus par le comte Boson. Force est de reconnaître que l'intelligence politique, consciente de soi ou non, d'Arlulf finit par payer: son fils Guillaume obtint du comte le titre vicomtal et les prérogatives régaliennes sur le *comitatus Massiliensis*. À la différence des précédents vicomtes, relais du pouvoir comtal, que nous avons évoqués, sa titulature renvoyait directement à son ressort, *vicecomes Massilie*, et il jouissait du fisc dans les seules limites de la vicomté marseillaise, pour ce que l'on peut en déduire d'actes postérieurs – notamment la distinction maintenue entre le patrimoine familial (*proprio jure*) et le fisc (*de honore suo*). Ainsi Guillaume jouissait de ce qui avait toujours manqué à son géniteur: le titre qui manifeste son influence réelle sur le *comitatus Massiliensis*, et ce, des mains du comte qui, de son côté, signifie son indépendance en exerçant une prérogative régalienne (disposer des *honores*), coupant symboliquement les ponts avec la royauté bourguignonne.

Il est possible, par ailleurs, que Conrad ne soit pas resté insensible à ce rapprochement: un acte daté de 976 à 978, tiré du cartulaire de l'Église de Grenoble, nous montre le roi de Bourgogne présidant à un rituel d'excommunication qu'il semble bien avoir organisé.[22] La cible de la condamnation est un certain Aicard, dont il n'est malheureusement donné que le nom, mais que l'on soupçonne d'être le troisième fils d'Arlulf. Il aurait accaparé des terres relevant de l'Église de Valence (dédicacée à l'époque à Saint Apollinaire et Saint Cyprien), sans qu'il soit pour autant précisé lesquelles, ni où elles étaient sises. Le texte ne mentionne même pas l'archevêque d'Arles, s'adressant directement aux habitants de la ville, mais l'invite implicitement à donner lecture de la sentence et à déposer l'acte sur l'autel de sa cathédrale. Partie comme elle était, on se doute que la sentence resta lettre morte. C'est d'ailleurs pourquoi elle se retrouva dans le cartulaire de l'évêque de Grenoble. S'il s'agit bien du fils d'Arlulf – et on ne voit pas quel aristocrate provençal était alors assez puissant pour mériter une telle attention de la part du roi de Bourgogne –, on comprend aisément que Conrad ait cherché à lui nuire: sa famille s'était installée dans la fidélité des comtes de Provence et n'entendait pas en sortir, participant même à leur politique d'imitation du modèle royal. Trois ou cinq ans plus tôt, Guillaume, le frère d'Aicard, s'illustrait auprès du comte lors de la reconquête du Freinet et recevait pour ses services un très large ensemble de terres en alleux à Toulon et à Fréjus. En rassemblant l'ost pour mener ce qui fut perçu par ses contemporains comme une guerre sainte – voyez les relations qu'en firent les moines clunisiens[23] – et en partageant ensuite les terres reconquises entre ses fidèles comme si elles relevaient du fisc, le comte Guillaume – encore un homonyme – se faisait bel et bien l'image du roi en Provence et s'affirmait comme un prince indépendant. L'absence aussi bien physique que textuelle de l'archevêque d'Arles vient certainement de cette autonomie croissante que prenait le comté de Provence à l'endroit du pouvoir royal. Après deux archevêques bourguignons, sans doute parachutés par Conrad (Ithier et Anno/Aimon),[24] c'est Pons de Marignane qui occupe le siège arlésien. Par son origine, aussi bien familiale que géographique, il ne pouvait s'agir que d'un fidèle des comtes de Provence, qui à nouveau s'appropriaient la collation des honneurs de leur comté; en sus, il était un parent des Baux, eux-

---

22   Jules Marion, Cartulaires de l'Église cathédrale de Grenoble, dits cartulaires de Saint Hugues, Paris 1869, Carta XXV, pp. 59–61.

23   Mazel, La Provence entre deux horizons, op. cit., p. 479.

24   Ibid., p. 478.

mêmes alliés des Marseille qui n'avaient certainement pas manqué d'approuver cette élection.[25] Dans le contexte de l'époque, aussi bien provençal que bourguignon, cet acte ferait sens, illustrant la difficulté croissante pour un pouvoir lointain de contrôler une principauté où une famille était installée depuis longtemps et qui faisait siennes les prérogatives ordinairement réservées au roi dans la tradition carolingienne.

Formaliser l'informe : l'actualisation du *comitatus Massiliensis* comme espace politique

L'histoire d'Arlulf est donc avant tout celle de la formalisation, de la légitimation d'un pouvoir local jusque-là informel. Il ne fait guère de doute qu'il tenait le domaine fiscal de Trets avant que Conrad ne le lui concède; il devait s'agir d'une ancienne résidence comtale qui servit de base à l'érection de sa *turris*. De même devait-il jouir d'une grande influence au sein du *comitatus Massiliensis*, suffisante en tout cas pour imposer son fils aîné sur le siège épiscopal. Dans les deux cas, la décision revenait au souverain bourguignon, et Arlulf réussit visiblement à apparaître comme un homme digne de son soutien. Toutefois, il ne se compromit pas trop par excès de zèle, puisqu'il ne sembla pas inquiéter outre mesure le comte de Provence. En bref, il sut tirer profit des limites du modèle carolingien qui faisait d'un souverain lointain, incapable d'avoir une influence effective sur place, la source de toute légitimité. Il assurait ainsi sa position au sein du paysage local, puisqu'il obtenait et l'autorité spirituelle par son fils – dont on sait combien elle était importante –, et la reconnaissance de sa domination sur le val de Trets, qu'il pouvait désormais considérer comme son patrimoine et qu'il ne manqua pas de transmettre à ses enfants. C'était détenir les deux composantes essentielles du pouvoir dans la vision du monde carolingien: des prérogatives fiscales d'origine régalienne épaulées par un magistère spirituel. Par-là, on peut se permettre de remarquer qu'il mettait le pied à l'étrier de son fils Guillaume qui reçut l'honneur vicomtal, *i. e.* une délégation entière des pouvoirs comtaux sur le *comitatus Massiliensis*. Il n'est

---

25   Jusqu'à l'élection de l'archevêque Aicard (1069–1105), la collation de la métropole arlésienne était le fruit d'un accord entre le comte et les principales familles aristocratiques provençales, cf. Mazel, La noblesse et l'Église en Provence, op. cit., pp. 69 et 213.

pas anodin de remarquer qu'Arlulf répétait à l'échelle du pays marseillais ce que le comte Boson faisait au niveau de la Provence entière: l'imitation du modèle royal bourguignon (lui-même héritier des Carolingiens). Imitation et non usurpation puisque le scriptorium de l'abbaye Saint-Victor de Marseille, par exemple, continua à dater ses actes du règne des rois rodolphiens jusqu'à l'extinction de la dynastie.

Dans une perspective territoriale, l'action d'Arlulf nous apprend qu'à l'époque considérée, parler de territoire est un non-sens. Le concept de territoire renvoie à trois caractéristiques au moins: un espace borné (quelle que soit la précision des bornes), un centre (qu'il soit physique ou non, ce peut être un homme ou une famille), et un ensemble d'activités humaines qui se déploient à travers le premier depuis le second. On pourrait au mieux parler des territoires d'Arlulf, encore que ce soit particulièrement spécieux dans la mesure où ce dernier n'agissait pas comme s'il en avait: on n'a aucune trace d'agents servant de relais de son autorité pas plus que de celle de son fils, l'évêque. Le pouvoir comme les activités économiques s'exprimaient essentiellement à travers des réseaux, des relations interpersonnelles non territorialisées. C'est ainsi qu'il faut comprendre la concession de 950: Conrad n'avait aucun contrôle sur le fait qu'Arlulf occupât ou non la *curtis* de Trets, bien que celle-ci relevât de son royaume.

En revanche, à travers la double légitimation de son pouvoir, il l'enracinait dans le paysage marseillais et donnait le coup d'envoi d'un processus qui n'aboutira que bien plus tard, et que seul l'historien peut percevoir. Par la reconnaissance de la nature fiscale de sa domination sur le val de Trets, il pérennisait sa position et la sortait de la nuit noire où tous les pouvoirs sont noirs. Il n'était plus un simple aristocrate tirant parti de ses alliances, de sa force et de l'état de fait. Il devenait le maître reconnu d'un espace borné, donnait à l'influence qu'il avait su engranger ce soupçon d'abstraction, de formalisme nécessaire pour la prolonger dans le temps. Plus important encore pour notre propos, il avait su faire entrer dans l'orbite familiale un siège épiscopal voisin. Il mettait ainsi le pied dans le plus grand centre urbain de la région, mais aussi la main sur un temporel suffisamment conséquent pour gagner la fidélité de l'aristocratie de la ville et contrôler un grand nombre des fiefs du *comitatus Massiliensis*. La longévité remarquable de son fils Honorat, qui se maintint plus de vingt ans sur le siège marseillais, joua aussi pour beaucoup dans la continuité de la politique familiale. Inconsciemment, par une sorte de ruse de la raison, Arlulf et les siens, en cherchant à s'imposer au sein de l'aristocratie provençale selon un schéma traditionnel, hérité de la réforme carolingienne, allaient donner aux différents honneurs qu'ils avaient su capter (vicomté, épiscopat et abbatiat) les assises nécessaires pour que, plus tard, chacun s'émancipât et se territorialisât.

Pour conclure, le cas d'Arlulf est significatif à l'échelle marseillaise à plusieurs égards. D'abord, pour des raisons archivistiques, il surgit dans l'histoire après un vide documentaire et archéologique de quelques siècles, qui correspond peu ou prou à l'époque carolingienne, et s'insère, grâce au Grand Cartulaire de Saint-Victor de Marseille, dans un ensemble homogène de sources qui s'étend jusqu'aux années 1070. Ensuite, Arlulf sut profiter du contexte historique dans lequel il évoluait, révélant ainsi les contradictions d'une époque révolue – l'ère carolingienne – qui accouchaient d'une nouvelle organisation des pouvoirs où l'élément local était appelé à dominer. C'est justement de son enracinement à une échelle micro-régionale qu'il tirait son pouvoir, et, sachant s'en contenter, il parvint visiblement à le renforcer pour imposer lui-même et son lignage. Enfin, alors que la Provence, et en particulier la région marseillaise, était en voie de pacification, il pavait le chemin pour l'installation d'un pouvoir unique à l'échelle d'une cité (ou d'un comté). Comme le montre l'exemple de Nîmes à la même époque, où par la captation de l'épiscopat, une lignée seigneuriale patrimonialisa à son profit la délégation du pouvoir comtal dans la cité[26] – et par là lui donna une première incarnation territoriale –, Arlulf, en obtenant l'épiscopat marseillais et la légitimation de son influence sur une partie stratégique de la cité, permettait à ses fils de mettre en place leur direction familiale sur l'ensemble des pouvoirs qui pouvaient s'y exercer. C'est donc bien le point de départ qui remet Marseille au centre de son *comitatus* en réactivant ce dernier.

Pierre Vey, École Nationale des Chartes, 65, rue de Richelieu, F – 75002 Paris, pierrehvey@gmail.com

---

26   Laurent Schneider, Cité, *castrum* et «pays»: espace et territoires en Gaule méditerranéenne durant le haut Moyen Âge. L'exemple de la cité de Nîmes et du *pagus* de Maguelone (V^e–XIe siècle), in: Patrice Cressier (éd.), Le château et la ville. Espaces et réseaux (V^e–XIIIe siècle), Madrid 2008 (Castrum 8. Collection de la casa de Velázquez 108. Collection de l'École française de Rome 105/8), pp. 46–49.

Kirche, Mächte und Grundherrschaften in der Provence des 10. und 11. Jahrhunderts[1]

Florian Mazel

Kurzer Überblick über den Forschungsstand

Drei Bemerkungen zu den Forschungen, die in den letzten drei Jahrzehnten zur Provence des 10. und 11. Jahrhunderts angestellt wurden:

1. Sieht man von den italienischen Studien von Sergi[2] und Castelnuovo[3] sowie von der deutschen Veröffentlichung von Winzer[4] und den amerikanischen Publikationen von Geary, Rosenwein und Remensnyder ab,[5] so

---

[1]   Die folgende Ausführung bietet eine Synthese bereits andernorts veröffentlichter Studien. Sie geht auf einen Vortrag zurück, der am 7. Dezember 2012 unter dem Titel «Église, pouvoirs et seigneurie en Provence aux Xᵉ–XIᵉ siècles» beim Deutsch-französischen Forschungsatelier «Junge Mediävistik I» an der Albert-Ludwigs-Universität (Freiburg i. Br.) gehalten wurde. Der Text wurde von Jessika Nowak und Marie-Thérèse Schauwecker ins Deutsche übertragen.

[2]   Giuseppe Sergi, Istituzioni politiche e società nel regno di Borgogna, in: Il secolo di ferro. Mito e realtà del secolo X [19–25 aprile 1990], Spoleto 1991 (Settimane di studio del Centro Italiano di studi sull'Alto Medioevo 38), S. 205–236.

[3]   Guido Castelnuovo, La Burgondie carolingienne et rodolphienne. Prémices et développement d'un royaume, in: Pierrette Paravy (Hg.), Des Burgondes au royaume de Bourgogne (Vᵉ–Xᵉ siècle). Espace politique et civilisation [Journées d'étude des 26–27 octobre 2001], Grenoble 2002, S. 183–210; ders., Les élites des royaumes de Bourgogne (milieu IXᵉ–milieu Xᵉ siècle), in: Régine Le Jan (Hg.), La royauté et les élites dans l'Europe carolingienne (du début du IXᵉ siècle aux environs de 920), Villeneuve d'Ascq 1998 (Collection Histoire et littérature régionales 17), S. 383–408.

[4]   Ulrich Winzer, S. Gilles. Studien zum Rechtsstatus und Beziehungsnetz einer Abtei im Spiegel ihrer Memorialüberlieferung. Bestandteil des Quellenwerkes *Societas et Fraternitas*, München 1988 (Münstersche Mittelalter-Schriften 59).

[5]   Patrick J. Geary, Aristocracy in Provence. The Rhône Basin at the Dawn of the Carolingian Age, Stuttgart 1985 (Monographien zur Geschichte des Mittelalters 31); ders., La mémoire et l'oubli à la fin du premier millénaire, Paris 1996; Barbara Rosenwein, Le domaine clunisien en Provence (909–1049), in: Guy Barruol, Barbara Rosenwein [u. a.] (Hg.), Saint Maïeul, Cluny et la Provence. Expansion d'une abbaye à l'aube du Moyen

handelt es sich ausschliesslich um französische Forschungen. Folgerichtig dominieren Fragestellungen, die für französische Historiker relevant sind.

2. Verglichen mit den meisten anderen französischen Regionen und angesichts einer dort dürftigen Quellenlage sind die Forschungen zur Provence sehr facettenreich und umfassend. Das Standardwerk ist nach wie vor die Studie von Jean-Pierre Poly aus dem Jahre 1976,[6] welche die älteren Publikationen von René Poupardin[7] und von Georges de Manteyer[8] weitgehend abgelöst und alle nachfolgenden Publikationen, insbesondere die von Martin Aurell aus den Jahren 1986 und 1991,[9] entscheidend beeinflusst hat. Zu erwähnen sind zudem die rechtsgeschichtlichen Untersuchungen von Giordanengo,[10] die archäologischen Studien von Fixot, Codou, Bouiron und Mouton sowie die Arbeiten von Zerner, Mazel, Lauwers und Magnani Soares-Christen im Bereich der Sozial- und Kirchengeschichte.

3. Die Provence gilt als eine der Modellregionen für das Paradigma der *mutation de l'an mil*; dies ist nicht nur auf die Dissertation von Jean-Pierre Poly zurückzuführen, sondern auch auf dessen grosses, eine Synthese leis-

---

Âge, Mane 1994 (Les Alpes de Lumière 115), S. 15–31; Amy G. Remensnyder, Remembering Kings Past. Monastic Foundation Legends in Medieval Southern France, Ithaca [u. a.] 1995.

6   Jean-Pierre Poly, La Provence et la société féodale, 879–1166. Contribution à l'étude des structures dites féodales dans le Midi, Paris 1976.

7   René Poupardin, Le royaume de Provence sous les Carolingiens (855–933?), Paris 1901 (Bibliothèque de l'École des hautes études. Sciences historiques et philologiques 131); ders., Le royaume de Bourgogne (888–1032). Étude sur les origines du royaume d'Arles, Paris 1907 [ND Genf 1974] (Bibliothèque de l'École des hautes études. Sciences historiques et philologiques 163).

8   Georges de Manteyer, La Provence du Ier au XIIe siècle, Paris 1905.

9   Martin Aurell, Une famille de la noblesse provençale au Moyen Âge. Les Porcelet, Avignon 1986; ders., Le comte, l'aristocratie et les villes en Provence (972–1018), in: Xavier Barral Altet [u. a.] (Hg.), La Catalogne et la France méridionale autour de l'an mil, Barcelona 1991, S. 150–159.

10   Gérard Giordanengo, Le droit féodal dans les pays de droit écrit. L'exemple de la Provence et du Dauphiné, XIIe–début XIVe siècle, Rom 1988 (Bibliothèque des Écoles françaises d'Athènes et de Rome 266).

tendes Werk mit dem Titel *La mutation féodale, X^e–XIIe siècle*.[11] Seit dem Ende der 1990er Jahre wurde die Provence ebenfalls zu dem Gebiet, für das dieses Modell wieder in Frage gestellt wurde; dies geschah vor allem durch meine Dissertation und mehrere sich daran anschliessende Studien.

I. Das Aufkommen eines Fürstentums

1. Das allmähliche Abrücken vom Königtum[12]

Ab der Mitte des 10. Jahrhunderts, seit dem Zeitpunkt, zu dem die Provence ein Teil des rudolfingischen Königreichs wurde, etablierte sich vor Ort eine einzige gräfliche Gewalt, und eine neue Familie hatte sie inne, die über die Gesamtheit der provenzalischen *pagi* und Grafschaften (die hier den *civitates*/Diözesen entsprachen) herrschte.

Die erste gesicherte Erwähnung des ersten Mitgliedes dieser neuen Grafenfamilie, das den Namen Boso trug, findet sich in einer Urkunde von 954; es handelt sich sicherlich um die gleiche Person, die schon im Jahre 946 bei Liutprand Erwähnung fand, und es steht anzunehmen, dass dieser Boso bereits seit den 930er Jahren – seit dem Weggang von Hugo von Arles und dessen Bruder (der gleichfalls Boso hiess) sowie von dessen Neffen (Manasses, dem Erzbischof von Arles) – das Grafenamt ausübte. Seit 965/966 wurde dieser neue Graf als «Graf von Arles» bezeichnet. Spätestens seit 958 wurde er von

---

11   Jean-Pierre Poly, Éric Bournazel, La Mutation féodale, X^e–XIIe siècles, Paris 1980 [^{3}2004] (Nouvelle Clio 16).

12   Castelnuovo, Lés élites, op. cit.; Florian Mazel, Les comtes, les grands et l'Église en Provence autour de l'an mil, in: Christian Guilleré, Jean-Michel Poisson [u. a.] (Hg.), Le royaume de Bourgogne autour de l'an Mil [Actes du colloque de Lyon, 15–16 mai 2003], Chambéry 2008, S. 175–206; ders., La Provence entre deux horizons (843–1032). Réflexion sur un processus de régionalisation, in: Michèle Gaillard, Michel Margue [u. a.] (Hg.), De la mer du Nord à la Méditerranée. Francia Media, une région au cœur de l'Europe (c. 840–c. 1050) [Actes du colloque de Metz, Luxembourg, Trêves, 8–11 février 2006], Luxembourg 2011 (Publications du CLUDEM 25), S. 457–489; Isabelle Cartron, Les pérégrinations de saint Philibert. Genèse d'un réseau monastique dans la société carolingienne, Rennes 2009.

der königlichen Seite anerkannt (Ausstellung eines Diploms durch Konrad «auf Bitten des Grafen Boso»; eine weitere Urkunde folgte 964 oder 966).

Die Erblichkeit des gräflichen *honor* wurde in den 960er Jahren zugestanden: In der Provence finden wir dementsprechend die erste gräfliche Dynastie aus dem einstigen bosonidischen Königreich. In dieser wurde der Grafentitel zunächst von sämtlichen Brüdern, dann von sämtlichen Vettern getragen und konnte sogar über die weibliche Linie an manche Schwäger weitergegeben werden (so auch an den Grafen von Toulouse zu Beginn des 11. Jahrhunderts). Die gräflichen Vorrechte wurden im Rahmen der Gesamthandgemeinschaft ausgeübt, deren genaue Konturen wir nicht kennen, aber man trifft derlei häufig im südlichen Teil des westfränkischen Reiches an.

Die neue Dynastie war sich ihrer Legitimität so sicher, dass sie die Titulatur *gratia Dei comes*, die schon seit 962 bezeugt ist, wählte; die Legitimität wurde durch die Vertreibung der Sarazenen aus Freinet im Jahre 972, an deren Spitze der Sohn Bosos, Wilhelm, zusammen mit dem Markgrafen von Turin gestanden hatte, bestärkt. Auf diesen Sieg geht sicherlich die Annahme des Markgrafentitels zurück, der im Jahre 979 erstmals bezeugt ist, jedoch in den königlichen Diplomen nie wieder aufgegriffen wurde. Es handelt sich hierbei um eine «fürstliche» Titulatur, die viel bedeutender ist als die gräfliche, die vielleicht auf eine Nachahmung der Ardinuiden hindeutet und die schliesslich die tatsächliche Autonomie der neuen Herren über die Provence widerspiegelt. Der Sieg erklärt wohl auch die Annahme des *nomen* «Wilhelm» als Leitname zu Lasten der einstigen Namen «Boso» und «Rotbald».[13] Die Etablierung der neuen gräflichen Dynastie ging mit einer Abnahme des königlichen Einflusses einher; die wesentlichen Anzeichen für diesen Schwund seien im Folgenden angeführt:

– die physische Absenz des Königs in der Region (die einzige bezeugte Reise des Königs ist diejenige, die Konrad im Jahre 967 nach Arles führte);
– der Verlust des königlichen Einflusses auf die Bischöfe seit den 960er Jahren (die letzten königlichen Interventionen betrafen im Jahre 954 die wahrscheinliche Ernennung Honorats zum Bischof von Marseille, die des

---

13   Florian Mazel, Noms propres, dévolution du nom et dévolution du pouvoir dans l'aristocratie provençale (milieu X^e–fin XIIe siècle), in: Provence historique 53 (2003), S. 131–174.

Bischofs Pons in Orange um 963/964 sowie die Ausstellung einer Urkunde zugunsten des Bischofs von Sisteron im Jahre 967); die einzige Ausnahme bildete der Erzbischof von Arles; dieser konnte sich dem königlichen Zugriff zunächst noch nicht entziehen; dies gelang erst mit dem Pontifikatsbeginn von Pons im Jahre 1003 oder 1005;

– das Fehlen von direkten Vasallen unter den Grossen; die einzige erwähnenswerte Ausnahme ist Arlulf, der im Jahre 950 Nutzniesser des Fiskus von Trets war und zudem der Vater des Bischofs Honorat von Marseille und Stammvater der zukünftigen *vicecomites* von Marseille. Wir verfügen über keinerlei Spuren, die auf weitere königliche Konzessionen von *fisci* oder von Benefizien an lokale Grosse hinweisen würden. Die Besitzungen der Grossen waren entweder erbt oder von den Grafen vergeben worden, welche die Mediatisierung vollständig übernommen hatten und denen es sogar gelungen war, sich der Treue der Nachkommen Arlulfs zu versichern, denen sie in den 970er und 980er Jahren die *fisci* von Marseille und Fréjus zugestanden hatten (ein gelungener Mediatisierungsprozess von einstigen *fideles regis*);[14]

– das Aufkommen einer regionalen Urkundentradition, die sich von in Vienne üblichen Gepflogenheiten unterschied und in welcher der rudolfingische Herrscher, der als *rex Alamannorum* bezeichnet wurde, auf seine *germanité* verwiesen wurde.

2. Der Raum eines Fürstentums[15]

Die Provence erscheint immer deutlicher als eine singuläre räumlich-politische Einheit, die dem Herrschaftsbereich der neuen gräflichen Familie entspricht. Seit 972 fand der Titel «Graf der Provence» Verwendung (ein Grafentitel ohne eine Gebietsangabe und der Titel «Graf von Arles» finden sich

14   Ders., La noblesse et l'Église en Provence, fin Xe–début XIVe siècle. L'exemple des familles d'Agoult-Simiane, de Baux et de Marseille, Paris 2002 (Comité des Travaux Historiques et Scientifiques. Histoire 4).

15   Ders., Les comtes, op. cit.; ders., La Provence, op. cit.; ders., Pouvoir comtal et territoire. Réflexion sur les partages de l'ancien comté de Provence au XIIe siècle, in: Mélanges de l'École française de Rome. Moyen Âge 123/2 (2011), S. 467–486.

jedoch noch häufiger); seit 982/983 wurde der Graf auch als *princeps totius Provincie* bezeichnet; im Jahre 1059 tauchte erstmals der Ausdruck *comitatus Provincie* auf. Die Grafschaft wurde im Süden durch das Meer begrenzt, im Westen annährend durch die Rhône (wobei die gräfliche Herrschaft den Fluss bei Arles und Avignon überschritt) und im Norden durch die Alpen; die nächsten benachbarten Grafen fanden sich erst in Valence. Es handelte sich um einen neuen «fürstlichen Raum», der aus der Abspaltung der Provence vom Komplex Lyon-Vienne hervorgegangen war, mit dem er noch in dem einstigen karolingischen Königreich Provence und in dem bosonidischen Königreich Ludwigs des Blinden verbunden gewesen war.

Die *civitates* dienten weiterhin der Wahrnehmung und der Verteilung der Macht, dies wird besonders in den Titulaturen der *comites* und *vicecomites* ersichtlich, die vorzugsweise die Namen der *civitates* aufnahmen (Grafen von Arles oder von Avignon; *vicecomites* von Marseille seit dem Beginn des 11. Jahrhunderts; weitere *vicecomites* wurden von den Grafen in den 1040er Jahren eingesetzt). Dies gilt umso mehr, als die *civitates* in der Provence mit der Karte der Bischofssitze deckungsgleich waren (Überlappung von *civitas/pagus/*Bistum), auch wenn die Existenz von einigen wichtigen *castra* hervorgehoben werden muss, die zumeist ein Erbe aus dem frühen und hohen Mittelalter waren (Ugernium/Beaucaire, Fos, Pertuis) und von denen mehrere seit der Mitte des 10. Jahrhunderts in die Hände der grossen aristokratischen Familien (Fos, Trets) oder der Erzbischöfe von Arles gefallen waren (Salon, Istres).[16]

Obgleich das Gebiet in den 940er Jahren in das Königreich Burgund eingegliedert worden war und einige Bindungen zwischen dem König und mehreren bedeutenden, aus den lokalen Eliten stammenden Personen bis in die 990er Jahre aufrechterhalten wurden, stellte die Entstehung der Grafschaft Provence doch einen wahrhaften raumpolitischen Bruch dar, löste sich doch

---

16 Ders., La noblesse, op. cit.; ders., L'Église d'Arles d'Ithier (961–985) à Raimbaud (1030–1069). Fondements et horizons d'une hégémonie archiépiscopale, in: Simone Balossino, Gian Battista Garbarino (Hg.), L'organizzazione ecclesiastica nel tempo di San Guido. Istituzioni e territorio nel secolo XI [Atti del convegno, Acqui Terme, 17–18 settembre 2004], Acqui Terme 2007 (Storia arte territorio 4), S. 105–138; ders., Du modèle comtal à la «châtelainisation». Les vicomtes provençaux aux Xe–XIIIe siècles, in: Hélène Debax (Hg.), Vicomtes et vicomtés dans l'Occident médiéval, Toulouse 2008, S. 251–264.

nun eine Formation auf, die seit der Mitte des 9. Jahrhunderts – zunächst innerhalb Lotharingiens, dann innerhalb der diversen, diesem nachfolgenden karolingischen Reiche – mehr oder minder kohärent gewesen war.

Die Konstituierung der Provence als «regionales Fürstentum» (diese Bezeichnung ist der des «territorialen Fürstentums», die Jan Dhondt geprägt hat, vorzuziehen, weil es sich im Wesentlichen um eine Änderung des Massstabs handelt und nicht um das Entstehen eines neuen territorialen Verhältnisses zum Raum) ging mit einer «Meridionalisierung» einher; von dieser zeugen beispielsweise die Ausbildung eines breiten Spektrums von Heiratsstrategien und die Hinwendung der Grafen zu den Klöstern (sie gaben von nun an dem Süden des westfränkischen Reiches, bis nach Katalonien, gegenüber der einstigen *Francia media* den Vorzug).

3. Die Merkmale einer fürstlichen Herrschaft[17]

Wenn auch die Machtstellung der Grafen der Provence neu war, so knüpften diese doch an einige lokale aristokratische Traditionen und an ein karolingisches Erbe *lato sensu* an. Zahlreiche Indizien zeugen von den Verbindungen, die zwischen dem neuen gräflichen Geschlecht und den Familien gräflichen Ranges aus dem östlichen Septimanien des ausgehenden 9. Jahrhunderts existierten, sowie von den Banden, die zu den einstigen bosonidischen Herren im südöstlichen Gallien bestanden (angefangen bei der Unterstützung der Grafen für die Abtei Saint-Pierre in Montmajour, die durch einstige Getreue und Verwandte der Bosoniden gegründet worden war und die nun, in der ersten Hälfte des 11. Jahrhunderts, zu ihrer Grablege und zum Ort der dynastischen Memoria wurde).

Die Herrschaft der Grafen erscheint zunächst fragil und begrenzt, insbesondere weil sich die Grafen, um sich vor Ort durchsetzen zu können, auf die Erzbischöfe von Arles und auf die lokalen Grossen stützen mussten und die-

---

17   Ders., Les comtes, op. cit.; ders., Die lehnsrechtlichen Bindungen in der Provence des 12. Jahrhunderts im Spiegel der Urkunden, in: Jürgen Dendorfer, Roman Deutinger (Hg.), Das Lehnswesen im Hochmittelalter. Forschungskonstrukte – Quellenbefunde – Deutungsrelevanz, Ostfildern 2010 (Mittelalter-Forschungen 34), S. 255–280; ders., La Provence, op. cit.

sen eine gewisse Anzahl an Gunsterweisen und Privilegien zuzugestehen hatten. Das prägnanteste Indiz für die Schwäche der Grafen ist die Wiederausgabe eines grossen Teils des Fiskus. Das gräfliche Haus behielt in der Tat nur einen Teil der *fisci* von Arles, die *fisci* von Avignon/Venasque und diejenigen der mittleren Durance (von Pertuis nach Forcalquier). Es übertrug jedoch den gesamten Marseillaiser Fiskus, mit dem Titel des *vicecomes*, an die Nachkommen von Arlulf (die Konzession erfolgte vor 977, die erbliche Übertragung ist seit 1004 bezeugt) und es überliess zudem zahlreiche *fisci* im Bereich von Arles dem Erzbischof und den weltlichen *fideles* (den *Vieux bourg* von Arles den Porcelet, den Fiskus von Fos den Herren von Fos, Istres den Herren von Baux...). Diese Wiederausgabe der Güter und der fiskalen Vorrechte existierte bereits seit geraumer Zeit (schon seit den 950er/970er Jahren) und wurde (ohne eine erhebliche Verschlechterung in den 1020er/1030er Jahren) fortgesetzt. Die Grafen verfügten im Übrigen weder im Norden noch im Osten über Grundbesitz (weder fiskaler noch allodialer Natur) und sie stimmten nach der Vertreibung der Sarazenen aus Freinet und der Rückeroberung der östlichen Gebiete (nach 972) zahlreichen neuen Konzessionen zu. Bis auf diejenigen, die den *vicecomites* von Marseille zugestanden wurden, lassen sich diese Konzessionen jedoch nicht in den formellen Rahmen des Feudalsystems einordnen: es gab nur sehr wenige Benefizien in der Provence, und das Vermögen der Grossen bestand überwiegend aus Allod und Grund *ad medium plantum*.[18]

Anders als Poly 1976 ausgeführt hat,[19] lässt sich keine Treuekrise der Grossen gegenüber den Grafen feststellen. Die Grossen waren regelmässig (zwei Mal jährlich) bei den gräflichen Versammlungen anwesend. Zwischen 1018 und 1021 und zwischen 1033 und 1038 gab es keine allgemeine grossflächige gegen die Grafen gerichtete Revolte (die *guerres des Fos*, die Poly so herausgestellt hat), vielmehr handelte es sich um den begrenzten Aufstand einer Familie (der Fos, die mit den Castellane und vielleicht mit den Nice-Orange verbündet waren), der im weltlichen Kontext des Ringens um den Zugang zu den Reichtümern im Umkreis des Teichs von Berre zu verorten ist (Salinen, Fischgründe, Zölle, fruchtbare Böden). Dieser Zwist zeitigte jedoch

---

18   Ders., La noblesse, op. cit.; ders., Die lehnsrechtlichen Bindungen, op. cit.
19   Poly, La Provence, op. cit.

keine bedeutenden Folgen (es wurde weder eine Familie ausgelöscht, noch erfolgte eine Konfiskation der Güter, und auch die Grafen wurden in ihrer Machtstellung nicht geschwächt). Die Treue der Grossen schien sich dennoch in Grenzen zu halten: Das Treueverhältnis war nicht vasallitisch, sondern politisch bestimmt und fand hauptsächlich in negativen Wendungen seinen Ausdruck (eine Sicherheit für Leib und Leben).[20] Die gräfliche Anwesenheit war vor allem in der Niederprovence spürbar, wo sich die Residenzstätten und die Itinerare der Grafen konzentrierten. So ist beispielsweise für die Gegend von Apt nach 991 kein Durchzug eines Grafen mehr bezeugt.[21]

4. Kein schnelles und plötzliches Aufkommen einer neuen Bann- oder Burgherrschaft

Es vollzog sich keine *révolution castrale*, in dem Sinne, dass die Zahl der Burgen rasch angestiegen wäre und zu Beginn des 11. Jahrhunderts eine vollständige Neuorganisation der Herrschaftsstrukturen nach sich gezogen hätte. Es gab sie in erster Linie deshalb nicht, weil das Aufkommen von Burgen ein langwieriges Phänomen war, das sich nicht auf die Jahrtausendwende und die ersten Jahrzehnte des 11. Jahrhunderts beschränkte.[22] Man muss sich die Frühzeitigkeit der ersten Erwähnungen der *castra* in den schriftlichen Quellen vor Augen führen (diese finden sich schon in den 960er bis 980er Jahren, kurz nach den ersten Nennungen im benachbarten Septimanien und lange vor denen im restlichen Königreich Burgund); zudem hat man sich zu vergegenwärtigen, dass sich seit dem 10. Jahrhundert zahlreiche *castra* der gräflichen Kontrolle entziehen konnten. Das gesamte 11. und 12. Jahrhundert über und auch zu Beginn des 13. Jahrhunderts wurden neue Burgen errichtet, je nach Region in einer sehr unterschiedlichen Dichte und zu verschiedenen Zeitpunkten (sehr stark seit dem 11. Jahrhundert in der Gegend um Apt,

---

20   Noël Coulet, Autour d'un serment des vicomtes de Marseille. La ville d'Aix au milieu du XIe siècle, in: Annales du Midi 91 (1979), S. 315–330; Mazel, Die lehnsrechtlichen Bindungen, op. cit.

21   Ders., La noblesse, op. cit.; ders., Die lehnsrechtlichen Bindungen, op. cit.

22   Daniel Mouton, L'édification des mottes castrales en Provence. Un phénomène durable. X^e–XIIIe siècle, in: Château-Gaillard 16 (1994), S. 309–320.

im 12. Jahrhundert lediglich im Massif de la Sainte-Baume und im 13. Jahrhundert in der Gegend von Aigues). Die *révolution anthroponymique* (insbesondere das Erscheinen der *castralen cognomina*), die das System der Namensgebung der adligen Familien transformierte, vollzog sich überdies erst gegen Ende des 11. und zu Beginn des 12. Jahrhunderts.[23] Überdies gilt es zu bedenken, dass – auch wenn gewisse Burganlagen frühzeitig auf das Modell des Turms einer Motte und auf einen Prozess der vertikalen Bauweise verweisen (zuletzt Niozelles[24]), der sich mit der Zeit durchsetzen sollte – viele dieser Anlagen nur kurzzeitig besetzt waren und ihr Einfluss auf das politische und demographische Umfeld lange Zeit mässig blieb. Sie führten weder zu einer Umgruppierung der Population noch zu einer Neuzusammensetzung der Bevölkerung.

Vor dem 12. Jahrhundert war der ländliche Lebensraum im Wesentlichen weit gestreut, und die Kirchen konkurrierten weiterhin mit den Burgen als wichtige Versammlungsorte der Menschen.[25]

Auch gab es keine *révolution seigneuriale*. Über die grundherrschaftlichen Abgaben ist wenig bekannt, aber sie scheinen kaum gestiegen zu sein; die «ungerechten» Vorrechte und die *mauvaises coutumes* (die nicht vor den Versammlungen der Gottesfriedensbewegung in den 1040er Jahren erwähnt wurden) verweisen nicht auf das Aufkommen neuer Abgaben, sondern vielmehr auf die Neudefinition der grundherrschaftlichen Normen durch die reformerischen Strömungen der Kirche (insbesondere der Mönche von Montmajour und von Saint-Victor in Marseille). Diese lehnten gewisse gewohnheitsrechtliche Abgaben ab, welche die weltlichen Grossen (und manche Bischöfe) von den Menschen oder den Ländereien der kirchlichen (insbesondere der klösterlichen) Grundherrschaften erhoben. Dies wird durch eine Analyse der polemischen hagiographischen Texte, die nach den 1060er Jahren verfasst wurden,

---

23 Mazel, Noms propres, op. cit.

24 Daniel Mouton, Mottes castrales en Provence. Les origines de la fortification privée en Provence, Paris 2008 (Documents d'archéologie française 102).

25 Yann Codou, L'habitat au Moyen Âge. Le cas de la vallée d'Apt, in: Provence historique 38 (1988), S. 149–163; ders., Le paysage religieux et l'habitat rural en Provence de l'Antiquité tardive au XIIᵉ siècle, in: Archéologie du Midi médiéval 21 (2003), S. 33–69; Marie-Pierre Estienne, Châteaux, villages, terroirs en Baronnies, Xᵉ–XVᵉ siècle, Aix-en-Provence 2004.

bestätigt, vor allem der *Vita des Isarn*, der von 1020 bis 1047 Abt von Saint-Victor in Marseille war.[26]

II. Die Kirche im Herzen der Grundherrschaft[27]

1. Die Herrschaft grosser Familien durch die Kontrolle des *episcopatus*[28]

Die etwa zwanzig grossen Familien, welche die regionale Aristokratie dominierten, weisen ähnliche Merkmale auf:[29]

---

26   Mazel, La noblesse, op. cit.; ders., Amitié et rupture de l'amitié. Moines et grands laïcs provençaux au temps de la crise grégorienne (milieu XIe–milieu XIIe siècle), in: Revue historique 307 (2005), S. 53–95 (http://www.cairn.info/revue-historique-2005–1-page-53.htm); ders., Encore les «mauvaises coutumes»… Considérations sur l'Église et la seigneurie à partir de quelques actes des cartulaires de Saint-Victor de Marseille, in: Laurent Feller (Hg.), Écriture de l'espace social. Mélanges d'histoire médiévale offerts à Monique Bourin, Paris 2010 (Publications de la Sorbonne. Série Histoire ancienne et médiévale), S. 613–626; Michel Lauwers, Mémoires des origines et idéologies monastiques. Saint-Pierre-des-Fossés et Saint-Victor de Marseille au XIe siècle, in: Mélanges de l'École française de Rome. Moyen Âge 115 (2003), S. 155–180; ders., Cassien, le bienheureux Isarn et l'abbé Bernard. Un moment charnière dans l'édification de l'église monastique provençale (1060–1080), in: Michel Fixot, Jean-Pierre Pelletier (Hg.), Saint Victor de Marseille. Études archéologiques et historiques [Actes du colloque Saint-Victor, Marseille, 18–20 novembre 2004], Turnhout 2009 (Bibliothèque de l'Antiquité tardive 13), S. 213–238.

27   Mazel, La noblesse, op. cit.; ders., Pouvoir aristocratique et Église aux Xe–XIe siècles. Retour sur la «révolution féodale» dans l'œuvre de Georges Duby, in: Médiévales 54 (2008), S. 137–152.

28   Ders., Réforme de l'Église et domination urbaine. Aux origines de l'hégémonie des Agoult-Simiane en pays d'Apt (XIe–XIIe siècle), in: Patrick Boucheron, Jacques Chiffoleau (Hg.), Religion et société urbaine au Moyen Âge. Études offertes à Jean-Louis Biget par ses anciens élèves, Paris 2000 (Publications de la Sorbonne. Série Histoire ancienne et médiévale 60), S. 43–68; ders., La noblesse, op. cit.; ders., Les comtes, op. cit.

29   Poly, La Provence, op. cit.; Mazel, La noblesse, op. cit.; Eliana Magnani Soares-Christen, Douaire, dot, héritage. La femme aristocratique et le patrimoine familial en Provence (fin X^e–début du XIIe siècle), in: Provence historique 46 (1996), S. 193–209; dies., Alliances matrimoniales et circulation des biens à travers les chartes provençales (X^e–

– Sie traten als Geschwister oder Vetternschaft in Erscheinung; ihre Güter wurden mal gesamthänderisch verwaltet, mal geteilt, je nach Familie, nach Generation und nach Beschaffenheit des Vermögens (jeder Zuwachs des Vermögens begünstigte dessen Teilung);
– sie knüpften ihre Allianzen unter sich: Es gab einen regelrechten provenzalischen «Heiratsraum», dem sich lediglich die Grafen entzogen (die ihrerseits Allianzen ausserhalb der Provence, im Königreich Burgund oder im Westfrankenreich, schlossen);
– sie erschienen mehr oder weniger regelmässig im gräflichen Umfeld und zogen aus dieser Zugehörigkeit ihre Legitimität, Macht auszuüben;
– sie zeugten allesamt von der einstigen Fusion der «indigenen» (gallorömischen und gotischen) mit den fränkischen Grossen. Die Gepflogenheiten der Namensgebung spiegeln weniger die ethnokulturellen Identitäten wider als vielmehr die familiären Praktiken (das Gedenken an die Vorfahren, die Erinnerung an Allianzen, besonders wenn sie hypergam waren) sowie die politischen, auf regionale kulturelle Traditionen gestützten Praktiken (insbesondere die Vorliebe für die Vergabe lateinischer Namen für Söhne, die für höhere Kirchenämter vorgesehen waren) und auch das «fürstliche Vorbild» (der Erfolg des Namens «Wilhelm» hing wohl mit seinem Status als Leitname im gräflichen Hause zusammen).[30]

Unter diesen Familien waren diejenigen am mächtigsten, die über einen *episcopatus* herrschten, dies gilt ungeachtet dessen, ob es sich nun um die Familien der *vicecomites* handelte (in Marseille, Cavaillon oder Avignon) oder nicht (die Familie Grasse in Antibes, die Moustiers in Riez, die Castellane und die Agoult in Apt, die Fos in Aix und die Nice-Orange in Nizza und Vaison). Diese Situation wurde zweifellos durch die grosse Zahl der provenzalischen Bischofssitze begünstigt. Die Vorherrschaft beruhte vor allem auf der Präsenz eines Mitgliedes der eigenen oder einer verbündeten Familie auf dem Bischofsstuhl. Der eklatanteste Fall – und der kontinuierlichste – ist derjeni-

---

début du XIIᵉ siècle), in: François Bougard, Régine Le Jan (Hg.), Dots et douaires dans le haut Moyen Âge [Actes de la table ronde «Morgengabe, dos, tertia … et les autres …», Lille, Valenciennes, 2–4 mars 2000], Rom 2002 (Collection de l'École française de Rome 295), S. 131–152.
30   Geary, Aristocracy, op. cit.; Mazel, Noms propres, op. cit.; ders., La Provence, op. cit.

ge der Familie der *vicecomites* von Marseille, deren Mitglieder von 954 bis 1073 den Bischofssitz innehatten. Man muss sich vor Augen führen, dass der *episcopatus* den Zugang zur Hegemonie darstellte und nicht deren Folge war: die Kontrolle über den Bischofssitz von Marseille war der Ursprung für die Machtstellung der Familie Arlulfs und für den Erhalt des Titels und das Amt des *vicecomes* in den 970er Jahren. Vor diesem Hintergrund beruhte die Macht oft auf dem System einer zweifachen Co-Herrschaft: ein Sohn (der auch der älteste sein konnte, wie bei den *vicecomites* von Marseille) hatte den Bischofssitz inne, während der andere *vicecomes* war (oder der wichtigste weltliche Magnat der *civitas*). Diese Aufteilung scheint manchmal im Voraus geplant worden zu sein; dies legt zumindest die kohärente Namensgebung der *vicecomites* von Marseille nahe, die immer die lateinischen Namen den Söhnen vorbehielten, die für die Bischofssitze bestimmt waren (erst «Honorat», dann «Pons»), während den Namen «Wilhelm» (der von den Grafen übernommen wurde) der wichtigste *vicecomes* erhielt.[31]

Diejenigen, die für das Bischofsamt vorgesehen waren, wurden auf ihre Aufgabe vorbereitet; diese Kleriker wurden zumeist in den Kathedralkapiteln ausgebildet; an erster Stelle ist hier Arles zu nennen, dem die Rolle einer provenzalischen Kaderschmiede für die provenzalischen Bischöfe zukam.

Der Zugang zum *episcopatus* war dementsprechend der sicherste Weg, um eine lokale Hegemonie zum Nachteil der anderen adligen Gruppen zu errichten, wie es das Beispiel der Agoult-Simiane zeigt, die im Laufe des 11. Jahrhunderts in der Gegend von Apt die Familie Castellane und die Lacoste dadurch ins Abseits drängten, dass sie die Kontrolle über den Bischofssitz von Apt erlangten. Die Kontrolle über das Bistum gab den Horizont einer Herrschaft (eines *pagus*) vor und sie ermöglichte einen leichteren Zugang zu Kirchengütern (durch Konzessionen von Prekarien und Verpachtungen *ad medium plantum*, seltener auch durch Benefizien oder die Aufsicht über eine Burg).[32] In diesem Kontext stellt der Erzbischofssitz Arles

---

31   Ders., La noblesse, op. cit.; ders., Noms propres, op. cit.; ders., Du modèle, op. cit.; ders., De l'emprise aristocratique à l'indépendance monastique. Patrimoine et culte des saints à Saint-Victor de Marseille (X^e–XIe siècle), in: Fixot, Pelletier (Hg.), Saint Victor de Marseille, op. cit., S. 255–282.

32   Ders., Réforme de l'Église, op. cit.; ders., La noblesse, op. cit.

einen Sonderfall dar. Seit dem 11. Jahrhundert erschien Arles als Kapitale der Region. Arles blieb die bevorzugte Residenzstätte der Grafen. Seit dem Anfang des 10. Jahrhunderts profitierte sein Erzbischof von einer starken Erweiterung seiner Funktion als Metropolit, die auf Kosten des Sitzes Aix erfolgte; durch die Investitur und das Ablegen eines Eides übte er einen tatsächlichen Einfluss auf nahezu alle provenzalischen Bischöfe aus, mit Ausnahme der Bischöfe von Marseille und Toulon, die sich im Einflussbereich der *vicecomites* von Marseille befanden, sowie auch der Bischöfe von Nizza und Embrun, die über sehr weit entfernt liegende Sitze verfügten. Wie bereits gezeigt wurde, bestanden bis zum Ende des 10. Jahrhunderts sehr enge Verbindungen zwischen den Erzbischöfen und den Königen von Burgund; später lockerten sich diese zugunsten der Grafen. Letztere hatten dennoch keinen direkten Zugriff auf den Erzbischofssitz, der abwechselnd den Mitgliedern der grossen adeligen Familien zufiel. Dank ihrer Macht, die sie aus dem Besitz der meisten der arlesianischen *fisci* und aus den Besitzungen der Abtei zogen, die der erzbischöflichen Mensa eingegliedert worden waren, bildeten die Erzbischöfe innerhalb der Aristokratie eigene vasallitische Bande aus (dies erklärt, weshalb die Gegend um Arles die einzige war, in der man schon vor dem 12. Jahrhundert auf eine recht grosse Anzahl von Benefizien stiess). Die Erzbischöfe scheuten auch die Auseinandersetzungen mit den Grafen nicht, insbesondere dann nicht, als es in den 1030er/1040er Jahren um die Kontrolle der Abtei Montmajour ging.[33]

2. Der Anteil der klösterlichen Erneuerung an der Adelsherrschaft[34]

Eine extrem schwach ausgebildete Tradition der Immunität sowie einer Kirchenvogtei *stricto sensu* waren kennzeichnend für die Provence. Die Klöster

---

33   Ders., La noblesse, op. cit.; ders., L'Église d'Arles, op. cit.

34   Eliana Magnani Soares-Christen, Monastères et aristocratie en Provence, milieu X[e]–début XIIe siècle, Münster 1999 (Vita regularis 10); Mazel, La noblesse, op. cit.; ders., Amitié, op. cit.; ders., De l'emprise, op. cit.; ders., Monachisme et aristocratie aux Xe–XIe siècles. Un regard sur l'historiographie récente, in: Steven Vanderputten, Brigitte Meijns

blieben dementsprechend der Aufsicht des Bischofs unterstellt, und durch den *episcopatus* erlangten die Grossen einen Zugang zu den alten Abteien, von denen man einige zu restaurieren begann.

Dies traf insbesondere für Saint-Victor in Marseille zu: die einstige Abtei, die zwischen 924 und 977 aufgegeben worden war, war durch Honorats Kontrolle über den *episcopatus* in die Hände der Gruppe um die *vicecomites* von Marseille gelangt. Auf Initiative von Honorat, des Bruders des *vicecomes* Wilhelm I., liessen sich die Mönche schon vor 974 erneut am südlichen Ufer des alten Lacydon nieder; auf sein Betreiben hin wurde die Benediktinerregel im Jahre 977 angenommen, und der Prozess der Wiedererrichtung einer von dem bischöflichen Vermögen autonomen Mensa der Abtei setzte ein. Das Amt des Abtes blieb seinerseits unter bischöflicher Kontrolle (der Bischof bestätigte die Wahl des Abtes und setzte ihn in sein Amt im Beisein der *vicecomites* ein). Dies galt selbst noch nach der Reform von 1005, die einen Mönch aus Psalmodi (eine gräfliche Abtei im östlichen Septimanien) an die Spitze der Gemeinschaft setzte und die wohl die Übernahme strengerer Bräuche begünstigte. Bis zur Mitte des 11. Jahrhunderts konnte die Gruppe um die *vicecomites* und die Bischöfe weiterhin ein gewisses Mitspracherecht über die Besitzungen und die Reliquien des Heiligen ausüben.[35]

Weitere klösterliche Gemeinschaften wurden seit dem Ende des 10. Jahrhunderts durch die grossen adligen Familien und die ihnen nahestehenden Bischöfe gegründet oder wiedererrichtet: Sainte-Marie d'Esparron durch die Baux-Rians, Sainte-Eusèbe de Saignon durch die Castellane-Lacoste, Saint-Pons de Nice und Saint-Florent d'Orange durch die Nice-Orange; gleiches gilt für die ersten Oboedienzen von Saint-Victor und Lérins. Der Erzbischof von Arles beförderte seinerseits um 988/989 die Gründung der Abtei Saint-Gervais de Fos; diese Abtei wurde jedoch im Laufe des 11. Jahrhunderts zunehmend durch die Familie Fos übernommen. Jede Grundherrschaft einer gewissen Grösse musste eine klösterliche Gemeinschaft enthalten, so bescheiden diese auch sein mochte; die Mehrheit wurde seit den 1020er und 1030er Jahren

---

(Hg.), *Ecclesia in medio nationis*. Reflections on the Study of Monasticism in the Central Middle Ages, Löwen 2011 (Mediaevalia Lovaniensa 1/42), S. 47–75.

[35]   Ders., La noblesse, op. cit.; ders., De l'emprise, op. cit.

einer der grösseren Einrichtungen übertragen (Cluny, Montmajour und insbesondere Saint-Victor de Marseille).[36]

Über die Gründung oder die Wiederherstellung der Klöster hinaus
beförderte das System des Gabentausches (ein Begriff, der aus den Arbeiten
von Maurice Godelier stammt und dem nun von den Mediävisten gegenüber
demjenigen der Schenkökonomie, den Marcel Mauss geprägt hat, der Vorzug
gegeben wird), das die Mönche und Grossen über Tauschhandlungen von
Boden und religiöse Transaktionen miteinander verband, nun in zweierlei
Hinsicht die Verwurzelung und die Legitimation der Adelsherrschaft. Dies
erfolgte zum einen durch die Memorialpraktiken, die zugleich das Gedenken
an die Toten wie auch die Erinnerung an die Vorfahren gewährleisteten, zum
anderen durch die Schriftpraxis, welche die Stifter und Schenkenden heraus-
hob und an die erbliche Dimension jeglichen Grundbesitzes erinnerte. Konflikte zwischen den Mönchen und den Grossen traten damals eher selten auf,
auch wenn die Praxis des Gabentausches die regelmässige Wiederholung der
Schenkung durch die Nachkommen der ersten Schenkenden voraussetzte,
die ihrerseits stets einen gewissen Rechtsanspruch auf die geschenkten Güter
und die Gemeinschaft der Begünstigten zu haben glaubten: Die Güterüber-
tragungen waren weder vollständig noch endgültig, aber sie gaben Anlass zur
Perpetuierung der freundschaftlichen Bande zwischen den Mönchen und
den Grossen, welche die Superiorität der einen wie der anderen über die restliche Gesellschaft gewährleistete. Dies galt umso mehr, als das heimliche Ein-
verständnis und die Zusammenarbeit zwischen den Mönchen und den Grossen sich aus einer gemeinsamen sozialen Herkunft speisen konnten, stellte
doch die Oblation von Kindern den wichtigsten Zugangsweg zum Mönchtum dar.[37]

---

36   Hierzu: Magnani Soares-Christen, Monastères et aristocratie, op. cit.

37   Dazu Mazel, La noblesse, op. cit.; ders., Amitié, op. cit.; ders., Monachisme, op. cit.;
Eliana Magnani Soares-Christen, Don aux églises et don d'églises dans le sud-est de la
Gaule. Du testament d'Abbon (739) aux chartes du début du XIᵉ siècle, in: François Bou-
gard, Cristina La Rocca [u. a.] (Hg.), Sauver son âme et se perpétuer. Transmission du
patrimoine et mémoire du haut Moyen Âge, Rom 2005 (Collection de l'École française de
Rome 351), S. 379–400.

3. Die vollständige Einbindung der Kirchen und Kirchengüter in die Grundherrschaft[38]

Güter kirchlichen Ursprungs waren bei den Besitzungen der Adligen sehr zahlreich. Diese Güter waren von zweierlei Art: Am häufigsten waren die Kirchen und Kirchenzehnten, die spätestens seit dem 9./10. Jahrhundert vollständig in die Grundherrschaft eingebunden worden waren. Die restlichen Güter waren Teil der Domäne und stammten zumeist aus Besitzungen von verschwundenen Klöstern oder Kommunitäten, die in den *episcopatus* eingegliedert worden waren. Diese Güter hatte man sich nicht mit Gewalt angeeignet, sondern sie waren (in der Zeit von 960 bis 1030) infolge von Konzessionen von Prekarien und (danach) durch Zugeständnisse von Benefizien seitens der Bischöfe und des Erzbischofs von Arles in den Besitz der Adligen gelangt. Dies galt beispielsweise für zahlreiche Güter, die aus Abteien aus der Gegend von Arles stammten, aus Saint-Martin d'Arles, aus Saint-Geniès des Alyscamps und auch aus Saint-Césaire d'Arles, und die in den Besitz der *vicecomites* von Marseille, aber auch u. a. in den der Baux, der Porcelet und der Gardanne übergingen.

4. Die schwache Position der Grafen der Provence als Resultat ihres beschränkten Zugriffs auf die kirchlichen *honores* und die klösterlichen Gemeinschaften[39]

Im Gegensatz zu den grossen aristokratischen Familien scheint kein einziges Mitglied aus einer gräflichen Familie Kleriker gewesen zu sein oder das Amt des Bischofs ausgeübt zu haben. Ihr Zugriff auf den Episkopat der Gegend blieb gering. Sie erlegten jedoch allen Bischöfen einen allgemeinen Treueeid auf und hatten für einige Sitze das Nominationsrecht inne (Orange, Carpen-

---

38 Mazel, La noblesse, op. cit.; ders., Pouvoir aristocratique, op. cit.; Michel Lauwers, Consécration d'églises, réforme et ecclésiologie monastique. Recherches sur les chartes de consécration provençales du XIᵉ siècle, in: Didier Méhu (Hg.), Mises en scène et mémoires de la consécration de l'église dans l'Occident médiéval, Turnhout 2007 (Collection d'études médiévales de Nice 7), S. 145–194.

39 Mazel, Les comtes, op. cit.

tras, Embrun und Nizza), ferner konnten sie einen gewissen Einfluss auf die Metropolitansitze von Arles und Aix nehmen.

Zudem gründeten die Grafen angesichts des südfranzösischen Kontexts, in dem weder ein Laienabbatiat noch eine Kirchenvogtei existierten, keine Abtei in der Provence. Sie zogen es vor, die Abteien Cluny, Psalmodi oder Saint-Gilles zu unterstützen, und sie versuchten, die Abtei von Montmajour unter ihre Kontrolle zu bringen; hiermit hatten sie eine Zeit lang Erfolg, bis die Erzbischöfe von Arles sie verdrängten (wie sie es bereits mit der Frauenabtei von Saint-Césaire getan hatten, die im Jahre 972 von den Grafen neugegründet worden war, jedoch nach 992 zugunsten des Erzbischofs verloren ging).[40] Diese zweifache Schwäche beraubte die Grafen der Provence des Prestiges und der Macht, welche die Herrscher in der Francia (sowohl nördlich der Loire wie auch in Aquitanien, in der Gascogne und in dem Gebiet um Toulouse) aufgrund des Innehabens von Abteien und der Kontrolle von Erzbischofssitzen besassen. Sie trug so zur Fragilität ihrer Position gegenüber der Aristokratie bei.

5. Der Anbruch neuer Zeiten

Drei Phänomene, die dem Bereich zuzuordnen sind, den man allgemeinhin als Klosterreform (oder weiter gefasst als Kirchenreform) bezeichnen könnte, künden von den tiefgreifenden Entwicklungen, die in der zweiten Hälfte des 11. Jahrhunderts eintreten sollten.

a) Der Wunsch der Klöster, sich aus der Vormundschaft der Bischöfe und der Grossen zu lösen[41]

Dieses Bestreben wird schon am Ende des 10. und zu Beginn des 11. Jahrhunderts im Kielwasser der (gerade in der Haute-Provence stark veranker-

---

40   Magnani Soares-Christen, Monastères, op. cit.

41   Remensnyder, Remembering Kings Past, op. cit.; Mazel, Amitié, op. cit.; ders., L'invention d'une tradition. Les monastères Saint-Victor de Marseille et Saint-Gilles à la recherche du patronage de Pierre (XIe–XIIe siècles), in: Nicole Bouter (Hg.), Écrire son histoire. Les communautés régulières face à leur passé [Actes du 5ème colloque Internatio-

ten) Abtei Cluny spürbar sowie in Montmajour; doch wurde es durch die Widerstände der Grossen und die Erzbischöfe von Arles zunächst gebremst. Unter dem Abbatiat von Isarn (1020–1047) keimte es in Saint-Victor in Marseille wieder auf und stützte sich dabei auf zwei Prozesse: zum einen auf einen Prozess der Institutionalisierung (ab 1005 vollzog sich eine schrittweise Loslösung von der Oberhoheit der Bischöfe und der *vicecomites*), zum anderen auf eine Art «Schaffung von Traditionen» (zugunsten neuer Kulte – Johannes Cassianus und die unschuldigen Kinder –, welche die Gemeinschaft von Saint-Victor an weit entfernt liegende Zeiten und Orte anbanden, an die Antike und an das Heilige Land, um sie auf diese Weise besser aus den Zwängen des lokalen Gesichtskreises herauszulösen).

b) Das Aufkommen neuer patrimonialer Normen[42]

In den Synoden der Gottesfriedensbewegung und in vereinzelten klösterlichen Urkunden (Montmajour, Saint-Victor) lassen sich zwischen Geistlichen und Laien neue Spannungen wegen der Entfremdung von Grundbesitz zugunsten der Mönche fassen (einige reformerische Strömungen bestanden seitdem auf deren endgültigem Charakter), aber auch wegen der Erhebung von Abgaben auf Menschen und kirchliche Ländereien (diese Abgaben wurden von nun an als illegitim angesehen und als «ungerecht» und «schlecht» angeprangert, wie bereits weiter oben erwähnt wurde). Ähnliche Empfindungen lassen sich in der ersten *Vita des Heiligen Aegidius* greifen, die vermutlich zwischen dem Ende des 10. Jahrhunderts und dem Anfang des 11. Jahrhunderts verfasst wurde und die die Errichtung eines geschützten klösterlichen Raumes beschreibt, der sich dem Einfluss des Bischofs von Nîmes und der zivilen Autoritäten entzog (wahrscheinlich wurden hier von der hagiographischen Schrift die Grafen

---

nal de C.E.R.C.O.R., Saint-Etienne, 6–8 novembre 2002], Saint-Étienne 2006 (Travaux et recherches 18), S. 337–367; ders., De l'emprise, op. cit.; ders., Lieu sacré, aire de paix et seigneurie autour de l'abbaye de Saint-Gilles (fin IXe–début XIIIe siècle), in: Julien Théry (Hg.), Lieux sacrés et espace ecclésial (IXe–XVe siècle), Toulouse 2011 (Cahiers de Fanjeaux 46), S. 229–276; ders., Monachisme, op. cit.; Lauwers, Mémoires des origines, op. cit.; ders., Cassien, op. cit.

42   Mazel, La noblesse, op. cit.; ders., Amitié, op. cit.; ders., Encore les «mauvaises coutumes», op. cit.; ders., Lieu sacré, op. cit.

der Provence und von Toulouse ins Visier genommen, von denen man weiss, dass sie einen Teil der Opfergaben der Pilger einbehielten). Diese noch zaghaften Entwicklungen sind ein Indiz dafür, dass innerhalb der Kirche, und insbesondere innerhalb der Klöster, neue patrimoniale Normen aufkamen, die die spätantike oder die karolingische Gesetzgebung für Kirchengüter, die Immunität und das Asyl reaktivierten und sogar verstärkten.

c) Die frühe Bedeutung des römischen Horizonts[43]

Seit dem ausklingenden 10. Jahrhundert (in jedem Fall vor dem Jahre 998, vielleicht sogar schon seit dem Jahre 963) profitierte die unter den Schutz des Heiligen Petrus gestellte[44] Abtei Montmajour von einem päpstlichen Privileg, das ihr eine sehr weitgehende Exemption verlieh, jedoch stark von den Erzbischöfen und den Grafen angefochten wurde. In der Abtei Saint-Gilles zeugt die bereits erwähnte Vita auch von der Bedeutung des römischen Hintergrunds. In der Legende über die Ursprünge der Abtei werden die engen Verbindungen zwischen dem Heiligen und dem Papst sowie deren Rolle bei der Schaffung eines sakralisierten klösterlichen Raumes herausgestellt.[45] Laut dieser Legende soll sich Aegidius auf Pilgerfahrt nach Rom begeben und dort vom Papst ein Immunitätsprivileg erhalten haben; bei seiner Rückkehr soll er die Holztüren, die auf wundersame Weise von Rom über das Meer in die Camargue gelangt waren, in Empfang genommen haben. Die mit Darstellungen der Apostel Petrus und Paulus geschmückten Türen wurden durch den Heiligen am Portal der Abteikirche angebracht. Sie erinnern an die Sakralität des Ortes, an die exzellente Verbindung der Kommunität zu Rom und zum Papst sowie an die apostolischen Grundlagen des klösterlichen Lebens. In einem episkopalen und kanonischen Kontext zielte der erste, seit dem Ende des 10. Jahrhunderts und dem Anfang des 11. Jahrhunderts in Arles einsetzende Aufschwung des Kultes des als Jünger von Paulus geltenden Trophimus darauf ab, das Ansehen des Bischofssitzes auch dadurch zu steigern, dass dessen antike Bezüge und dessen apostolischer Charakter unterstrichen wurden (es bestand damals keinerlei

---

43   Magnani Soares-Christen, Monastères, op. cit.; Mazel, L'invention, op. cit.

44   Es handelt sich hierbei um eine karolingische Tradition, siehe vergleichsweise auch Psalmodi sowie die erste Weihe von Saint-Gilles.

45   Mazel, Lieu sacré, op. cit.

Verbindung zur Forderung nach dem Primat, diese wurde erst wieder im 12. Jahrhundert erhoben).[46]

Der neue Kult hatte wohl auch daran Anteil, dass das apostolische Modell für das Leben der Kanoniker befördert wurde (seit den 1030er Jahren zeichnete sich innerhalb des Kapitels eine kleine Gruppe von Kanonikern ab, die eine *vita communis* führte).

Seit den 1060er Jahren wurden diese drei Entwicklungen – in einem neuen Kontext und in einem grösseren Massstab, dem der traditionell als «gregorianisch» bezeichneten Reform – hauptsächlich von den Mönchen aus Saint-Victor in Marseille vorangetrieben. Aber dies ist eine andere Geschichte …

Florian Mazel, Prof. Dr., Professeur d'Histoire médiévale, Université Rennes 2 – TEMPORA EA 7468, Place du recteur Henri Le Moal, CS 24307, F – 35043 Rennes cedex, florian.mazel@univ-rennes2.fr

---

[46]   Ders., L'Église d'Arles d'Ithier, op. cit.

Kaiserin Adelheid und das Königreich Burgund[1]

Guido Castelnuovo

Sie war 68 Jahre alt, so schien es, und sah dem Tod entgegen; im Laufe des Winters 998/999 unternahm Adelheid von Burgund ihre letzte Reise, und dieses religiös wie politisch motivierte, auch mit Blick auf die Memoria eingeschlagene Itinerar führte sie noch einmal in die Gebiete ihrer Kindheit. Adelheid war eine der bedeutendsten Frauen des 10. Jahrhunderts: Tochter eines Königs – des Rudolfingers Rudolf II. –, *consors regni* als Gemahlin Ottos I., *coimperatrix augusta* zu Zeiten ihres Sohnes Otto II. sowie *omnium regnorum mater* – den Erinnerungen und der Korrespondenz Gerberts von Aurillac zufolge.[2] Sie stand für eine besonders ruhmreiche Verbindungslinie zwischen dem rudolfingischen Königshaus und dem ottonischen Reich, war sie doch zugleich die Tante eines in Schwierigkeiten geratenen Königs – Rudolf III. von Burgund – und die verehrte Grossmutter eines ganz aussergewöhnlichen Kaisers, Otto III.[3] In dieser doppelten Rolle kehrte sie nach vielen Jahren an die

---

1 Der Studie geht auf einen Vortrag zurück, der am 8. Dezember 2012 unter dem Titel «L'impératrice Adélaïde et le royaume de Bourgogne» beim Deutsch-französischen Forschungsatelier «Junge Mediävistik I» an der Albert-Ludwigs-Universität (Freiburg i. Br.) gehalten und von Jessika Nowak ins Deutsche übertragen wurde.

2 «Omnium regnorum mater»: Gerbert d'Aurillac, Correspondance, ed. Pierre Riché, Jean-Pierre Callu, Bd. I, Paris 1993, Brief 74, S. 180–182 (aus dem Jahr 986) und Brief 128, S. 304–306 (aus dem Jahr 988). In einer Urkunde Kaiser Ottos II. aus dem Jahr 974 wird Adelheid als «coimperatrix augusta necnon imperii regnorumque consors» bezeichnet (Diplomata regum et imperatorum Germaniae, II: Ottonis II. et III. diplomata [MGH DD O II/DD O III], Hannover 1893, II/1, D 76, S. 92).– Zu Adelheid siehe Amalie Fößel, Die Königin im mittelalterlichen Reich. Herrschaftsausübung, Herrschaftsrechte, Handlungsspielräume, Stuttgart 2000 (Mittelalter-Forschungen 4); Paolo Golinelli, Adelaide, regina santa d'Europa, Mailand 2001; Patrick Corbet, Monique Goullet [u. a.] (Hg.), Adélaïde de Bourgogne (999–1999). Genèse et représentations d'une sainteté impériale [Actes du colloque d'Auxerre, 10–11 décembre 1999], Dijon 2002.

3 Zu Adelheid als Kaiserin siehe Stefan Weinfurter, Kaiserin Adelheid und das ottonische Kaisertum, in: Frühmittelalterliche Studien 33 (1999), S. 1–19, sowie Amalie Fößel, Kaiserin Adelheid, in: dies. (Hg.), Die Kaiserinnen des Mittelalters, Regensburg 2011, S. 35–59.

Stätte ihrer Geburt, das heisst in das Königreich Burgund, genauer gesagt in das zwischen dem Jura und den Alpen gelegene Hochburgund, zurück, in diese reiche Gegend um den Genfer See, eine Art rudolfingischer *lacus noster*.

Den Entschluss, sich zurück zu ihren Wurzeln zu begeben, traf sie wohl weniger aus Vergnügen als vielmehr aus politischen Erwägungen, die von den familiären Banden nicht zu trennen sind und die umso mehr Gewicht hatten, als es sich um kaiserliche Bande handelte. Es schien ihr in der Tat unbedingt erforderlich, ihrem rudolfingischen Neffen zur Hilfe zu eilen, um die unmittelbaren Folgen der offenen Revolte des Grafen Otto-Wilhelm abzumildern.[4] Im Jahre 995 hatte dieser beinahe erfolgreich verlaufene Aufstand die Macht und das Prestige der rudolfingischen Krone, deren politischer, religiöser und symbolischer Handlungsspielraum ohnehin schon seit längerem durch den wachsenden Zugriff des ottonischen Nachbarn stark beeinträchtigt worden war, noch zusätzlich untergraben. Hier klingt eine grundsätzliche Entwicklung an, die nicht nur von den damaligen Chronisten[5] mehrfach thematisiert worden ist, sondern die auch von den heutigen Historikern vielfach angesprochen wurde, gilt diesen doch nicht zu Unrecht das lange rudolfingische 10. Jahrhundert als Zeit der langsamen «Absorption» des burgundischen Königreichs durch das ottonische Reich.[6] Wenn Adelheid auf diesem Wege dazu beitragen sollte, dem «Aufkommen der *principes*» – so wird es viel später in der ältesten

---

[4]   Siehe zuletzt François Demotz, La Bourgogne, dernier des royaumes carolingiens (855–1056). Roi, pouvoirs et élites autour du Léman, Lausanne 2008 (Mémoires et documents publiés par la Société d'histoire de la Suisse romande IV/9), S. 435–445.

[5]   Vgl. Guido Castelnuovo, La Burgondie carolingienne et rodolphienne. Prémices et développement d'un royaume, in: Pierrette Paravy (Hg.), Des Burgondes au royaume de Bourgogne (V^e–Xe siècle). Espace politique et civilisation [Journées d'étude des 26–27 octobre 2001], Grenoble 2002, S. 183–210; Laurent Ripart, Le royaume rodolphien de Bourgogne (fin IXe–début XIe siècle), in: Michèle Gaillard, Michel Margue [u. a.] (Hg.), De la mer du Nord à la Méditerranée. Francia Media, une région au cœur de l'Europe (c. 840–c. 1050) [Actes du colloque de Metz, Luxembourg, Trèves, 8–11 février 2006], Luxemburg 2011 (Publications du CLUDEM 25), S. 429–452.

[6]   Der Terminus «phagocytation» findet sich häufig in den Studien von Laurent Ripart, siehe u. a. Laurent Ripart, Du royaume aux principautés. Savoie-Dauphiné, X^e–XIe siècles, in: Christian Guilleré, Jean-Michel Poisson [u. a.] (Hg.), Le royaume de Bourgogne autour de l'an Mil [Actes du colloque de Lyon, 15–16 mai 2003], Chambéry 2008, S. 247–276, hier S. 253.

Chronik der Savoyer Grafen heissen[7] – Einhalt zu gebieten, dann geschah dies nicht, damit Rudolf III. einem direkten Erben ein funktionsfähiges Königreich überlassen konnte; denn Rudolf III. hatte, wie damals allgemein bekannt war, keinen legitimen Sohn. Adelheid intervenierte vielmehr, um den Übergang der burgundischen Herrschaft an den Kaiser, und, sofern möglich, an die ottonische Dynastie vorzubereiten und abzusichern.

Adelheid machte sich also auf den Weg, um ihre alte Heimat Burgund aufzusuchen. Dank eines in jeglicher Hinsicht bemerkenswerten Dokuments sind wir über die wichtigsten Stationen ihrer durch die Alpen führenden Reise sehr gut unterrichtet; zumindest haben wir von den Orten Kenntnis, von denen die Kaiserin und Königin wollte, dass man erfuhr, dass sie sich an ihnen aufgehalten hatte. Das von Odilo – dem berühmten Abt von Cluny, einem herausragenden Gelehrten, Kirchenmann und *homo politicus* seiner Zeit – verfasste *Epitaphium domine Adelheide auguste* wurde im Jahre 1002 vollendet, kurz nach dem Tod seiner Heldin.[8] Das hagiographische Vorbild ist offensichtlich – und es ist keineswegs unbedeutend, handelt es sich doch um die Reise des Paulus nach Jerusalem.[9] Das Hauptanliegen dieses Werkes ist es, die baldige Heiligsprechung der den Cluniazensern so teuren Herrscherin anzubahnen. Odilo wirkte darauf hin, die weibliche, königliche und dynastische Heiligkeit Adelheids darzulegen und lieferte zugleich eine Reihe von Details, die ihre burgundische Verankerung betrafen; insbesondere zeichnete er die Modalitäten und die Stationen der durch die Alpen führen-

---

[7]   Es handelt sich um die *Chronica latina Altaecombae* (um 1342), die zuletzt Laurent Ripart untersucht hat (Du royaume aux principautés, op. cit., S. 247–249).

[8]   Odilonis Cluniacensis abbatis Epitaphium domine Adelheide auguste. Die Lebensbeschreibung der Kaiserin Adelheid von Abt Odilo von Cluny (Epitaphium), ed. Herbert Paulhart, Graz, Köln 1962 (Mitteilungen des Instituts für österreichische Geschichtsforschung. Ergänzungsbd. 20/2), Kap. 5, S. 34; siehe u. a. auch die äusserst gelungenen Seiten, die ihr Patrick Corbet gewidmet hat (Les saints ottoniens. Sainteté dynastique, sainteté royale et sainteté féminine autour de l'an Mil, Sigmaringen 1986 [Beihefte der Francia 15], bes. S. 59–72, 81–110).

[9]   Corbet, Les saints ottoniens, op. cit., S. 85.

den Reise seiner hochgeschätzten Kaiserin nach.[10] Vertiefen wir uns also in den cluniazensischen Bericht dieser Reise und vergegenwärtigen wir uns, dass diese, der Feder Odilos zufolge, in fünf Hauptetappen verlief. Der Reihenfolge nach waren dies: Payerne, Saint-Maurice, Genf, Lausanne und Orbe. Tatsächlich war die jeweilige Entscheidung, gerade diese Orte aufzusuchen, alles andere als zufällig; aber aus welchen Gründen und Motiven wurden gerade sie so stark in den Vordergrund gerückt?[11]

Führen wir uns zunächst vor Augen, in welchem Grade die politische und hagiographische Geographie des Abtes von Cluny für ein stark begrenztes Burgund galt, das heisst im Grunde genommen für Transjuranien – letztlich in einer Art Rückkehr zum Ausgangspunkt, dem Jahr 888, als, wie wir bei Regino von Prüm lesen, der Markgraf Rudolf, nachdem er «die Provinz zwischen dem Jura und den Penninischen Alpen» besetzt hatte, sich selbst in Saint-Maurice krönte und anordnete, man möge ihn König nennen.[12] Der

---

10 Zu weiteren Reisen der Königinnen siehe Régine Le Jan, D'une cour à l'autre. Les voyages des reines de Francie au Xe siècle (1999), erneut in: Régine Le Jan, Femmes, pouvoir et société dans le haut Moyen Âge, Paris 2001 (Les médiévistes français 1), S. 39–52.

11 Zu dieser Reise siehe Joachim Wollasch, Das Grabkloster der Kaiserin Adelheid in Selz am Rhein, in: Frühmittelalterliche Studien 2 (1968), S. 135–143; Karl-Josef Benz, À propos du dernier voyage de l'impératrice Adélaïde en 999, in: Revue d'Histoire Ecclésiastique 67 (1972), S. 81–91; Guido Castelnuovo, Un regno, un viaggio, una principessa. L'imperatrice Adelaide e il regno di Borgogna (931–999), in: Roberto Delle Donne, Andrea Zorzi (Hg.), Le storie e la memoria. In onore di Arnold Esch, Florenz 2002 (Reti Medievali 1), S. 215–234 (http://fermi.univr.it/rm/ebook/festesch.html [27.7.2014]); dieser über zehn Jahre alte Artikel bildet unmittelbar die Grundlage dieses Beitrags, der diesen in vielerlei Hinsicht wieder aufgreift.

12 «Ruodolfus filius Cuonradi, nepos Hugonis abbatis, provintiam inter Iurum et Alpes Penninas occupat et apud Sanctum Mauritium adscitis secum quibusdam primoribus et nonnullis sacerdotibus coronam sibi imposuit regemque se appellari iussit» (Regionis Chronica, in: Quellen zur karolingischen Reichsgeschichte, Bd. III, ed. Reinhold Rau, Darmstadt 1960 [Ausgewählte Quellen zur deutschen Geschichte des Mittelalters 7], ad a. 888; Reginonis abbatis Prumiensis Chronicon cum continuatione Treverensi, ed. Friedrich Kurze, Hannover 1890 [ND 1989] [MGH SS rer. Germ. 50], ad a. 888); vgl. Guido Castelnuovo, Les élites des royaumes de Bourgogne (milieu IXe–milieu Xe siècle), in: Régine Le Jan (Hg.), La royauté et les élites dans l'Europe carolingienne (du début du IXe siècle aux environs de 920), Villeneuve d'Ascq 1998 (Collection Histoire et littérature régionales 17), S. 383–408.

Bericht von dieser letzten familiären Rundreise offenbart einen stark eingeschränkten Wirkungskreis, der weder die Provence, noch Lyon, noch Vienne[13]
umfasste, und dies, obwohl diese Territorien und Städte offiziell Teil des
Königreichs ihres Neffen waren und Odilo selbst auf den Seiten, die sich freilich auf die vorausgehenden Jahrzehnte – auf die Herrschaft Konrads –
bezogen, die Rolle herausgestellt hatte, die sowohl *Lugdunus philosophie
quandam mater* als auch *Vienna nobilis sedes regia* als politische und symbolische Bezugspunkte spielten.[14] Die hagiographische Geographie, die Odilo
für das Jahr 999 entwarf, verweist also deutlich auf die raumpolitische Wirklichkeit eines im ausgehenden 10. Jahrhundert sehr eingeschränkten rudolfingischen Königreichs.[15]

Zudem gilt es zu bedenken, dass jede alpine Station nicht nur einer
Etappe der Reise Adelheids entsprach, sondern auch eine ganz bestimmte
Facette der burgundischen Memoria und der politischen Topographie der
Rudolfingerherrschaft um die Jahrtausendwende widerspiegelte.[16]

Die erste Etappe, Payerne[17] – hier traf Adelheid *fatigata ex itinere* ein –,
war ein Ort, dem in monastischer, aber auch in familiärer und persönlicher
Hinsicht gleichermassen Bedeutung zukam: Adelheid hatte selbst in ent-
scheidender Weise in den 960er Jahren an der Gründung dieser religiösen
Einrichtung mitgewirkt, die rasch ein cluniazensisches Priorat geworden
war.[18] Als Station, die gleich in zweifacher Hinsicht der verwandtschaftlichen

---

13   Zum Erzbistum Vienne siehe nun die Doktorarbeit von Nathanaël Nimmegeers,
Évêques entre Bourgogne et Provence (V^e–XIe siècle). La province ecclésiastique de
Vienne au haut Moyen Âge, Rennes 2014 (Histoire).

14   Epitaphium, op. cit., Kap. 5, S. 34.

15   Vgl. Robert Walpen, Studien zur Geschichte des Wallis im Mittelalter, Bern 1983
(Arbeiten aus dem Historischen Seminar der Universität Zürich 63), S. 23–37; Demotz,
La Bourgogne, op. cit., S. 432–435.

16   Diese Problematik wird diskutiert in: Mayke de Jong, Frans Theuws [u. a.] (Hg.),
Topographies of Power in the Early Middle Ages, Leiden [u. a.] 2001 (Transformation of
the Roman World 6).

17   Epitaphium, op. cit., Kap. 13, S. 39.

18   Hans Eberhard Mayer, Die Peterlinger Urkundenfälschungen und die Anfänge von
Kloster und Stadt Peterlingen, in: Deutsches Archiv 19 (1963), S. 30–129, bes. S. 69–73;

Memoria gewidmet war – agierte Adelheid doch sowohl als Tochter als auch als Ehefrau[19] –, führt Payerne zudem sowohl die sehr frühen Bande zwischen dem Königreich Burgund und dem Reich vor Augen als auch die Bedeutung der Verbindung von geistlicher Autorität und politischer Herrschaft. Man mag das aus familiärer, weiblicher und monastischer Sicht zentrale Payerne als zweifache Gründung sehen, die einerseits rudolfingisch und dynastisch war, andererseits persönlich stark mit Kaiserin Adelheid und auch den ottonischen Kaisern verbunden. Bertha, die Mutter unserer Protagonistin, war hier bestattet und hatte sehr wahrscheinlich mit dem Gedanken gespielt, hier eine religiöse Kommunität zu errichten; die eigentliche Gründerin dieser Kommunität war jedoch Adelheid, die diese bald Cluny übertragen hatte. Überdies hatten die Kaiser seit den 960er Jahren – zunächst Adelheids Gemahl Otto I. und dann ihr Sohn Otto II. – mehrere Schenkungen zugunsten von Payerne vorgenommen, dem sie in diversen Urkunden Immunität zusicherten.[20] Diese Gründung, die auf der Route lag, die Basel und den Mont-Joux (oder den Grossen Sankt Bernhard) miteinander verband, war für die politischen Strategien der Ottonen in der Tat von grossem Interesse. In Payerne verweist also die familiäre und persönliche Memoria Adelheids auf ihre doppelte Zugehörigkeit, auf die königliche und – vor allem – die kaiserliche. Das Ganze wird in einen geistlichen und monastischen Kontext eingeordnet, aus dem Odilo einige wesentliche Elemente, wie die Freigiebigkeit und die Wunder, herausstellt. In Payerne bewirkte Adelheid ein nahezu «christliches» Wunder: die Vermehrung nicht des Brotes, sondern des Geldes und der Almosen, die den Armen gegeben wurden.

Helmut Büttner, Studien zur Geschichte von Peterlingen, in: Revue d'Histoire Ecclésiastique Suisse 58 (1964), S. 265–292.

[19]   Vertiefend siehe Castelnuovo, Un regno, un viaggio, op. cit., sowie Fößel, Die Königin im mittelalterlichen Reich, op. cit., S. 238–240.

[20]   Diplomata regum et imperatorum Germaniae, I: Conradi I. Heinrici I. et Ottonis I. diplomata [MGH DD K I/DD H I/DD O I], Hannover 1879–1884, D 201, S. 280f.; MGH DD O II/DD O III, II/1, D 1, S. 60f.; D 307, S. 364; ebd., II/II, D 27, S. 426f.; vgl. auch Büttner, Studien zur Geschichte, op. cit., S. 273; Demotz, La Bourgogne, op. cit., S. 460–464.

Die Verbindung zwischen der Kirche und dem Königtum steht unstreitig im Mittelpunkt der zweiten Station Adelheids in Saint-Maurice d'Agaune.[21] Hier stösst man auf keine Wunder, sondern auf Gebete in Hülle und Fülle sowie auf gelehrte, auf das Reich bezogene Prophetien. Es ist sicherlich kein Zufall, dass Saint-Maurice in Burgund die Rolle eines beispielhaften Ortes und eines historischen Modells für die äusserst engen, zwischen der Kirche und dem Königtum geknüpften Bande zukam,[22] war es doch ein burgundisches, merowingisches und karolingisches königliches Kloster und hatte sich doch hier der Grossvater der Kaiserin, Rudolf I., von den *primores* der Region zum König von Burgund wählen lassen.[23] Aus Saint-Maurice kam auch die Mehrheit der heiligen Objekte (die Lanze, der Ring), die seit den 920er Jahren die Grundlage der Reliquienpolitik bildeten, dank der die ottonischen Könige symbolischen Einfluss über ihre rudolfingischen Nachbarn gewinnen konnten, noch bevor sie politischen Einfluss über diese erlangten.[24]

---

21   Epitaphium, op. cit., Kap. 14 f., S. 39 f.

22   Zu den starken königlichen Banden zur Abtei siehe den vorzüglichen Beitrag von Laurent Ripart, Saint Maurice et la tradition régalienne bourguignonne (443–1032), in: Paravy (Hg.), Des Burgondes au royaume de Bourgogne, op. cit., S. 211–250, sowie ders., Saint-Maurice d'Agaune et la réforme canoniale (fin X^e–milieu du XIIe siècle), in: Nicole Brocard, Françoise Vanotti [u. a.] (Hg.), Autour de Saint Maurice. Politique, société et construction identitaire [Actes du colloque de Besançon et Saint-Maurice, 28 septembre – 2 octobre 2009], Saint-Maurice 2012 (Fondation des Archives historiques de l'Abbaye de Saint-Maurice 1), S. 219–234; ders., Les temps séculiers (IXe–Xe siècles), in: Bernard Andenmatten, ders. (Hg.), L'abbaye de Saint-Maurice d'Agaune, 515–2015, Bd. I: Histoire et archéologie, Saint-Maurice d'Agaune 2015, S. 135–149.

23   «Rudolf apud Sanctum Mauritium adscitis secum quibusdam primoribus et nonnullis sacerdotibus coronam sibi imposuit regemque se appellari iussit» (Reginonis Chronica, op. cit., ad a. 888).– Vgl. René Poupardin, Le royaume de Bourgogne (888–1032). Étude sur les origines du royaume d'Arles, Paris 1907 [ND Genf 1974] (Bibliothèque de l'École des hautes études 4. Sciences historiques et philologiques 163), S. 9–13; Louis Dupraz, L'avènement de Rodolphe Ier et la naissance du royaume de Bourgogne transjurane, in: Revue Suisse d'Histoire 13 (1967), S. 177–195.

24   Vgl. Laurent Ripart, L'anneau de saint Maurice, in: Bernard Andenmatten, Annick Vadon [u. a.] (Hg.), Héraldique et emblématique de la Maison de Savoie (XIe–XVe siècle), Lausanne 1994 (Cahiers lausannois d'histoire médiévale 10), S. 45–91; vgl. auch die Beiträge von Laurent Ripart (wie Anm. 22).

Der zweite Halt ist demnach, laut Odilo, gänzlich der politischen Memoria gewidmet, der Memoria des Königreichs Burgund.[25] Im Kontext der Translation der burgundischen Herrschaft von den Rudolfingern auf die Ottonen – und während sich das Kloster als ein Herrschaftszentrum und eine Territorialgewalt von allergrösster Wichtigkeit darbot, deren Abbatiat in den Händen des Halbbruders des Königs Rudolf, des Erzbischofs Burchard von Lyon,[26] lag – spielte sich eine höchst bedeutsame Szene in der Abtei ab. Die Kaiserin kniete im Sanktuarium, im hinteren Teil des Seitenschiffs, und sie war ganz versunken in Kontemplation und Gebet. Sie verfiel ins Träumen – das kann vorkommen –, und wovon träumte sie? Nicht von ihrem königlichen Neffen, sondern von ihrem Enkel, Kaiser Otto III., und von dessen baldigem Tod. Offensichtlich wird hier auf die Translation der königlich burgundischen Memoria angespielt.

Es schliessen sich zwei weitere Stationen am Genfer See, in Genf und Lausanne, an;[27] beide Aufenthalte lassen sich jeweils als cluniazensischer oder bischöflicher Halt deuten. In Genf, der dritten Etappe, äusserte Adelheid den Wunsch, sich in der Kirche und vor den Reliquien des Märtyrers Viktor zu sammeln. Dies gab Odilo die Gelegenheit, auf die exzellenten Beziehungen hinzuweisen, die zwischen seiner Protagonistin und dem cluniazensischen Reformmönchtum existierten. Wir wissen übrigens, dass in Saint-Victor in Genf gerade die Erneuerung der Oboedienz anstand und dass die Cluniazenser ihrerseits auf eine erste persönliche Intervention ihrer machtvollen königlichen

---

25   Vgl. Barbara Rosenwein, One Site, Many Meanings. Saint-Maurice d'Agaune as a Place of Power in the Early Middle Ages, in: de Jong, Theuws [u. a.] (Hg.), Topographies of Power, op. cit., S. 271–290.– Siehe in diesem Heft auch den Beitrag von Laurent Ripart, S. 152–173.

26   Siehe hierzu Brigtitte Degler-Spengler [u. a.] (Hg.), Les chanoines réguliers de Saint-Augustin en Valais. Le Grand-Saint-Bernard, Saint-Maurice d'Agaune, les prieurés valaisans d'Abondance, Basel [u. a.] 1997 (Helvetia Sacra IV, 1), und hier bes. den Beitrag von Gilbert Coutaz, L'abbaye de Saint-Maurice 830–1128, S. 288–301, 417–422; siehe auch Ripart, Saint-Maurice d'Agaune et la réforme canoniale, op. cit.

27   «Dehinc Genevensem adiit urbem, desiderans videre victoriosissimi Victoris martyris aulam. Inde Lausonam venit ibique memoriam Dei genitricis devotissime adoravit» (Epitaphium, op. cit., Kap. 16, S. 41).

und kaiserlichen Heiligen Adelheid Bezug nahmen.[28] Hier ergab sich also für Odilo die Möglichkeit, auf besonders elegante Art und Weise – zumal *pro domo sua* – die ausgezeichneten Verbindungen zu betonen, welche die rudolfingische Dynastie zumindest seit einigen Jahrzehnten – spätestens seit den 960er Jahren – zum cluniazensischen Reformmönchtum aufgebaut hatte.[29] Zugleich werden auch die starken Verbindungen der *mater regnorum* zu Cluny herausgestellt, um eine schnellere Heiligsprechung Adelheids herbeizuführen. Vergessen wir nicht, dass die wichtigsten Klostergründungen Adelheids in der Tat eng mit den Cluniazensern verbunden waren – und dies gleich in drei verschiedenen Königreichen: Payerne in Burgund, San Salvatore in Pavia in Italien, ganz zu schweigen von ihrer letzten Gründung, der elsässischen Abtei Selz, in der unsere Protagonistin am 16. Dezember 999 verschied und die das heilige Angedenken an ihre Gründerin lange genug pflegte, sodass Adelheid 1097 durch Urban II., einen cluniazensischen Papst, wie es ihr gebührte, heiliggesprochen werden konnte.[30]

Adelheid setzte schliesslich ihren Weg entlang der Ufer des Genfer Sees bis zu ihrem vierten Halt, dem Bischofssitz Lausanne, fort. Dieser Halt erlaubte dem Abt von Cluny, die wesentliche Funktion, die die «burgundische Reichskirche» und insbesondere ihre Bischöfe als politische und geistliche Referenzgrössen spielten, anzudeuten. Wie durch Zufall – und vielleicht war es tatsächlich einer – waren Lausanne und sein Bischof in der Tat auf dem besten Weg, vom König die Grafschaftsrechte für den waadtländischen *comitatus* zu erhalten; dies sollte 1011 erfolgen.[31] Hiervon ausgehend, glaube

---

28   Vgl. Die Cluniazenser in der Schweiz, red. v. Hans-Jörg Gilomen, Basel [u. a.] 1991 (Helvetia Sacra III, 2), S. 239–241.

29   Pascal Ladner, Cluny et la Maison royale de Bourgogne, in: Martin Colin (Hg.), L'abbatiale de Payerne, Lausanne 1966, S. 13–20; François Demotz, De l'alliance politique à l'affinité spirituelle. L'amitié personnelle entre Clunisiens et rois de Bourgogne, in: Cluny, le monachisme et la société au premier âge féodal (888–1050) [Actes des colloques internationaux de Romainmôtier (24–26 juin 2010) et de Cluny (9–11 septembre 2010)], Rennes 2013 (Collection Art & Société), S. 249–259.

30   Vgl. Wollasch, Das Grabkloster, op. cit.

31   Die Urkunden der burgundischen Rudolfinger (Regum Burgundiae e stirpe Rudolfina Diplomata et Acta) (MGH DD Burg.), bearb. v. Theodor Schieffer unter Mitw. v. Hans Eberhard Mayer, München 1977, D 102, S. 258–260.– Zu jüngeren Debatten siehe Guido

ich, dass die sich mit dem Königreich Burgund befassenden Historiker – ich an allererster Stelle – sich zu lange und zu häufig damit zufriedengegeben haben, das Interpretationsmodell der ottonischen Reichskirche auf das rudolfingische Königreich zu übertragen. Tatsächlich scheint König Rudolf III. am Ende des Jahrtausends nicht mehr wirklich in der Lage gewesen zu sein, seine Grossen, und insbesondere die wichtigsten unter seinen Bischöfen, zu kontrollieren. Dass diese vermochten, echte bischöfliche Herrschaften zu errichten, verweist auf die Implementierung eines neuen Machtgefüges, das sich inmitten der politischen Strategien des Adels im burgundischen Gebiet herauszubilden begann.[32]

Richten wir den Blick wieder auf Adelheid, die sich in Begleitung verschiedener Bischöfe, von denen einige ihre Verwandten waren, nach Orbe begab, der letzten Etappe ihrer Rundreise durch Burgund. Erst zu diesem Zeitpunkt, während ihres letzten Halts im Jura, enthüllt uns Adelheid, die von Odilo in Szene gesetzt wird, die politischen Gründe für ihre Rückkehr in ihre *patria*. Sie hielt sich dort auf, um einen Frieden auszuhandeln, einen Frieden, der die Verbindung zwischen dem König und seinen *fideles* stärken

---

Castelnuovo, L'aristocrazia del Vaud fino alla conquista sabauda (inizio XI–metà XIII secolo), Turin 1990 (Biblioteca storica subalpina 207), S. 28–31; Giuseppe Sergi, I confini del potere. Marche e signorie fra due regni medievali, Turin 1995, S. 320–327; Demotz, La Bourgogne, op. cit., S. 497–521; für einen längeren Zeitraum siehe auch Jean-Daniel Morerod, Genèse d'une principauté épiscopale. La politique des évêques de Lausanne (IXe–XIVe siècle), Lausanne 2000 (Bibliothèque historique vaudoise 116).

32   Siehe hierzu einige ganz zentrale Beiträge von Florian Mazel, etwa: Les comtes, les grands et l'Église en Provence autour de l'an Mil, in: Guilleré, Poisson [u. a.] (Hg.), Le royaume de Bourgogne, op. cit., S. 175–206; ders., Pouvoir aristocratique et Église aux Xe–XIe siècles. Retour sur la 'révolution féodale' dans l'œuvre de Georges Duby, in: Médiévales 54 (2008), S. 135–150; vgl. auch Laurent Ripart, Du *comitatus* à l'*episcopatus*. Le partage du *pagus* de Sermorens entre les diocèses de Vienne et de Grenoble (1107), in: Florian Mazel (Hg.), L'espace du diocèse. Genèse d'un territoire dans l'Occident médiéval (V^e–XIIIe siècles) [Actes de deux journées d'étude, Université de Rennes, le 15 mai 2004 et le 9 avril 2005], Rennes 2008, S. 253–286. Mit Blick auf das 11. (rudolfingische) Jahrhundert siehe auch: Laurent Ripart, Besançon, 1016. Genèse de la *damnatio memoriæ* du roi Rodolphe III de Bourgogne, in: Agostino Paravicini Bagliani (Hg.), La mémoire du temps au Moyen Âge, Florenz 2005 (Micrologus' Library 12), S. 17–36.

sollte, indem er Rudolf III. und seine grössten regionalen Widersacher einander annäherte.[33]

Aber warum fiel die Wahl auf Orbe, und um welche Kontrahenten handelte es sich? Bei diesem kleinen Wandertheater spielt auch Orbe die Rolle eines Erinnerungsortes. Die Memoria ist dieses Mal territorialer Natur und sie ist dazu geeignet, sich die starken Bindungen zwischen Herrschaft und Region vor Augen zu führen. Als alte merowingische und karolingische Pfalz zeugt Orbe von der Langlebigkeit der raumpolitischen Erinnerung an das Gebiet und mag als ein praktisches und symbolisches Bindeglied betrachtet werden, das die Übertragung der politischen Herrschaft von einer Dynastie auf die nächste legitimierte und die territorialen Grundlagen stärkte. Der *vicus* Orbe konnte in der Tat weit zurückliegende und namhafte Verbindungen zur Königsfamilie vorweisen. Die berühmte Königin Brunhild war hier zu Zeiten der Merowinger gefangen gehalten worden. Orbe wurde dann einer der *sedes* des karolingischen Herrschers Lothar II., und 864/865 spielte sich ganz in der Nähe von Orbe die Schlacht ab, die es den Welfen ermöglichte, sich fest in Burgund zu verankern.[34] Als Sitz einer Münzstätte[35] sowie eines königlichen *mallus* und als Symbol der territorialen Kontrolle über das juranische Burgund war Orbe noch zu Beginn des 11. Jahrhunderts einer der von den rudolfingi-

---

33   «Devenit in vicum, qui vocatur Urba. In ipso enim vico [...] cum rege et principibus patriae pacis et honestatis conferens negotia» (Epitaphium, op. cit., Kap. 16, S. 41).

34   Zu Orbe in karolingischer Zeit: Annales de Saint-Bertin, ed. Félix Grat, Jeanne Viellard [u. a.], Paris 1964, ad a. 864, S. 122; ad a. 865, S. 122; ad a. 877, S. 214; ad a. 880, S. 240; Annales Bertiniani/Jahrbücher von St. Bertin (Quellen zur karolingischen Reichsgeschichte II), neu bearb. v. Reinhold Rau, Darmstadt 1969 (Ausgewählte Quellen zur deutschen Geschichte des Mittelalters 6), S. 11–287, bes. S. 92, 136, 150, 252, 278; bzw. Annales Bertiniani, ed. Georg Waitz, Hannover 1883 (MGH SS rer. Germ. 5).– Ein gefälschtes Diplom Lothars II. von 869 beschreibt Orbe etwa als «*villa regni*» (Diplomatum Karolinorum, III: Lotharii I et Lotharii II diplomata [MGH DD Lo I/DD Lo II], bearb. v. Theodor Schieffer, Berlin, Zürich 1966, III/II, D 34, S. 440–442). Vgl. Carl-richard Brühl, Deutschland-Frankreich, die Geburt zweier Völker, Köln, Wien 1990, S. 356, 362; Adelheid Krah, Absetzungsverfahren als Spiegelbild von Königsmacht. Untersuchungen zum Kräfteverhältnis zwischen Königtum und Adel im Karolingerreich und seinen Nachfolgestaaten, Aalen 1987 (Untersuchungen zur deutschen Staats- und Rechtsgeschichte 26), S. 167 f.; Castelnuovo, Les élites des royaumes, op. cit., S. 388–391.

35   Poupardin, Le royaume de Bourgogne, op. cit., S. 190.

schen Herrschern am stärksten bevorzugten Orte. Rudolf III. etwa stellte hier eine gewisse Anzahl von Urkunden aus.[36] Wundern wir uns also nicht, dass die Versöhnungsgespräche unter dem Vorsitz Adelheids, der königlichen Tante und kaiserlichen Vertreterin, gerade in Orbe, und damit fern der von den Rudolfingern schlecht kontrollierten Bischofssitze, stattfanden.[37] Bei dieser letzten Etappe ist die angeführte Erinnerung in erster Linie eine lokale und regionale, politische und an den Grundbesitz gebundene Erinnerung, die auf die königlichen Kontrollmöglichkeiten über das Land verweist. Es handelt sich ebenfalls um eine lange während Erinnerung, stellte die Kontrolle über alte Fiskalgüter doch gleichzeitig eines der wichtigsten Fundamente aller territorialen Vorherrschaft und eine gewisse Quelle der politischen Legitimität für ihre Inhaber dar, unabhängig davon, ob dies nun Bischöfe, Könige, Äbte, *principes* und bald darauf auch Grafen oder Burgherren waren.

In Orbe trat Adelheid also als Friedensstifterin auf. Aber mit wem gedachte sie zu verhandeln? Wer waren im Jahre 999 die politischen Protagonisten in Burgund? Ich werde hier sehr schematisch bleiben, verfügen wir doch heute über die sehr schöne Doktorarbeit von François Demotz, die hierzu alles, oder nahezu alles, sagt.[38] Zunächst war es ihr Neffe, der König. Rudolf III. zur Seite standen die burgundischen Getreuen,[39] Grafen und Bischöfe, Äbte und Vasallen. Vor ihm fanden sich die neuen Wettbewerber, die *principes patriae*, die auf ihrem Grund verwurzelten Grossen, die bald einen massgeblichen Platz in der gesellschaftspolitischen Memoria der burgundischen Ländereien einnehmen sollten. Tatsache ist, dass ungefähr zwischen 970 und 1020, in der Phase der gesellschaftspolitischen Adjustierung

---

36 Eine freilich nicht erschöpfende Liste findet sich bei Castelnuovo, Un regno, un viaggio, op. cit., S. 229 f. Siehe auch den Aufsatz von Alexandre Pahud, Le plaid d'Orbe du 23 juin 1006. Un témoignage inédit de la défense des intérêts clunisiens par le roi de Bourgogne, in: Cluny, le monachisme et la société au premier âge féodal, op. cit., S. 261–271.

37 Die Rolle der urbanen Welt im rudolfingischen Königreich untersuchte Sergi, I confini del potere, op. cit., S. 311–327.

38 Demotz, La Bourgogne, op. cit., S. 427–458.

39 «Fidelibus nepotis sui Ruodulfi regis inter se litigandibus, quibus potuit, pacis federa contulit, quibus non potuit, more solito Deo totum commisit» (Epitaphium, op. cit., Kap. 12, S. 39).

der Mehrheit der postkarolingischen Reiche, die mächtigen Amtsträger, die
grossen Kirchenmänner und die anderen adligen Vasallen im rudolfingischen Burgund mehr und mehr danach strebten, ihre Herrschaft auf dem
Boden zu begründen und ihre Güter, ihre Ämter sowie ihre Klientelverhält-
nisse erblich werden zu lassen. Die Grossen aus dem königlichen Umfeld, die
aus den Ämtern und der Nähe zu den Rudolfingern hervorgegangen waren,
zielten kurzum darauf ab, Territorialherren zu werden sowie Herren, die
Dynastien begründeten, über Ländereien – möglichst königlichen und fiska-
lischen Ursprungs – verfügten oder Burgherren waren.

In diesem Kontext erfuhr das Vokabular der Herrschaft und der Territorialgewalt eine Bereicherung, neue Begriffe wie *castrum* oder *miles* traten in den
schriftlichen burgundischen Quellen im Laufe der letzten Jahrzehnte des
10. Jahrhunderts auf.[40] Auch wenn an dieser Stelle nicht im vollen Umfang in
die historiographische Debatte um die *mutation de l'an mil* eingestiegen werden soll, so lässt sich dennoch festhalten, dass es sich hier um ein gewichtiges
Indiz handelt, das gleichermassen auf eine reale, mit der Vergrundherrschaftli-
chung (*seigneurialisation*) des regionalen Adels einhergehende, gesellschafts-
politische Entwicklung hinweist wie auf einen Wandel der Typologie und der
Quellen. Angesichts des Aufschwungs, den die bischöflichen und klösterlichen
Kopialbücher erlebten, richtet sich der Blick des Historikers verstärkt auf die
territoriale und lokale Ebene.

Im Jahre 999 traf der König, Odilo zufolge, also in Orbe seine *principes
patriae*. Die Variationsbreite der diesen *principes* beigefügten Bezeichnungen
lässt es sinnvoll erscheinen, einen kurzen Blick auf die räumliche und zeitliche Verteilung während der Zeit vom 10. bis zum 12. Jahrhundert zu werfen.
Vor und nach der Jahrtausendwende wurden diese als *principes regni* oder
patrie bezeichnet;[41] im Laufe des 11. Jahrhunderts begann eine Selbst- und

---

40   Für Quellenbelege und jüngere Forschungsdebatten sei verwiesen auf: Castelnuovo,
Les élites des royaumes, op. cit., S. 407 f.; ders., La Burgondie carolingienne, op. cit.,
S. 202 f.; Demotz, La Bourgogne, op. cit., S. 321–324, 388–396.

41   Sehr früh, aber recht selten findet sich diese Wendung im bosonidischen und provenzalischen Gebiet: 896: «*magnati principes regionis*» (Cartulaire de l'abbaye Saint-André-le-
Bas de Vienne, ed. Ulysse Chevalier, Lyon 1869 [Collection de cartulaires dauphinois 1],
Appendice, Nr. 9, S. 218]; 965: «*principes Arelatensium*», in dem Sinne der bedeutendsten
unter den Bewohnern von Arles (Cartulaire de l'Abbaye de Saint-Victor de Marseille, ed.

Fremdbeschreibung als *principes regionis*.[42] Spätestens im 12. Jahrhundert erschienen sie unter der Bezeichnung *principes provinciae* oder *castri*, wie dies bei den Grandson der Fall ist, den Erben der rudolfingischen Grafen des Jahres 1000.[43] So wich das institutionelle und soziale Modell karolingischer Abkunft nach und nach den in den Vordergrund drängenden neuen politischen Protagonisten. Neben den König traten die Grafen, dann die regionalen *principes*; an deren Seite finden wir die lokalen Herren, die sich in

---

Benjamin Guérard, Jules Marion [u. a.], Bd. 1, Paris 1857, Nr. 29, S. 40–42); die kollektive Verwendung eines um die «*principes*» kreisenden Wortschatzes scheint in Hochburgund erst deutlich später aufzutreten. Zwischen dem Jura und den Alpen – in einem Raum, den die rudolfingischen Könige noch bis zum äussersten Ende des 10. Jahrhunderts zu kontrollieren vermochten – treten die ältesten Zeugnisse der territorialen «*principes*» erst um das Jahr 1000 auf. Neben den «*principes patriae*» Odilos findet sich eine gewisse Zahl von «*principes regni*» in den Diplomen und königlichen Versammlungen (u. a. Eysins 1001/ 1002; Salins 1029 [MGH DD Burg., op. cit., D 91, S. 242–245; D 122, S. 295]).

42   In den 1030er Jahren: «*Geroldus princeps regionis*» [Genf] (Wipo, Gesta Cuonradi II imperatoris, in: Quellen des 9. und 11. Jahrhunderts zur Geschichte der hamburgischen Kirche und des Reiches, ed. Werner Trillmich, Darmstadt ²1990 [⁷2000] [Ausgewählte Quellen zur deutschen Geschichte des Mittelalters 11], S. 562).

43   «*Principes provinciae*» [Versammlung in Orbe von 1110] (Louis de Charrière, Les dynastes de Grandson jusqu'au XIII͏ᵉ siècle, Lausanne 1866, Nr. 28, S. 109; «*principes Chablasii*» [1108] (Regeste Genevois, ed. Paul Élisse Lullin, Charles Guillaume Le Fort, Genf 1866, Nr. 246, S. 68 f.).– Die adligen Grundherren und die Burgherren erscheinen beinahe zur selben Zeit. Es können die verschiedenen «principes, quorum hec sunt nomina», einer humbertinischen Urkunde aus den 1050er Jahren sein, die zugunsten der Kanoniker von Belley ausgestellt wurde (Petit cartulaire de Saint-Sulpice-en-Bugey, ed. Marie-Claude Guigue, Lyon 1884, Appendice, S. 27); Laurent Ripart geht allerdings davon aus, dass diese Urkunde später anzusetzen ist (Les fondements idéologiques du pouvoir des premiers comtes de Savoie. De la fin du Xᵉ au début du XIIIᵉ siècle, thèse de doctorat, Université de Nice Sophia Antipolis 1999, Bd. II, S. 558 f.).– Zu Beginn des 12. Jahrhunderts findet sich auch der «*princeps castri Grantionensi*», der in der «*praefatiuncula*» *des Chartulars* von Romainmôtier erwähnt wird (Le cartulaire de Romainmôtier, ed. Alexandre Pahud, Lausanne 1994 [Cahiers lausannois d'histoire médiévale 21], Nr. 1, S. 69–71). Vgl. Guido Castelnuovo, Nobili e nobiltà nel Vaud medievale (secoli X–XV). Ordinamenti politici, assetti documentari, tipologie lessicali, in: Annali dell'Istituto Storico Italo-Germanico in Trento 18 (1992), S. 30–39.

Geschlechtern organisierten, die immer stärker agnatisch und hierarchisch ausgerichtet waren.

Um zu Adelheid zurückzukehren und ihre Reise durch die Alpen endgültig zu beschliessen: Es ist richtig, dass die Verhandlungen, die zwischen 999 und 1002 bei verschiedenen Zusammenkünften in Orbe und andernorts geführt wurden, im Grossen und Ganzen mit einem relativen Erfolg der kaiserlichen und der rudolfingischen Seite endeten. Und dennoch: wenn wir heute die Grossen der Jahrtausendwende in der Gegend zwischen dem Jura und den Alpen vor unseren Augen Revue passieren lassen, würden wir wohl kaum an die aus Burgund stammende Kaiserin Adelheid denken. Die Heiligkeit Adelheids, die 1097 durch den Cluniazienser Urban II. offiziell bestätigt wurde, hat sich nie wirklich in Hochburgund durchsetzen können.[44] Wir werden eher die Wigonen, die zukünftigen Grafen von Albon, und die Humbertiner, die zukünftigen Grafen von Savoyen, sowie verschiedene Familien aus dem Waadtland und dem Chablais vor Augen haben, kurzum an die mächtigen Familien denken, die um die Jahrtausendwende begannen, auf sich aufmerksam zu machen.[45] Das burgundische Königreich trat hier schrittweise und spürbar zugunsten der bischöflichen, gräflichen und regionalen Herrschaften

---

[44]   Siehe Laurent Ripart, La tradition d'Adélaïde dans la maison de Savoie, in: Corbet, Goullet [u. a.] (Hg.), Adélaïde de Bourgogne (999–1999), op. cit., S. 55–77; Jean-Daniel Morerod, *Predium emphoteoticum a sancta Adelheidi habitum. Les sources foncières et le souvenir d'Adélaïde en Suisse*, in: ebd., S. 109–120.– Die Erinnerung und das Gedächtnis an Adelheid sind hingegen im restlichen Reich stärker verankert, so in Pavia, in Selz und in Magdeburg; siehe hierzu u. a. Wollasch, Das Grabkloster, op. cit.; Corbet, Les saints ottoniens, op. cit., S. 81–110; Golinelli, Adelaide, op. cit.

[45]   Vgl. u. a. Castelnuovo, L'aristocrazia del Vaud, op. cit.; François Demotz, Y a-t-il eu un An Mil aux bords du Léman? L'exemple de deux plaids et de leurs participants, in: Revue Savoisienne 141 (2001), S. 141–174; ders., La Transjurane de l'an Mil. La transition post-carolingienne, in: Guilleré, Poisson [u. a.] (Hg.), Le royaume de Bourgogne, op. cit., S. 27–59, bes. S. 46–59; Ripart, Du royaume aux principautés, op. cit.; ders., Le premier âge féodal dans des terres de tradition royale. L'exemple des pays de la Bourgogne rhodanienne et lémanique, in: Cluny, le monachisme et la société au premier âge féodal, op. cit., S. 229–248.– Näheres auch bei Florian Mazel, La Provence entre deux horizons (843–1032). Réflexion sur un processus de régionalisation, in: Gaillard, Margue [u. a.] (Hg.), De la mer du Nord, op. cit., S. 457–489.

zurück, die die lokalen Anfänge des dauerhaften Aufstiegs der *seigneurie châtelaine* begleiteten.

Guido Castelnuovo, Prof. Dr., Département d'Histoire, UFR-ip Sciences Humaines et Sociales, Avignon Université, 74, rue Louis Pasteur, F – 84029 Avignon Cedex 1, guido.castelnuovo@univ-avignon.fr

Das Ende eines Königreichs

Die grund- und adelsherrschaftliche Transformation der Zentralräume des rudolfingischen Königtums (Ende des 10. Jahrhunderts bis zweite Hälfte des 11. Jahrhunderts)[1]

Laurent Ripart

Gegen Ende des 10. Jahrhunderts besassen die Könige Konrad (937–993) und Rudolf III. von Burgund (993–1032) so grosse Autorität, dass sie ihre Herrschaft nahezu über das gesamte Königreich ausüben konnten. Nur in der Peripherie, in der Grafschaft Burgund und in der Provence, hatten sich fürstliche Dynastien ausgebildet.[2] Vom Tal der Isère bis zum Rhônetal herrschte die rudolfingische Monarchie unangefochten. Sie verfügte über wichtige Domänen, und ihre Autorität reichte hin, um die Bischofs- und Abtswahlen zu kontrollieren, aber auch um die Autonomie der Adelsherrschaften stark zu beschränken (siehe Abb. 1).

Fest in der karolingischen Tradition verwurzelt, war es der rudolfingischen Monarchie in der Tat gelungen, in diesem zentralen Raum die Kon-

---

1   Die Studie, die auf einen am 8. Dezember 2012 im Rahmen des Deutsch-französischen Forschungsateliers «Junge Mediävistik I» an der Albert-Ludwigs-Universität (Freiburg i. Br.) gehaltenen Vortrag zurückgeht und deren originaler Titel «La fin d'un royaume. La transformation seigneuriale et princière des espaces centraux de la royauté rodolphienne (fin X^e–2e moitié du XIe siècle)» lautet, wurde von Jessika Nowak ins Deutsche übertragen.

2   Giuseppe Sergi, Istituzioni politiche e società nel regno di Borgogna, in: Il secolo di ferro. Mito e realtà del secolo X [19–25 aprile 1990], Spoleto 1991 (Settimane di studio del Centro Italiano di studi sull'Alto Medioevo 38), Bd. 1, S. 205–236; Guido Castelnuovo, Les élites des royaumes de Bourgogne (milieu IXe–milieu Xe siècle), in: Régine Le Jan (Hg.), La royauté et les élites dans l'Europe carolingienne (du début du IXe siècle aux environs de 920), Villeneuve d'Ascq 1998 (Collection Histoire et littérature régionales 17), S. 383–408; François Demotz, La Bourgogne, dernier des royaumes carolingiens (855–1056). Roi, pouvoirs et élites autour du Léman, Lausanne 2008 (Mémoires et documents publiés par la Société d'histoire de la Suisse romande IV/9); Laurent Ripart, Le royaume rodolphien de Bourgogne (fin IXe–début XIe siècle), in: Michèle Gaillard, Michel Margue [u. a.] (Hg.), De la mer du Nord à la Méditerranée. Francia Media, une région au cœur de l'Europe (c. 840–c. 1050) [Actes du colloque de Metz, Luxembourg, Trêves, 8–11 février 2006], Luxemburg 2011 (Publications du CLUDEM 25), S. 429–452.

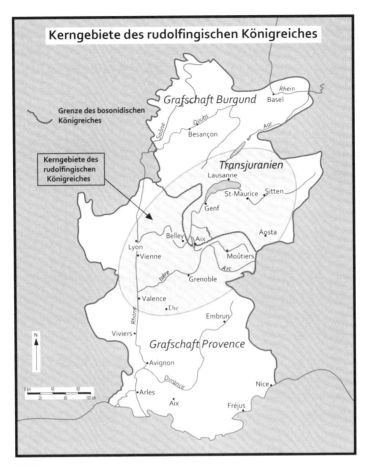

Abbildung 1

trolle der *honores* und der Benefizien zu bewahren. Anhand der Quellen lässt sich vor dem äussersten Ende des 10. Jahrhunderts kein einziges Beispiel für die Weitergabe eines *honor* durch Vererbung ausmachen. Dies verleiht diesem Raum einen bemerkenswert archaischen Charakter. Indem sie beständig ihr Gebiet durchzogen, konnten die rudolfingischen Herrscher die Kontrolle über die Kerngebiete ihres Königreichs sichern. Hierbei waren ihnen nicht zuletzt die direkten Kontakte dienlich, die sie zu den verschiedenen regionalen Adelsgruppen aufrechterhielten. Als obersten Schiedsrichtern der zwischen den Adligen ausgetragenen Konflikte war den rudolfingischen Köni-

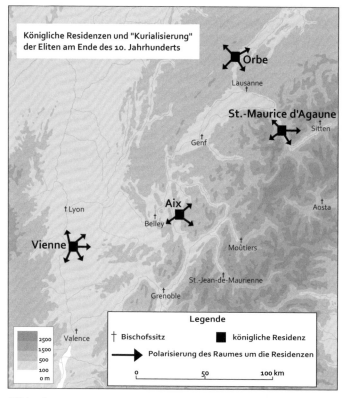

Königliche Residenzen und "Kurialisierung" der Eliten am Ende des 10. Jahrhunderts

Abbildung 2

gen in der Tat eine «Kurialisierung» der Eliten gelungen, die an den königlichen Höfen verkehrten, welche die Herrscher in regelmässigen Abständen in ihren wichtigsten Residenzstätten – der Abtei Saint-Maurice d'Agaune, der alten Königspfalz Orbe, der *villa sedes regalis* Aix und der alten Kaiserpfalz Vienne – abhielten (siehe Abb. 2).[3]

---

3   Laurent Ripart, Vivre au premier âge féodal dans des terres de tradition royale. L'exemple des pays de la Bourgogne rhodanienne et lémanique, in: Cluny, le monachisme et la société au premier âge féodal (880–1050) [Actes des colloques internationaux de Romainmôtier (24–26 juin 2010) et de Cluny (9–11 septembre 2010)], Rennes 2013 (Collection Art & Société), S. 229–248.

Ein halbes Jahrhundert später sollten sich die Gesellschaft und die politische Ordnung tiefgreifend wandeln. Die nunmehr von den Saliern ausgeübte Königsherrschaft war beachtlich geschwächt und geschrumpft. Sie beschränkte sich nunmehr nur noch auf Transjuranien. Südlich des Genfer Sees war die ehemalige königliche Ordnung in den Gebieten, die die rudolfingischen Könige einst häufig aufgesucht hatten, völlig verblasst. Neue Mächte waren aufgekommen; einige unter ihnen waren fürstlicher Natur, beispielsweise das bischöfliche Fürstentum, das sich um Vienne ausbilden sollte, oder die gräflichen Fürstentümer, die zur Entstehung der Grafschaft Savoyen und des Dauphiné führten. Andere waren eher grundherrschaftliche Konstruktionen, so etwa die Immunitätsherrschaft (*seigneurie immunitaire*), die sich im Chablais um die Abtei Saint-Maurice herum bildete, oder die Burgherrschaften (*seigneuries châtelaines*), die sich, oft in Verbindung mit dem neuen, in der Implementierung begriffenen Netz an Prioraten, zu etablieren begannen. Innerhalb weniger Jahrzehnte wich die alte königliche Ordnung so einem neuen Patchwork von Mächten, die von nun an dauerhaft die lokalen Gesellschaften ihrer Lenkung unterordneten.

Der folgende Beitrag soll den Prozess der systemischen Transformation von der alten königlichen Ordnung zu einer neuen grund- und adelsherrschaftlichen Organisation beschreiben, ohne dabei auf die Polemik um die *mutation féodale* einzugehen, die in den 1990er und 2000er Jahren die französische Historiographie beherrscht hat. Stattdessen wird er konkret diese regionale Gesellschaft in den Blick nehmen, die sich, als sie sich schlagartig ihres monarchischen Rahmens beraubt sah, innerhalb von einer oder zweier Generation(en) mit neuen Herrschaften ausstatten musste, die in der Lage waren, an die Stelle der nun vakanten königlichen Autorität zu treten.

Zur Beschreibung dieses Wandels können wir auf einen recht bedeutenden Urkundenbestand zurückgreifen, der im Wesentlichen aus den Kopialbüchern von Cluny, Savigny, Ainay, Saint-André-le-Bas und der Kirche von Grenoble stammt, aber auch aus der Urkundensammlung von Saint-Maurice d'Agaune und dem Kopialbuch der Lausanner Kirche. Wenn die Quellen auch relativ dicht und homogen für die Jahre 930 bis 1040 sind, so muss man dennoch konstatieren, dass die zweite Hälfte des 11. Jahrhunderts einem «dokumentarischen Tiefstand» gleichkommt, der offensichtlich in Zusammenhang mit den Unruhen steht, welche die tiefgreifenden strukturellen

Veränderungen in der Region hervorriefen,[4] der aber auch in Verbindung mit der Krise zu sehen ist, welche durch die Kirchenreform und den Investiturstreit ausgelöst wurde, dessen Auswirkungen auch auf lokaler Ebene erheblich waren.[5]

I. Der Zusammenbruch des rudolfingischen Königtums

Eine erste Feststellung drängt sich auf: das Verschwinden der rudolfingischen Monarchie rührte nicht von einem dynastischen Zufall her, sondern fügte sich in einen langsamen Prozess des Niedergangs ein, der wohl gegen Ende der Herrschaft Konrads einsetzte und die gesamte Herrscherzeit Rudolfs III. (993–1032) geprägt hat. Seit der Thronbesteigung dieses jungen Königs wurde die rudolfingische Monarchie von einer schweren Krise heimgesucht, die sich zunächst, in den Jahren 995 bis 999, in einer Revolte der Grossen aus Hochburgund manifestierte, derer der Herrscher nicht Herr zu werden vermochte.[6] Diese besonders schwere Erhebung, über deren Ursachen und Verlauf man bedauerlicherweise sehr wenig weiss, ging zudem mit einem sehr deutlichen Schwund der Macht des Königs einher, der sich nun nach Transjuranien zurückzog und zunehmend die Kontrolle über die südlicheren Regionen verlor. Während 70 % der Urkunden Konrads Gebiete in und um Vienne im ehemals bosonidischen Königreich betrafen, sank dieses Verhältnis in den Jahren 993 bis 1012 auf 17 %. In der Zeit von 1016 bis 1032 waren es dann sogar nur noch 6 %. Seit 1010 scheint das burgundische Königtum in der Tat alle Stützpunkte in den Gebieten des einstigen bosoni-

---

4   Bernard Andenmatten, Germain Hausmann [u. a.], Écrire et conserver. Album paléographique de l'abbaye de Saint-Maurice d'Agaune (VIe–XVIe siècle), Chambéry, Saint-Maurice 2010.

5   Bruno Galland, Le rôle du royaume de Bourgogne dans la réforme grégorienne, in: Francia 29/1 (2002), S. 85–106; Michel Rubellin, Les archevêques de Lyon, les abbayes lyonnaises et la Réforme grégorienne, in: Jean-François Reynaud, François Richard (Hg.), L'abbaye d'Ainay des origines au XIIe siècle, Lyon 2008, S. 181–201.

6   François Demotz, L'an 888, le royaume de Bourgogne. Une puissance européenne au bord du Léman, Lausanne 2012 (Collection Le savoir suisse. Grandes dates 83).

dischen Königreichs verloren zu haben, wo sich nach 1020 keine Erwähnung königlicher Ländereien mehr findet.

Wenn dieser deutliche Niedergang der rudolfingischen Monarchie auch sehr wahrscheinlich interne Ursachen hatte, so lässt er sich ebenfalls in nicht unerheblichem Masse durch die fortschreitende, durch das Reich ausgeübte Oberhoheit gegen Ende des 10. Jahrhunderts erklären, die, sozusagen von oben, das rudolfingische Königtum seiner «Souveränität» beraubte. Eine durch das Reich ausgeübte Oberhoheit war freilich nichts Neues: Seit 926 war es den Ottonen gelungen, mittels der wiederholten *amicitiae* ein Protektorat über das Königreich Burgund zu erlangen.[7] Während des gesamten 10. Jahrhunderts hatte die durch das Reich ausgeübte Oberhoheit beständig zugenommen, sei es nun durch die immer stärkere ottonische Vereinnahmung des Kultes um den Heiligen Mauritius und seine Gefährten, der die königliche Tradition der burgundischen Monarchie symbolisch verkörperte,[8] sei es durch die zunehmende Eingliederung der rudolfingischen Dynastie ins sächsische *genus* mittels wiederholter Heiratsverbindungen. Obwohl sie demnach nicht neu war, nahm die durch die Ottonen ausgeübte Vorherrschaft dennoch eine ganz andere Dimension an, als Kaiserin Adelheid, die Tante Rudolfs III., an die Macht gelangte

---

[7]   Friedrich Baethgen, Das Königreich Burgund in der deutschen Kaiserzeit des Mittelalters, in: ders., Mediaevalia. Aufsätze, Nachrufe, Besprechungen, Tl. I, Stuttgart 1960 (Monumenta Germaniae Historica, Schriften 17/1), S. 25–50; Jean-Yves Mariotte, Le royaume de Bourgogne et les souverains allemands du haut Moyen Âge (888–1032), in: Mémoires de la Société pour l'histoire du droit et des institutions des anciens pays bourguignons, comtois et romands 23 (1962), S. 163–183.

[8]   Patrick Corbet, L'autel portatif de la comtesse Gertrude de Brunswick (vers 1040). Tradition royale de Bourgogne et conscience aristocratique dans l'empire des Saliens, in: Cahiers de civilisation médiévale 34 (1991), S. 97–120; Laurent Ripart, Saint Maurice et la tradition régalienne bourguignonne (443–1032), in: Pierrette Paravy (Hg.), Des Burgondes au royaume de Bourgogne (V^e–Xe siècle). Espace politique et civilisation [Journées d'étude des 26–27 octobre 2001], Grenoble 2002, S. 211–250; Nicole Brocard, Françoise Vannotti [u. a.] (Hg.), Autour de Saint Maurice. Politique, société et construction identitaire [Actes du colloque de Besançon et Saint-Maurice, 28 septembre–2 octobre 2009], Saint-Maurice 2012 (Fondation des Archives historiques de l'Abbaye de Saint-Maurice 1), S. 219–234.

und im Jahre 991 die Regentschaft für den jungen Otto III. übernahm.[9] Unter der Ägide Adelheids griff die ottonische Monarchie in der Tat direkt in die rudolfingischen Angelegenheiten ein und bemühte sich insbesondere darum, die Streitigkeiten zwischen dem König und seinen Grossen beizulegen. Die ottonische Vorherrschaft war dergestalt, dass die burgundische Kanzlei im Jahre 997 eine Urkunde Rudolfs III. ausstellte, in der der Herrscher, der den aufschlussreichen Titel *humilis rex* trug, sich eifrig bemühte, den gerechten Ermahnungen Kaiser Ottos zu entsprechen (*iustis domni imperatoris augusti videlicet Ottonis ammonitionibus*), und in der er sich einverstanden erklärte, einen *fiscus* der Kirche von Lausanne zurückzugeben, so wie es ihm der Kaiser befohlen hatte.[10] Die von der Seite des Reiches ausgeübte Allmacht gipfelte in der Reise, die Kaiserin Adelheid 999 ins Königreich Burgund unternahm, um als Herrscherin die Streitigkeiten zwischen König Rudolf III. und seinen Grossen zu schlichten.[11] Mit der Thronbesteigung Heinrichs II. gingen keine Änderungen einher, da der neue Kaiser Rudolf III. zwang, ihm die Nachfolge zuzusichern, falls er ohne einen legitimen Erben verscheiden sollte. Rudolf III. musste zudem versprechen, nicht ohne dessen Rat zu regieren.

Vor diesem Hintergrund wurden die burgundischen Grossen dazu gebracht, ihre Treue direkt auf die ottonische Monarchie zu übertragen. So wurden im Jahre 1007 die Urkunden der Synode von Frankfurt von den Erzbischöfen von Lyon und Tarentaise sowie von den Bischöfen von Genf und Lausanne unterschrieben, die sich auf diese Weise unter den Prälaten der ottonischen Reichskirche einreihten. Gleiches galt für die weltlichen Grossen, so etwa für die mächtigen Humbertiner, die 1016 von Kaiser Heinrich II. mit einer Schenkung bedacht wurden. Mit dem Verlust der Kontrolle über die

---

9   Patrick Corbet, Monique Goullet [u. a.] (Hg.), Adélaïde de Bourgogne (999–1999). Genèse et représentations d'une sainteté impériale [Actes du colloque d'Auxerre, 10–11 décembre 1999], Dijon 2002.

10   Die Urkunden der burgundischen Rudolfinger [Regum Burgundiae e stirpe Rudolfina Diplomata et Acta] [MGH DD Burg.], bearb. v. Theodor Schieffer unter Mitw. v. Hans Eberhard Mayer, München 1977.

11   Guido Castelnuovo, Un regno, un viaggio, una principessa. L'imperatrice Adelaide e il regno di Borgogna (931–999), in: Roberto Delle Donne, Andrea Zorzi (Hg.), Le storie et la memoria. In onore di Arnold Esch, Florenz 2002 (Reti Medievali 1), S. 215–234 (http://fermi.univr.it/rm/ebook/festesch.html [27.7.2018]).

Grossen an den Kaiser verlor das rudolfingische Königtum seine Existenz-grundlage.

Das Eindringen der ottonischen Herrschaft rief jedoch umso stärkere Spannungen hervor, als die Ottonen bevorzugt die Unterstützung bestimmter lokaler Adelsnetze suchten und dadurch zwangsläufig die Besorgnis von deren Rivalen erregten. Zu den Gegnern der ottonischen Herrschaft muss man die Kirche von Vienne und den Grafen Gerold von Genf zählen, die sich sehr früh einem Eindringen der ottonischen Herrschaft widersetzt zu haben scheinen. Der ottonische Hof musste auch mit dem Vorbehalt des Grafen von Burgund rechnen, der über einen gewissen, bis nach Transjuranien reichenden Einfluss verfügte. Die Ottonen sahen sich aber ebenfalls mit dem komplexen Spiel Rudolfs III. konfrontiert, dessen Beziehungen zum ottonischen Hof wahrscheinlich sehr viel zwiespältiger und undurchsichtiger waren, als es zunächst den Anschein hat.[12] Unter diesen Umständen ist es kaum erstaunlich, dass Konrad II. nach dem Tode des am 6. September 1032 verschiedenen Rudolf III. mehr als ein Jahr benötigte, um das Königreich Burgund zu unterwerfen, dessen Führungsschicht sich massiv Konrads Widersacher, Odo II. von Blois, angeschlossen zu haben scheint. Als Konrad II. im Februar 1034 seinen Rivalen schliesslich besiegte und in den Besitz des Königreichs Burgund gelangte, musste er jedoch feststellen, dass er lediglich den Schatten eines Königreichs geerbt hatte, da es der Aufschwung der kaiserlichen Monarchie seiner Substanz beraubt hatte.

Heinrich III., der ein Jahr, bevor er seinem Vater im Reich nachfolgte, zum König von Burgund gekrönt worden war, konnte eine gewisse Kapazität zur Intervention im alten Königreich Burgund aufrechterhalten, indem er in der königlichen Residenzstätte Solothurn, die in unmittelbarer Nähe zum Reich lag, Hoftage einberief und indem er durch seine Heirat mit Agnes von Poitou ein Bündnis mit dem Grafen Rainald von Burgund schliessen konnte.[13] Dennoch raffte die lange und schwierige Regentschaft Heinrichs IV., in

---

12   Laurent Ripart, Besançon, 1016. Genèse de la *damnatio memoriæ* du roi Rodolphe III de Bourgogne, in: Agostino Paravicini Bagliani (Hg.), La mémoire du temps au Moyen Âge, Florenz 2005 (Micrologus' Library 12), S. 17–36.

13   Michel Parisse, Sigefroid, abbé de Gorze, et le mariage du roi Henri III avec Agnès de Poitou (1043), in: L'Église et la société entre Seine et Rhin (Vᵉ–XVIᵉ siècle). Recueil

Verbindung mit der Gregorianischen Reform und dem Investiturstreit, endgültig die geringe verbliebene königliche Macht, welche die Salier von den Rudolfingern geerbt hatten, dahin.[14] Selbst der Name des «Königreichs Burgund» verschwand am Ende des 11. Jahrhunderts, und als Friedrich Barbarossa in der zweiten Hälfte des 12. Jahrhunderts versuchte, die Vorrechte des Reiches in diesen Regionen wiederherzustellen, hatte sich das alte Erbe der Rudolfinger so sehr verflüchtigt, dass er sich nicht mehr auf diese berufen konnte. Er hatte in der Tat keine andere Wahl, als mit der alten burgundischen Tradition zu brechen und die Fundamente einer neuen Konstruktion zu legen, des Königreichs Arelat.

II. Die Etablierung der fürstlichen Herrschaften

Vor dem Hintergrund einer geschwächten rudolfingischen Herrschaft – eine Schwächung, die charakteristisch für das Ende des 10. und den Beginn des 11. Jahrhunderts ist – entstand binnen einer einzigen Generation ein neues Geflecht fürstlicher Herrschaften. Die Begründer dieser neuen fürstlichen Herrschaften gingen in der Tat alle aus ein und derselben Bewegung hervor, die sich gegen Ende der Herrschaft Konrads oder zu Beginn derjenigen Rudolfs III. vollzog: Die Vorfahren der Grafen von Die traten im Jahre 985 in Erscheinung, diejenigen der Grafen von Lyon um 990; die Wigonen lassen sich im Jahre 996 fassen; die Humbertiner, die Vorfahren der Grafen von Savoyen, in den 990er Jahren; die Grafen von Genf scheinen erstmals 1001/1002 belegt. Binnen weniger Jahre gelang es den fürstlichen Herrschaften, den Grossteil der einstigen Kernräume des rudolfingischen Königtums zu dominieren – mit Ausnahme Transjuraniens, in dem die salische Monarchie und deren Bischöfe hinreichend Autorität bewahrt hatten, um jeglichen Versuch der Errichtung einer fürstlichen Herrschaft aufhalten zu können; aber

---

d'études d'histoire du Moyen Âge en l'honneur de Bernard Delmaire, Villeneuve d'Ascq 2004 (Revue du Nord 86), S. 543–566.

14   Laurent Ripart, Le royaume de Bourgogne (888–début du XIIe siècle), in: Thomas Deswarte, Geneviève Bührer-Thierry (Hg.), Pouvoirs, Église et société dans les royaumes de France, de Germanie et de Bourgogne, de 888 au début du XIIe siècle, Paris 2008, S. 72–98.

auch mit Ausnahme einiger Diözesen, in denen den Bischöfen, so etwa dem Erzbischof von Vienne, durch eine königliche Konzession die Grafschafts-rechte zugestanden worden waren, was den Bischöfen wiederum erlaubte, sich den Ambitionen der weltlichen Grossen zu entziehen.

Für den Prozess der Herausbildung der fürstlichen Herrschaften spielte die Kontrolle der verschiedenen *episcopatus* in der Tat eine ganz zentrale Rolle.[15] Äusserst charakteristisch ist der Prozess der Herausbildung der fürst-lichen Herrschaft der Wigonen, der im Wesentlichen aus ihrer Einflussnah-me über die Kirche von Grenoble resultierte. Nach dem zwischen 975 und 994 erfolgten Tod des Bischofs Isarn – des letzten Bischofs von Grenoble, von dem wir wissen, dass er mit Zustimmung (*consensus*) des Königs erho-ben wurde –, gelang es der Parentel der Wigonen, einen der ihren, Humbert, auf den Bischofsstuhl wählen zu lassen. Nachdem dieser während seines gesamten Episkopats seine Angehörigen an den Führungs- und Verwaltungs-akten hatte teilhaben lassen und seine Verwandten ausgiebig von seinen Zuwendungen und Schenkungen profitiert hatten, übertrug Bischof Humbert seinen Episkopat an seinen Neffen Mallein, der ihm kurz nach 1016 nach-folgte: der *episcopatus* von Grenoble war auf diese Weise fest in der Hand der Wigonen (siehe Abb. 3), die um 1034/1035 den Grafentitel erhielten, vielleicht als Belohnung für die Unterstützung, die sie Konrad II. im Kampf um die Nachfolge Rudolfs III. gewährt hatten. Dies erlaubte ihnen, die Fun-damente für ein Fürstentum zu legen, das im 13. Jahrhundert den Namen Dauphiné annehmen sollte.

Die Kontrolle eines Bischofsstuhls war ebenfalls ausschlaggebend bei der Herausbildung des Fürstentums Savoyen. In den 990er Jahren wurde die Verwandtschaft der Humbertiner zum ersten Mal geschichtlich fassbar, als sie einen der ihren auf den Bischofsstuhl von Belley wählen liess, der für fast ein Jahrhundert im Besitz der Familie blieb. Den Humbertinern, die seit 1003 über den Grafentitel verfügten, gelang es rasch, eine beherrschende Stellung im rudolfingischen Königreich zu erringen – nicht zuletzt dank ihrer Nähe zu Rudolf III., die sich 1011 in der Heirat des Königs mit Irmingard konkre-

---

15   Ders., Du royaume aux principautés. Savoie-Dauphiné, X^e–XIe siècles, in: Christian Guilleré, Jean-Michel Poisson [u. a.] (Hg.), Le royaume de Bourgogne autour de l'an mil [Actes du colloque de Lyon, 15–16 mai 2003], Chambéry 2008, S. 247–276.

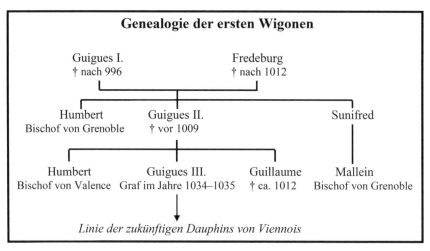

Abbildung 3

tisierte, über deren Zugehörigkeit zur Verwandtschaft der Humbertiner kaum Zweifel bestehen, auch wenn es die Quellen nicht erlauben, die genaue Art dieser verwandtschaftlichen Beziehung präzise zu benennen.[16] Durch die neue Königin von Burgund erhielten die Humbertiner zahlreiche königliche Schenkungen, bevor es ihnen zu Beginn der 1020er Jahre gelang, die Kontrolle über die Kirche von Aosta zu erringen. Ihre Macht öffnete ihnen die Türen zum kaiserlichen Hof, und beim Tode Rudolfs III. im Jahre 1032 setzten sich die Humbertiner im Königreich Burgund an die Spitze der salischen Truppen. Der Sieg Konrads II. war demzufolge auch der ihre, und der dankbare Kaiser gestand ihnen die Savoyer Schlucht, Maurienne und vielleicht auch Tarentaise zu.

Fast alle neuen fürstlichen Herrschaften entwickelten sich nach einem analogen Vorgang, so etwa die der Grafen von Genf, deren Macht auf der Kontrolle der Genfer Kirche beruhte, aber auch auf der Verbindung zur Königsfamilie gründete, da Graf Gerold von Genf der Grossneffe König Rudolfs III. war. Mit der Entfernung vom königlichen Hof, wo der rudolfingische Herrscher nunmehr nicht mehr viel zu verteilen hatte, bemühten sich die

---

16   Giuseppe Tabacco, Forme medievali di dominazione nelle Alpi occidentali, in: Bollettino storico-bibliografico subalpino 60 (1962), S. 327–354.

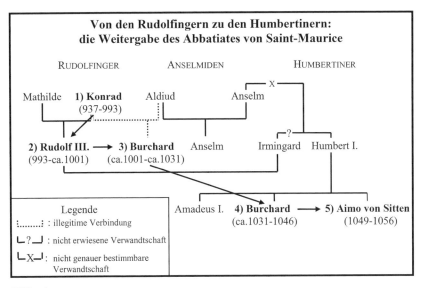

Abbildung 4

rudolfingischen Grossen, neue fürstliche Räume zu schaffen: sie häuften *honores* und Allod an und sie waren ebenfalls bestrebt, die Kontrolle über die wichtigsten kirchlichen Benefizien vor Ort zu erhalten. Um dies erreichen zu können, spielte die Verbindung zum Königshaus eine wesentliche Rolle, wovon auch der Übergang des königlichen Abbatiats von Saint-Maurice an die Verwandten der Humbertiner im Laufe der ersten Hälfte des 11. Jahrhunderts zeugt. Über seine Verwandtschaft mit dem Anselmiden Burchard, dem Halbbruder König Rudolfs III., konnte der Humbertiner Burchard diese kirchliche Würde durch eine Weitergabe innerhalb der Familie erlangen, bevor er diese Würde seinerseits seinem Bruder, dem humbertinischen Bischof Aimo von Sitten, übertrug (siehe Abb. 4).

In der Praxis bestanden diese fürstlichen Herrschaften jedoch zumeist nur aus einem heterogenen Agglomerat von kirchlichen Rechten, Alloden und *fisci*, die sich mehr oder weniger um einige Kathedralen gruppierten, die diesen eine gewisse Kohärenz gaben, ohne jedoch eine wirkliche Stabilität zu gewährleisten. Die Grafen von Lyon, die sich ins Forez zurückgezogen hatten, nachdem sie in den 1030er Jahren die Kontrolle über die Kathedrale der Metropole verloren hatten, liefern ebenso wie auch die Grafen von Genf, die schliesslich vor dem Hintergrund des Investiturstreits die Kontrolle über die

Stadt einbüssten, von der sie ihren Namen bezogen, symbolträchtige Beispiele für die räumliche Instabilität dieser Proto-Fürstentümer. Die Fürstenherrschaft der Humbertiner war ebenfalls das gesamte 11. Jahrhundert über einer chronischen räumlichen Instabilität unterworfen. Durch eine von der kaiserlichen Familie geförderte Allianz konnten die Humbertiner in den 1040er Jahren das Turiner Fürstentum der arduinidischen Markgrafen erlangen.[17] Sie standen so an der Spitze eines neuen Konglomerates von Gebieten, das sich beidseits der Alpenkette erstreckte, sowohl im Königreich Burgund wie auch im *Regnum Italiae*. Dieses neue Gebilde vermochte es nie, sich zu stabilisieren, und es zerbrach schliesslich endgültig gegen Ende des 11. Jahrhunderts. Nach einer neuen und komplexen Umgestaltung konnte das Fürstentum Savoyen schliesslich, zu Beginn des 12. Jahrhunderts, eine von nun an beständige Form annehmen. Es organisierte sich nunmehr, mit einer deutlich grundherrschaftlich geprägten Ausrichtung, um die alpinen Routen, die zum Col du Mont Cenis und zum Grossen Sankt Bernhards-Pass führten (Abb. 5).[18]

Die Fürstenherrschaften, die aus dem Zusammenbruch der rudolfingischen Monarchie hervorgingen, «territorialisierten» sich nicht vor dem Ende des 11. und dem Beginn des 12. Jahrhunderts. Angesichts der Entwicklung der Kirchenreform wurde ihr auf den verschiedenen *episcopatus* beruhendes Fundament in der Tat sehr instabil: emblematisch ist der Fall der Wigonen, die, vor dem Hintergrund der Gregorianischen Reform, auf die Kontrolle des Bischofssitzes Grenoble verzichten mussten, bevor sie dann ein territoriales Fürstentum errichteten, das nunmehr die gräfliche Burg Albon zum Zentrum hatte.[19] Man darf sich also nicht von der Historiographie irreleiten lassen, die allzu oft dazu tendiert, in die Proto-Fürstentümer des 11. Jahrhun-

---

[17]   Giuseppe Sergi, Una grande circoscrizione del regno italico. La marca arduinica di Torino, in: Studi medievali 3/12 (1971), S. 637–712.

[18]   Ders., Potere e territorio lungo la strada di Francia. Da Chambery a Torino fra X e XIII secolo, Neapel 1981.

[19]   Johnny De Meulemeester, Jean-Michel Poisson, Le château des comtes d'Albon, berceau du Dauphiné, Namur 2004 (Carnets du patrimoine 37).

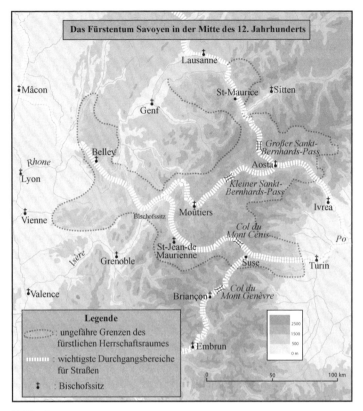

Abbildung 5

derts eine territoriale Konsistenz hineinzuprojizieren, die sich in Wirklichkeit erst im folgenden Jahrhundert ausbildete.[20]

---

20   Laurent Ripart, La mort et la sépulture du comte Humbert. Une tradition historiographique reconsidérée, in: Fabrice Delrieux, François Kayser (Hg.), Des plats pays aux crêtes alpines. Hommages offerts à François Bertrandy, Chambéry 2010, S. 71–86.

III. Der Aufschwung der lokalen Herrschaften

Neben den fürstlichen Herrschaften vermehrten sich in der ersten Hälfte des 11. Jahrhunderts auch die lokalen Herrschaftszentren, angefangen mit den Befestigungsbauten. In der französischen Forschung war der Fokus lange auf die Motten gerichtet, welche die Archäologen in grosser Zahl im Laufe der 1980er und 1990er Jahre, vor dem Hintergrund des Paradigmas der *mutation de l'an mil*,[21] zu Tage gefördert haben. Der Tendenz der Zeit folgend, wurde die Mehrheit der Motten nahezu systematisch auf das 11. Jahrhundert datiert – zuweilen aufgrund von Befunden, welche die Dendrochronologie oder Münzfunde lieferten, häufig aber auch auf Grundlage eines typologischen Vergleiches, der letztlich auf historiographischen *a priori* beruhte. Es wäre wohl heute angebracht, sich das Material erneut vorzunehmen und den Fragen nach der Datierung mehr Aufmerksamkeit beizumessen, um zu überprüfen, ob sich die Entwicklung dieser Motten nicht, wie man jüngst für andere Regionen zeigen konnte, in einen noch grösseren chronologischen Rahmen einordnen lässt.

Wie dem auch sei, die schriftlichen Quellen lassen zumindest kaum Zweifel an der wachsenden Bedeutung, welche die Befestigungsanlagen im Laufe des 11. Jahrhunderts bei der Organisation des Raumes gewannen. Während Bezüge auf die Burgen in den Quellen des 11. Jahrhunderts zunehmen, treten die alten Lokalisierungen nach *pagus*, *ager* und *villa*, welche in den Urkunden bis in die 1020er Jahre zentral gewesen waren, im Laufe der 1030er Jahre zurück und weichen allmählich den Lokalisierungen in den *mandamenta* der Burgherren. Die Macht der Burgbezirke wurde derart stark, dass Papst Paschalis II., als er im Jahre 1007 die Diözesen Vienne und Grenoble abgrenzte, eine neue Grenze zog, indem er sich hauptsächlich auf die *mandamenta* der Burg-

---

21 Michel Bois, Marie-Pierre Feuillet [u. a.], Approche des plus anciennes formes castrales dans le royaume de Bourgogne-Provence (X[e]–XIIe siècle), in: Château Gaillard 16 (1994) [Actes du colloque international tenu à Luxembourg, 23–29 août 1992], S. 57–68; Chantal Mazard, À l'origine d'une principauté médiévale. Le Dauphiné, X[e]–XIIe siècle. Le temps des châteaux et des seigneurs, in: Vital Chomel (Hg.), Dauphiné, France. De la principauté indépendante à la province (XIIe–XVIIIe siècles), Grenoble 1999, S. 7–33; Pierre-Yves Laffont, Châteaux en Vivarais. Pouvoirs et peuplement en France méridionale du haut Moyen Âge au XIIIe siècle, Rennes 2009 (Archéologie et culture).

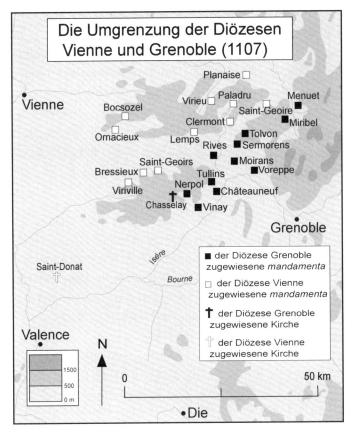

Abbildung 6

herren stützte, die von nun an das zentrale Element für die Organisation des Raumes darstellten und selbst in die Definition der Kirchenbezirke miteingeschlossen wurden (Abb. 6).[22]

Die Befestigungen dienten als Verankerung für neue Strategien der aristokratischen Parentelen, die sich vor dem Hintergrund des Zusammenbruchs der rudolfingischen Monarchie darum bemühten, ihre lokale Herr-

---

22   Laurent Ripart, Du *comitatus* à l'*episcopatus*. Le partage du *pagus* de Sermorens entre les diocèses de Vienne et de Grenoble (1107), in: Florian Mazel (Hg.), L'espace du diocèse. Genèse d'un territoire dans l'Occident médiéval (V[e]–XIIIe siècle) [Actes de deux journées d'étude, Université de Rennes, 15 mai 2004–9 avril 2005], Rennes 2008, S. 253–286.

Itinera 46, 2019, 152–173

schaft tiefer zu verwurzeln. Besonders interessant ist die Entwicklung jener Burgherren, die in der zweiten Hälfte des 11. Jahrhunderts und in den ersten Jahren des 12. Jahrhunderts in grosser Zahl im Waadtland aufschienen. Als direkte Nachkommen der einstigen Führungsschichten des rudolfingischen Transjuraniens waren diese waadtländischen Herren dazu angehalten, die Praktiken ihrer Vorfahren vollständig zu erneuern. Gelegentlich gingen sie sogar so weit, dass sie auf die Grafentitel verzichteten, die sie zu Zeiten der Herrschaft Konrads und Rudolfs III. getragen hatten, um so neue Grundherrschaften im Schatten jener Festungen zu errichten, in deren Kontrolle sie gelangt waren.[23] Ähnlich verhielt es sich mit der Situation in den Alpenregionen. Hier war es Familien, die aus den einstigen rudolfingischen Führungsschichten stammten, gelungen, im Laufe des 11. Jahrhunderts unter dem Schirm der neuen fürstlichen Herrschaften mächtige Grundherrschaften zu errichten, wie es die Beispiele der Burgherrschaften der Allinges im Chabelais und der Charbonnière-Miolans in Maurienne zeigen. Diese Bereiche stabilisierten sich erst gegen Ende eines langwierigen Prozesses, der von den Schwierigkeiten dieser neuen Familien zeugt, Herrschaften territorial zu verwurzeln, die in räumlicher Hinsicht lange unstet blieben.

Neben den Burgen – und oft mit diesen verbunden – etablierte sich in den ehemaligen Kerngebieten des Königreichs Burgund eine grosse Zahl neuer geistlicher Zentren. Der Bruch war umso bedeutender, als das religiöse Leben im Königreich Burgund im 10. Jahrhundert einen beachtlichen Tiefstand erreicht hatte: mit einer einzigen Ausnahme, der Abtei Payerne, gab es damals keine Zeugnisse für neue Gründungen, und viele namhafte, in der Karolingerzeit gut dokumentierte Einrichtungen, wie Vizille, Saint-André-le-Haut oder Saint-Pierre-de-Lyon, verschwanden in diesen Jahren gänzlich aus den Urkunden, weil das religiöse Leben dort wohl gänzlich oder zumindest teilweise zum Erliegen gekommen war.[24] Die wenigen Einrichtungen, die überdauerten, ver-

---

23   Guido Castelnuovo, L'aristocrazia del Vaud fino alla conquista sabauda (inizio XI–metà XIII secolo), Turin 1990 (Biblioteca storica subalpina 207) [in Teilen in französischer Übersetzung: ders., Seigneurs et lignages dans le pays de Vaud. Du royaume de Bourgogne à l'arrivée des Savoie, Lausanne 1994 (Cahiers lausannois d'histoire médiévale 11)].

24   Michel Rubellin, Église et société chrétienne d'Agobard à Valdès, Lyon 2003 (Collection d'histoire et d'archéologie médiévales 10); Nathanaël Nimmegeers, Évêques entre

fügten nur über sehr kleine Konvente: Saint-André-le-Bas scheint im Jahre 924 nur acht Kanoniker gezählt zu haben, die Abtei Ainay wahrscheinlich am Ende des 10. Jahrhunderts nur 21 Mönche, während die Abtei Saint-Maurice d'Agaune, wie es scheint, um die Jahrtausendwende nur 13 Kanoniker beherbergte. Mehrheitlich unterstanden die kirchlichen Einrichtungen im Königreich Burgund der Kontrolle der Bischöfe und vor allem derjenigen der rudolfingischen Könige, die diese nicht selten – wie im Falle von Saint-Maurice d'Agaune, Saint-André-le-Bas und Payerne – in Kanonikerstifte umgewandelt hatten, deren Abbatiat dann der Herrscher direkt ausübte. Wenn die Rudolfinger auch über exzellente Beziehungen zu den Äbten von Cluny[25] verfügten, so scheinen sie auf diese Weise dennoch alles daran gesetzt zu haben, die Ausbildung eines mit Immunität ausgestatteten Mönchtums in den ihnen unterstellten Gebieten zu verhindern.

Diese Situation wandelte sich im letzten Drittel des 10. Jahrhunderts, als die Kirchenreform im Königreich Burgund, zumeist auf Initiative der Ottonen hin, Einzug hielt. Die Reform äusserte sich mitunter in der Wiedereinführung des benediktinischen Regelwerkes, wie dies um 975 in der Abtei Saint-André-le-Bas der Fall war, aber auch zur selben Zeit in Payerne, wo die Mönche die Kanoniker ablösten. Andernorts nahm sie gemässigtere Formen an, wie in Saint-Maurice d'Agaune, wo der König im Jahre 1000 oder 1001 sein Laienabbatiat zugunsten seines Halbbruders aufgab, bevor die *vita communis* in den folgenden Jahren wieder etabliert wurde. In diesen Gebieten, wo der Niedergang der *vita religiosa* sehr stark gewesen war, ging die Reform häufig auch mit einer Wiederbevölkerung einher, beispielsweise in Vizille um 995 und in Saint-Victor in Genf im Jahre 999, wo neue cluniazensische Gemeinschaften aufgenommen wurden, oder auch in Saint-Laurent in Grenoble im Jahre 1011, das mit Mönchen, die aus Saint-Chaffre gekommen waren, wiederbevölkert wurde.[26]

Bourgogne et Provence. La province ecclésiastique de Vienne au haut Moyen Âge (V^e–XIe siècle), Rennes 2014 (Histoire); Ripart, Vivre au premier âge féodal, op. cit.

25 François Demotz, Les rois de Bourgogne et les premiers abbés de Cluny, in: Annales de l'Académie de Mâcon 5/3 (2009), S. 111–132.

26 Renée Colardelle, La ville et la mort. Saint-Laurent de Grenoble, 2000 ans de tradition funéraire, Turnhout 2008 (Bibliothèque de l'Antiquité tardive 11).

Vor allem äusserte sich die Kirchenreform das ganze 11. Jahrhundert über durch die Gründung eines Netzes kleiner Priorate, das den politischen Raum tiefgreifend wandelte und ihn mit einer engmaschigen Struktur neuer Zentren religiösen Lebens überzog, die ihrerseits dazu beitrugen, die grundherrschaftlichen Strategien auf lokaler Ebene herauszukristallisieren.[27] Dies traf beispielsweise für die Alpentäler zu, in denen sich seit den 990er Jahren ein dichtes Netz an Ordenshäusern implantierte, welche von den lokalen Eliten dotiert und Mönchen anvertraut wurden, die aus den Abteien Cluny, Saint-Chaffre, Saint-André-le-Bas oder Savigny kamen. Zur selben Zeit etablierte sich ein neues Netz von Kanonikerhäusern entlang der Passstrassen, die im Wesentlichen als Hospize gedacht waren.[28] In wenigen Jahrzehnten wurden so die Alpentäler, die lange Zeit von den Ordensgeistlichen vernachlässigt worden waren, mit einem Netz kleinerer lokaler Priorate versehen, die oft als Verankerungsplätze für neue herrschaftliche Linien dienten, etwa der mächtigen Domène im Dauphiné, die im Jahre 1027 ein cluniazensisches Priorat unterhalb ihrer Burg errichteten (Abb. 7 und 8).

Abschliessend muss ein weiteres Mal das Ausmass der strukturellen Veränderungen unterstrichen werden, die in den Kerngebieten des Königreichs Burgund am Ende des 10. und zu Beginn des 11. Jahrhunderts erfolgten, als innerhalb kurzer Zeit eine neue grund- und adelsherrschaftliche Ordnung die alte königliche Ordnung ablöste, die ihre einstige Funktionalität verloren hatte. Dieser Bruch war umso gravierender, als es das rudolfingische Königtum lange Zeit vermocht hatte, ein Modell der «Monarchie der mehr oder minder geglückten Nähe» aufrechtzuerhalten – einer Monarchie, die in der Lage gewesen war, die Kontrolle über die Grossen auch dadurch zu

---

27   Laurent Ripart, Moines ou seigneurs. Qui sont les fondateurs? Le cas des prieurés bénédictins des Alpes occidentales (vers 1020–vers 1045), in: Annales de Bretagne et des Pays de l'Ouest 113/3 (2006), S. 189–203; Noëlle Deflou-Leca, La politique monastique des évêques de Grenoble. Autour d'Hugues de Châteauneuf, prélat réformateur (XIe–XIIe siècles), in: Arlette Playoust (Hg.), Maisons monastiques médiévales en Provence et Dauphiné [Actes du colloque de Saint-André-de-Rosans (Hautes-Alpes), 29, 30 et 31 août 2008], Gap 2010, S. 233–250.

28   Frederi Arneodo, Paola Guglielmotti (Hg.), Attraverso le Alpi. S. Michele, Novalesa, S. Teofredo e altre reti monastiche [Atti del convegno di Cervère-Valgrana, 12–14 marzo 2004], Bari 2008 (Bibliotheca Michaelica 3), S. 95–114.

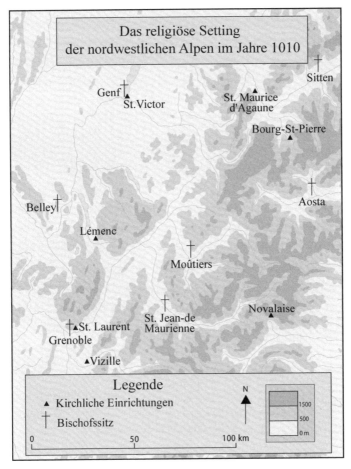

Abbildung 7

bewahren, dass sie bis zum Ende des 10. Jahrhunderts die königlichen *honores* und Benefizien zwischen den verschiedenen Parentelen ihrer Grossen hatte zirkulieren lassen können. Da die adligen Eliten des rudolfingischen Reiches vor einem – durch den Niedergang des rudolfingischen Königtums und das Eingreifen des ottonisch-salischen Reiches – komplex und unbeständig gewordenen Hintergrund agierten, mussten sie binnen einer oder zweier Generation(en) ihre Strategien anpassen, zumal der Zeit der Verteilung der königlichen Wohltaten an den Höfen recht plötzlich die Stunde der Errichtung der lokalen und regionalen Herrschaften gefolgt war.

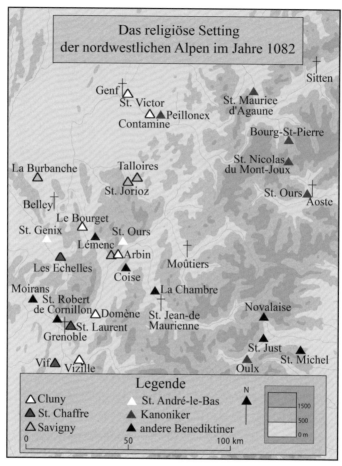

Abbildung 8

Wenn auch das Ausmass dieses Wandels nicht vernachlässigt werden darf, sollte dessen Rhythmus hingegen nicht allzu sehr beschleunigt werden. Wenn sie auch überdauerten, so blieben die neuen Mächte, die sich um die Jahrtausendwende etablierten, doch lange Zeit von einer tiefen Instabilität gekennzeichnet, nicht zuletzt, weil sie weitgehend auf der Kontrolle von Kirchengütern errichtet worden waren, die sie in viel zu geringem Masse in kanonischer Art und Weise nutzten, als dass ihre Herrschaft hätte beständig bleiben können. Ganz unabhängig davon, ob sie nun grund- oder adelsherrschaftlicher Natur waren, wurden diese neuen Mächte auf diese Weise dazu gebracht, sich in den sehr unregelmässig verlaufenden Prozess der Konstruktion neuer Herrschaften einzubringen. Vor dem Ende des 11. Jahrhunderts vermochten sie es jedoch nicht, sich zu stabilisieren und so den Weg für eine neue «Territorialisierung» ihrer Herrschaft zu öffnen, die wiederum ganz wesentlich die erste Hälfte des 12. Jahrhunderts prägen sollte.

Laurent Ripart, Dr., Université de Savoie, Site de Jacob-Bellecombette, BP 1104, F – 73011 Chambéry Cedex, laurent.ripart@univ-smb.fr